REEN CARNA ÇÃO
questão de lógica

Solicite nosso catálogo completo, com mais de 350 títulos, onde você encontra as melhores opções do bom livro espírita: literatura infantojuvenil, contos, obras biográficas e de autoajuda, mensagens espirituais, romances, estudos doutrinários, obras básicas de Allan Kardec, e mais os esclarecedores cursos e estudos para aplicação no centro espírita – iniciação, mediunidade, reuniões mediúnicas, oratória, desobsessão, fluidos e passes.

E caso não encontre os nossos livros na livraria de sua preferência, solicite o endereço de nosso distribuidor mais próximo de você.

Edição e distribuição

EDITORA EME
Caixa Postal 1820 – CEP 13360-000 – Capivari-SP
Telefones: (19) 3491-7000 | 3491-5449
Vivo (19) 99983-2575 ● | Claro (19) 99317-2800 | Tim (19) 98335-4094
vendas@editoraeme.com.br – www.editoraeme.com.br

Américo Domingos Nunes Filho

REEN CARNA ÇÃO
questão de lógica

© 2017 Américo Domingos Nunes Filho

Os direitos autorais desta obra foram cedidos pelo autor para a Editora EME, o que propicia a venda dos livros com preços mais acessíveis e a manutenção de campanhas com preços especiais a Clubes do Livro de todo o Brasil.

A Editora EME mantém o Centro Espírita "Mensagem de Esperança" e patrocina, junto com outras empresas, instituições de atendimento social de Capivari-SP.

5ª reimpressão – outubro/2019 – de 5.801 a 6.200 exemplares

CAPA | André Stenico
PROJETO GRÁFICO E DIAGRAMAÇÃO | Marco Melo
REVISÃO | Rubens Toledo

Ficha catalográfica

Domingos, Américo Nunes Filho, 1945
    Reencarnação – questão de lógica / Américo Domingos Nunes Filho – 5ª reimp. out. 2019 – Capivari-SP: Editora EME.
    320 p.

    1ª ed. mai. 2017

    ISBN 978-85-9544-007-4

1. Princípios espíritas. 2. Provas da reencarnação. 3. Reencarnação na Bíblia. 4. A lógica da reencarnação.
I. TÍTULO.

CDD 133.9

SUMÁRIO

Prefácio 7

Introdução 13

"Necessário vos é nascer de novo" 19

Sob a ótica da ciência 27

Reencarnação no evangelho de Jesus 59

Natimortos 63

Lesões congênitas e casos teratológicos 69

Reencarnação e reprodução assistida........................... 77

Reencarnação e personalidade psicopática 87

Retardamento mental. A via do amor........................... 97

Reencarnação e autismo.. 105

Aprimoramento espiritual: conquista do Universo..... 113

Decifrando o enigmático Champollion......................... 121

Rompendo o véu da ignorância 129

Refugiados: exílio ou retorno? 135

Reencarnação ou inferno eterno?................................. 141

Reencarnação em auxílio da arqueologia 151

Jesus ensinou a doutrina da reencarnação 155

Odisseia de um ser que foi escravo 183

Reencarnação na Bíblia 193
Cuidar do corpo e do espírito 221
Reencarnação e biologia 265
Reencarnação e sexo 277
Sobre o autor 311
Posfácio 313
Bibliografia 317

PREFÁCIO

UM HOMEM ESTUDOU ATÉ se formar médico. Depois, escolheu exercer sua ciência junto às crianças – desde o nascimento delas.

Assim, na Pediatria, aplicando-se nos atendimentos que já se contam aos milhares, constituiu-se testemunha ocular de intrincados casos já a partir da recepção a neonatais.

Anos sobre anos de exercício profissional, acompanhando muitos recém-nascidos até a adolescência e alguns até mais adiante, ao lado de bebês organicamente normais, esse médico, compungido, solidário quanto profissional, viu nascerem outros com graves anomalias.

Compartilhando humana e profissionalmente com esses bebês e seus familiares, de tão dura realidade, só na fé em Deus e na infinita sabedoria da justiça divina é que encontrou explicação para tanta e tamanha disparidade.

Não caberia aqui citar qualquer um desses casos difíceis. E são tantos...

Mas o imensurável amor do Criador por Suas criaturas... Ah! Isso sim. Neste livro, o leitor entenderá como os peregrinos de todas as idades, máxime os sedentos e com dores, recebem de Jesus o bálsamo da mesma água (da fonte da Vida) que o Mestre excelso ofertou à samaritana à beira do poço de Jacó.

O fato é que esse médico recepcionou a chegada de seres humanos à luz (vida), maioria saudável, mas também vivenciou casos tristes, aparentemente inexplicáveis. Nesses últimos, sua mente científica e seu espírito voltado para o amor de Deus – o supremo Criador – levaram-no a refletir, pesquisar, analisar e, por fim, compreender os diferentes meandros da justiça divina. E tudo o que captou, bondosamente registrou neste livro. Esse médico é meu amigo: doutor Américo!

Desde os tempos mais recuados e até hoje perdura na mente das pessoas, em sua maioria, a dolorosa interrogação sobre a justiça e o amor de Deus, quando veem bebês com anormalidades congênitas. De fato, diante de acerbas dificuldades não é fácil a aceitação de que Deus é a inteligência suprema do Universo, o Criador incriado, sabedoria e perfeição jamais igualadas e Pai de amor integral, por tudo o que criou... A justiça absoluta!

Diante das amarguras da Vida, nas quais se inclui a chegada ao mundo de bebês com incuráveis deficiências, e em alguns casos até mesmo bebês natimortos, não foram poucos os pensadores consagrados e filósofos conceituadíssimos que proclamaram a inexistência de Deus...

Essa pergunta é milenar no ser humano e continuará sem resposta enquanto este não se curvar ante a verdade inexpugnável, que se apoia na razão, na lógica e no bom-senso de uma das leis sábias do Criador: a reencarnação. Nesse ponto a fé precisa ser forte. E, para não vacilar, tem de contar com a razão, dupla indissociável para entender os desígnios divinos, que trazem ao mundo, de volta à carne, criaturas com desajustes orgânicos de monta. Em tais circunstâncias, como, aliás, nas demais, todos aqueles que são surpreendidos por angustioso problema, não nos cabe vituperar esses dramas.

Se, por exemplo, um lar recebe um neonatal "defeituoso", não se enganem os familiares: tal provação só se acalmará na confiança do amor de Deus, que jamais faz algo errado. Jamais! Melhor apoiarem-se nas luzes espirituais que expõem as diretrizes da reencarnação e dissolvem as sombras que envolvem suas mentes aflitas.

Ante os inesperados e doloridos acontecimentos da vida, ou quando pais aguardam alegria e recebem tristeza, é nessas horas que fala alto, muito alto, o espiritismo, explicando e provando, pela lei da reencarnação, que Deus jamais erra.

Para elaborar este livro, o doutor Américo não se louvou apenas nos seus conhecimentos de medicina pediátrica, mas, e principalmente, no exercício da lógica, do bom-senso e do respeito integral e incondicional ao Criador.

Daí que, como garimpeiro da filosofia, com a peneira da mente, pôs-se a perquirir o que deveria registrar da sua experiência e dos seus aprendizados científicos e vivenciais, para, de forma caridosa, levar o bálsamo que elucide o porquê de isso acontecer.

Altruisticamente o autor dirige-se aos pais de crianças nascidas com dificuldades e aos demais homens e mulheres que vivem a condição de deficientes, bem como a todos os demais, a quem a vida parece perseguir: a todos demonstra que sobre tudo está a perfeita e infalível justiça divina. Onde está tal bálsamo? Nas lições de amor de Jesus Cristo, nosso senhor, desdobradas à luz da terceira revelação.

Mais à frente, garimpando tais ensinamentos, o autor agregou--os às fontes da doutrina dos espíritos – o espiritismo –, mostrando com inusitada propriedade como tudo – e todos os acontecimentos – na vida de cada pessoa têm explicação na bênção da reencarnação.

Com o aval dos *Livros sapienciais do Antigo Testamento*, do testemunho dos profetas sobre o ministério de Jesus, o autor consolida suas pesquisas e experiências nos postulados do espiritismo, o consolador prometido, farol que ilumina e desfaz o sombrio enigma das dores inexplicáveis. Para tanto, bastará ao leitor, desarmado de radicalismos, conceder à razão o benefício da análise, com o que deslindará suas eventuais dúvidas sobre a suprema sabedoria do Criador.

Não bastassem excelentes informações pediátricas e alentado estudo das causas da existência de dicotomias na vida, emparelhando corpos saudáveis com outros teratológicos, esta obra termina com um apurado estudo do sexo.

Referindo-se àqueles que se comportam sexualmente fora da preconceituosa curva da sociedade, o autor desta obra, com coragem e invulgar tirocínio, não se peja em dizer que os desajustados do sexo são apenas irmãos nossos que devemos compreender, jamais condenar... Certamente estão em provação redentora, só alcançável ante a doma da libido exigente, outrora vilipendiada. Apenas um exemplo disso: inversão sexual compulsória é uma das mais fortes tendências a serem vencidas.

Ao final, resta comprovado que a equivocada e irresponsável plantação do sexo pelo sexo, amor excluído da sua prática, fatalmente conduzirá o indivíduo que assim o pratica a difíceis embates. Talvez já a partir da atual existência. Fatalmente, porém, em vidas futuras, sob coordenação sempre amiga da pedagogia da dor.

Assim, os que têm dificuldades orgânicas, particularmente sexuais, não se posicionem no lado cinzento da existência, nem permitam que a adversidade os induza à revolta: sobre todas as criaturas paira por todo o sempre o amor do Criador.

A prática do sexo a serviço da vida, com amor e responsabilidade, carreia bem-estar, saúde, prazer físico e mental. Palavra de médico!

Seria inconveniência de minha parte anotar aqui uma única explicação ou justificativa para ao menos uma só infelicidade das tantas que vemos no dia a dia. Como servo de Jesus e certamente com amparo do plano maior, o autor faz, não como doutor médico, mas com a alma e a mente voltadas para dividir com o próximo as abençoadas luzes da grande bênção, que é a reencarnação.

Ao final, esta obra premia o leitor como se lhe aplicasse uma vacina de resignação contra revolta e amarguras, bem como lhe dá remédios espirituais, fortificantes da fé... Eu disse que o autor é médico. Aqui, uma boa receita!

Eurípedes Kuhl

Introdução

NA AULA DE CATECISMO, quando o professor abordava o tema das penas eternas, fiz, de súbito, a seguinte pergunta: – Padre... se após a morte eu for para o céu, mas minha mãe for para o inferno, poderei ser feliz, sabendo que ela está em sofrimento?

O sacerdote fitou-me, com grande expressividade, e se manteve calado durante algum tempo. Eu não podia perceber, à época, que tinha dado um piparote num dos maiores dogmas da Igreja.

O religioso olhava-me surpreso, um pouco desconcertado, sem saber o que falar. Após alguns minutos que me pareceram horas, assim me respondeu:

– Menino... no paraíso, os salvos se tornam seres angelicais. Lá, não há mais lembrança do passado, já que todos se transformam em novas criaturas.

Prontamente, redargui:

– Reverendo... Uma lavagem cerebral, no céu? Não acharia bom perder minha individualidade e esquecer o que fui e o que fiz.

O clérigo, não muito firme nos seus argumentos, disse-me que o esquecimento do pretérito é importantíssimo para que os eleitos possam gozar das venturas do paraíso.

– O que se faz no céu? – retornei eu, não satisfeito.

– Os seres tocam harpa e cantam hinos por toda a eternidade – falou.

Que tristeza! De imediato lembrei-me das aulas chatíssimas de acordeão, fase terrível na minha infância quando meu pai desejava fazer-me músico, o que certamente não estava nos meus planos reencarnatórios, porquanto, desde então, a carreira exclusiva da Medicina era o que me fascinava. A ideia de harpear, nas paragens celestiais, por todo o sempre, deixara-me assustado e indeciso quanto a ser realmente proveitoso habitar eternamente uma região paradisíaca.

Ainda, por cima, a informação de que estaria também a entoar indefinidamente cânticos de veneração e louvor a Deus! O pior de tudo era o fato de ter que ficar privado para sempre do meu passado e nada poder fazer, então, em benefício de minha genitora.

– Então, prefiro que me enviem para o inferno. Lá estarei com minha mãe e guardarei a memória integral do que sou e do que fiz – respondi, contrariado.

O religioso, então, nada mais tinha a falar. Mesmo sendo eu uma criança, os argumentos, calcados na razão e no bom-senso, utilizados por mim, deixaram-no atônito.

Infeliz e cruel o conceito de que os eleitos esquecem o que foram na Terra, pregação destituída de piedade e caridade. Ademais, a *Summa Theológica*, de São Tomás de Aquino – conforme relata o magnânimo filósofo espírita Léon Denis, na obra *Cristianismo e espiritismo* – traz a seguinte aberração:

> Os eleitos, no céu, não conservam sentimento algum de amor e amizade pelos réprobos; não sentem por eles compaixão alguma e até gozam do suplício de seus amigos e parentes. [...] Os eleitos gozam no sentido de que se sentem isentos de torturas, e que, por outro lado, neles terá expirado toda compaixão, porque admirarão a justiça divina.

Se o diálogo, com o padre, tivesse sido travado com um expositor espírita, tenho certeza de que obteria resposta satisfatória, porquanto ele poderia dizer que Deus concede a todas as criaturas Sua eterna misericórdia. E que minha mãe, em sofrimento, poderia ela ser ajudada e refazer-se, vindo mais tarde, pelos próprios esforços, alcançar a felicidade.

Eu poderia ter citado outro ente querido na argumentação. Mas ao recorrer à figura materna eu demonstrava já o grande afeto a minha mãe, que foi em vida pessoa excepcional, mas o raciocínio valeria por todos os seres, em humanidade, que são nossos irmãos, filhos de Deus! Por que os eleitos gozando toda a felicidade, no céu, enquanto outros sofrem no inferno?

O que são "céu" e "inferno"?

Ora, céu e inferno são estados de consciência. Pode-se até mesmo, em plena vida física, experimentá-los. Após a morte, são sentidos em grande proporção. O espírito vivenciará a alegria pelo bem que logrou criar ou a tristeza, até mesmo o desespero, pelo que causou de mal a outrem. Contudo, o mestre Jesus ensina que a prisão não será eterna e que haverá meios de serem resgatadas as faltas.[1]

O estado de consciência em juízo aguarda a todos os seres que adentram a dimensão extrafísica, libertos dos liames terrenos através do fenômeno da morte. O sofrimento resultante do implacável remorso não tem duração indefinida, conforme ressaltou o Cristo.

Através da reencarnação, o "nascer de novo", todos os filhos de Deus têm a oportunidade de reparar suas faltas passadas e retificar suas condutas em relação à vida e ao próximo.

A doutrina palingenésica, ensinada por Jesus e anatematizada pelas igrejas tradicionais, reflete a justiça e a misericórdia do Pai, a quem Jesus definiu, no seu evangelho, como sendo amor[2], o qual não punirá, de forma alguma, para todo o sempre, o fruto de Sua

---

1. Mateus 5:26.
2. João 4:8.

criação. O espiritismo, dando a conhecer a reencarnação, concede consolo e esperança à humanidade, porquanto, se alguém goza de um estado de consciência feliz, ou seja, vivenciando o paraíso, certamente tudo fará para que o próximo seja ajudado a encontrar também a mesma paz e ventura.

A doutrina espírita, igualmente, ensina que não se perde a individualidade e, nem pelo fato de ter morrido o corpo, o espírito se modifica, no Além. O que o homem é, na dimensão física, também será depois da morte, com os mesmos defeitos e virtudes.

Pecado original ou reencarnação?

Conforme crescia, vivenciando a prática católica e depois a crença evangélica, outro conceito dogmático, em desacordo com a lógica reencarnacionista, eu questionei igualmente a teoria do pecado original, de valor essencialmente discutível.

O erro primário de desobediência de um antepassado remoto, chamado Adão, não poderia justificar o nascimento, na Terra, de crianças com apenas parte do encéfalo e da calota craniana, o que se dá por conta de defeito no fechamento do tubo neural nas primeiras semanas da formação embrionária[3]. Concomitantemente, vêm ao mundo indivíduos sem problemas físicos e mentais, não havendo lógica, nem legitimidade, nesse preceito religioso vetusto e ultrapassado.

Quando estudante de medicina, fui chamado, acompanhado do obstetra, a realizar um fácil trabalho de parto em uma mulher multípara (deu à luz duas ou mais vezes). Ao examinar o recém-nato verifiquei que não apresentava os globos oculares. Ao mesmo tempo, outra criança nascia ao lado perfeitamente normal.

Dois filhos de Deus nascendo, no mesmo instante. Um deles apresentando desarmonia, enquanto o outro se revelava íntegro.

---

3. Anencefalia.

Sem a doutrina reencarnacionista, não há justificativa para as vicissitudes da vida. O mundo passa a ser o caos, presidido por fatores casuais. Daí o motivo para o significativo ateísmo hodierno, principalmente em terras europeias, não aceitando a fragilidade dos argumentos dogmáticos e, consequentemente, repudiando a fé cega, chegando ao cúmulo de negar a marcante presença da paternidade divina.

Gustave Geley (1865-1924), renomado psiquiatra e pesquisador espírita francês, referência obrigatória no campo das materializações, no início do século 20, afirmou que a reencarnação seria "a certeza do amanhã". A época vindoura chegou. Disso dão testemunho numerosos cientistas em todo o mundo, ao comprovar a palingênese, abençoada lei, clareando caminhos e proclamando a justiça divina.

A reencarnação é, realmente, dádiva amorosa do Criador, uma bênção oferecida a toda a criação, doutrina da lógica e do bom-senso, apesar da negação sistemática dos incrédulos e da fé cega dos religiosos dogmáticos.

Disse William Shakespeare: "No mesmo instante em que recebemos pedras em nosso caminho, flores estão sendo plantadas mais longe. Quem desiste não as vê".

Capítulo I

"Necessário vos é nascer de novo"

A DOUTRINA ESPÍRITA E o evangelho de Jesus enfatizam a necessidade primordial da reencarnação para a evolução do espírito, ensinamento igualmente encontrado no Zoar: "Todas as almas são submetidas às provas da transmigração. E na Cabala: "São os renascimentos que permitem aos homens se purificar".

Na obra *O Céu e o Inferno*, o insigne codificador do espiritismo, Allan Kardec, assevera que:

> [...] a encarnação é necessária ao duplo progresso, moral e intelectual, do espírito: ao progresso intelectual, pela atividade obrigatória do trabalho; ao progresso moral, pela necessidade recíproca dos homens, entre si. A vida social é a pedra de toque das boas ou más qualidades (1ª parte – Cap. III-8).

Segundo o espiritismo, somente pela reencarnação o ser espiritual pode, em verdade, crescer espiritualmente, porquanto, permanecendo à margem da dimensão física, fica estacionário no caminho evolutivo.[4]

---

4. Questão nº 175-a de *O Livro dos Espíritos*. Doravante, nas várias citações da obra, usaremos também, em alguns casos, a forma abreviada "LE". Nota do revisor.

Na obra *A Terra e o semeador*, o confrade Salvador Gentile faz a seguinte pergunta:

> Chico Xavier, por que se diz que o espírito para evoluir precisa se encarnar? No Mundo Espiritual, ele não evolui? Qual a diferença principal entre as duas faixas de evolução quanto ao aprendizado?

Corroborando a codificação kardequiana, o ilustre medianeiro diz que:

> [...] internados no corpo terrestre é que somos instruídos a respeito da necessidade de mais ampla harmonização de nossa parte, uns com os outros, certamente porque, vivendo nas esferas espirituais próximas da Terra, com aqueles que são as criaturas absolutamente afinadas conosco, não percebemos de pronto as necessidades de aperfeiçoamento e progresso.

Continua o estimado e saudoso medianeiro:

> Numa comunidade ideal, com vinte, quarenta ou dez pessoas raciocinando por uma faixa só, estamos tão felizes que corremos o risco de permanecer estanques em matéria de evolução por muito tempo. Beneficiados com a reencarnação, o estacionamento é quebrado de modo natural...

Realmente, a evolução do espírito é compulsória, em um ambiente físico como o da Terra, desde que, na vibração etérea do Universo espiritual, os indivíduos estariam sintonizados apenas com os seus semelhantes, situados na mesma faixa vibratória. No ambiente terreno ou em mundos semelhantes, a diversificação, o contato ou o intercâmbio com seres encarnados, em diferentes graus evolutivos, permite o aprimoramento espiritual.

Foi feita a seguinte pergunta ao Apóstolo do espiritismo, Léon Denis:

> – Por que o espírito que está no espaço encarna em um corpo?
>
> O insigne filósofo respondeu:
>
> – Porque é a lei de sua natureza, a condição necessária de seu progresso e de seu destino. A vida material, com suas dificuldades, precisa do esforço. E o esforço desenvolve nossos poderes latentes e nossas faculdades em gérmen.

O ilustre pensador igualmente enfatiza que:

> [...] o espírito reencarna tantas vezes quantas sejam necessárias para atingir a plenitude do seu ser e de sua felicidade. A vida do espírito é uma educação progressiva, que pressupõe uma longa série de trabalhos a realizar e de etapas a percorrer. O espírito só pode progredir, reparar, renovando várias vezes suas existências em condições diferentes, em épocas variadas, em meios diversos. Cada uma de suas encarnações lhe permite apurar sua sensibilidade, aperfeiçoar suas faculdades intelectuais e morais. (*Synthêse Spiritualiste Doctrinale et Pratique*, págs. 25 e 26).

A essência espiritual necessita de um meio mais consistente, de baixa vibração, para ascender, vencendo as dificuldades e obstáculos que a matéria lhe proporciona. A evolução se processa preferencialmente em mundos planetários inferiores, nos quais o corpo espiritual vem adquirindo recursos vagarosamente, em milênios de esforço e recapitulação, nos múltiplos setores da evolução anímica, através da reencarnação.

A centelha divina precisa da tela física para suas aquisições e experiências. Por sua vez, o setor físico se aperfeiçoa pela influência espiritual.

Nos arraiais da erraticidade (estado espiritual ou condição de existência entre uma encarnação e outra, igualmente conhecida, nas paragens científicas, como intervidas), estacionado na faixa evolutiva em que se encontra, impedido de alçar grandes voos, o espírito se encontra envolvido por sua consciência, a qual constantemente o cientifica dos atos praticados em vivências reencarnatórias transatas. É também a consciência quem o adverte da necessidade da reparação dos equívocos, exortando-o a que planeje seu futuro, preparando-o para mais uma etapa na arena física, sabendo que "o espírito está pronto, mas a carne é fraca" (Marcos 14:38).

Difícil tarefa será a prática do bem e o desprendimento das coisas físicas, porquanto as tentações do poder e o hedonismo estarão presentes, envolvendo o viajor terreno nas teias do egoísmo, do orgulho, da prepotência e da vaidade.

Em *O Livro dos Espíritos*, questão 132, Allan Kardec pergunta: "Qual o objetivo da encarnação dos espíritos"? A resposta, pronta e objetiva: "Deus lhes impõe a encarnação com o fim de fazê-los chegar à perfeição...", a qual corresponde ao estado dos espíritos puros, passível de ser alcançado por todas as criaturas que trilham vitoriosas os caminhos das provas e expiações na dimensão da matéria, adquirindo o progresso moral e intelectual. É ressaltada a importância de todos os seres espirituais passarem por todas as vicissitudes da existência física, enquanto na questão seguinte (questão 133), os instrutores do Além reforçam que "todos os espíritos são criados simples e ignorantes e se instruem nas lutas e tribulações da vida corporal".

É, portanto, primordial para a individualidade espiritual o renascimento no corpo somático ("nascer de água e de espírito"- João

3:5), defrontando-se com a resistência própria da matéria, tendo a chance excelsa de despertar dentro de si as potencialidades divinas, acarretando o crescimento evolutivo.

"Em verdade, em verdade, digo-te: Ninguém pode ver o Reino de Deus se não nascer de novo" (João 3:3). "Não te maravilhes de eu te dizer: é-vos necessário nascer de novo" (João 3:7): Segundo o evangelho de Jesus, é obrigatório o renascimento na carne para se obter o reino de Deus, isto é, para encontrar dentro de cada um a divindade que lhe dá a vida. E esse mergulho interior é obtido através das inúmeras oportunidades reencarnatórias ("O que é nascido da carne, é carne").

Digno de consideração o fato de o fariseu Nicodemos, membro influente do famoso Sinédrio (conselho supremo dos judeus), ter recebido valioso ensinamento do Cristo a respeito da reencarnação. Importante frisar que Jesus falava com Nicodemos, utilizando o segundo pronome pessoal do singular (tu), e, repentinamente, manda um recado ostensivo a todos os seres humanos, expressando-se na segunda pessoa do plural, dizendo: "Importa-vos nascer de novo". Realmente, a reencarnação é inerente ao homem. Mas, infelizmente, assim como Nicodemos, muitos mestres não têm a capacidade de compreendê-la. (João 3:10).

O corpo humano serve como veículo da alma no caminho da evolução. A baixa vibração própria de um mundo inferior, como a Terra, propicia ao espírito ainda claudicante a revelação de seu interior.

O verdadeiro autoconhecimento é proporcionado pela vida na matéria, começando o ser a transmutar tudo que é inferior dentro de si, transformando-se paulatinamente de bruto em anjo, com o desprendimento das coisas materiais, com o exercício contínuo de serviço desinteressado ao próximo, nas vitórias sobre as provas e expiações.

Primeiramente, o espírito galga os inúmeros degraus da evolução, sujeito aos renascimentos físicos e ainda denominado "nascido de mulher", tornando-se, finalmente, produto da humanidade, ou "filho do Homem", conquistador da própria individualidade, apto a habitar as esferas superiores como espírito puro.

O Cristo é um exemplo de alguém que já encontrou esse Reino Celestial. Ele falou do que sabe, do que almejou encontrar: "Ninguém subiu ao céu senão aquele que desceu do céu, a saber, o Filho do Homem" (João 3:13).

O Mestre, igualmente, encarnou na Terra, em primorosa missão, dando vida a um corpo de carne e osso, inerente ao do habitante terreno – nunca um agênere! –, autenticando todas as experiências dolorosas pelas quais passou, como também reafirmando que não veio derrogar as leis biológicas do planeta.

Para os que se mantêm na retaguarda na evolução, Jesus se apresenta como o caminho a seguir, oferecendo-lhes seus ensinos e exemplificações para que, em cada vivência física, tenham mais experiências e adquiram mais aptidões.

A evolução fugaz do ser espiritual, na dimensão extrafísica, é bem explanada pelo Mestre, quando aborda a Parábola do Filho Pródigo, citando o filho mais velho como alguém paralisado, estacionado, na evolução, temeroso de ir adiante, o que não fez seu irmão mais novo, chegando a ponto de "comer dos restos dos porcos", isto é, passar pelas tenazes atribulações da vida somática, passando pelo sofrimento restaurador, infligido pela expiação ou pela prova, até receber as glórias da vitória conquistada.

A respeito do tema em tela, é necessário apontar, dentre muitos, um erro grave doutrinário, encontrado em algumas obras espiritualistas, onde se encontra a tese fundamental de que a encarnação humana é um castigo e não uma necessidade.

Esse enunciado, completamente contrário à codificação espírita e ao evangelho de Jesus, foi assim prontamente repelido por Kardec, sem rodeios, na obra *A Gênese*, no Cap. XI, esclarecendo que:

[...] a encarnação, portanto, não é, de modo algum, normalmente uma punição para o espírito, como pensam alguns, mas uma condição inerente à inferioridade do espírito e um meio de progredir.

Além de tudo, malbaratando o arsenal valioso palingenésico, há a informação malsinada, completamente descabida, de que, além de a encarnação ser compulsória para todos os espíritos que não conseguiram evoluir na dimensão extrafísica, até mesmo entidades superiores, algumas, inclusive, construindo mundos no Universo, podem se transviar, dominadas pelo orgulho e jogadas na Terra ("anjos decaídos"), onde darão vida, por castigo divino, a formas repugnantes, contendo membros em estado latente, rastejando ou deslizando no solo.

O espiritismo, sendo o consolador prometido por Jesus, afirma o contrário, ensinando que os espíritos não degeneram. "Podem até permanecer estacionários, mas não retrogradam" (LE – questão 118). Felizmente, essa aberração científico-espiritual não é apanágio da doutrina espírita.

Em verdade, os falsos profetas da erraticidade sempre estão a postos intentando solapar a magnânima e excelsa doutrina de Jesus, como se verifica, atualmente, com a publicação de obra mediúnica trazendo fantasias, verdadeiros delírios, indigestos frutos da fascinação espiritual, relatando, por exemplo, atividade sexual na erraticidade, com fecundação e nascimentos de espíritos, de almas de aves e de animais.

A incoerência é tão intensa que definiram o inusitado fenômeno de "reencarnação no Plano Espiritual", ferindo, não somente a codificação kardequiana, como igualmente o vernáculo, desde que reencarnar (prefixo *re* mais "encarnar", do latim *incarnare*) é voltar à dimensão física, ou seja, tornar o espírito a habitar um corpo carnal com o objetivo de se burilar e se aperfeiçoar na senda do progresso a que todos os seres estão predestinados.

Portanto, só se reencarna, é claro, na carne. A criação ou fecundação das criaturas espirituais é essencialmente obra divina. É extrema tolice, intenso disparate, retirar de Deus a criação dos espíritos. Os que pregam e acreditam em tamanho absurdo são portadores de santa ingenuidade e merecem de todos os espíritas muita consideração e apreço, não se esquecendo de rogar por eles nas diuturnas preces.

Capítulo II

SOB A ÓTICA DA CIÊNCIA

A DOUTRINA PALINGENÉSICA NÃO foi apenas alvo das lentes vetustas dos sábios antigos, nos dias atuais é observada à luz da filosofia e da ciência. Aos poucos, levanta-se o véu de sobre o mistério, tal como a esfinge que desafiou os sábios do passado. As pesquisas continuam abrindo horizontes, com novas possibilidades investigativas, nos campos da neurologia, psicologia, psiquiatria e da filosofia.

O principal desbravador do caminho de observação do fenômeno reencarnatório foi Eugène Auguste Albert de Rochas d'Aiglun (1837-1914), emérito magnetizador e hipnotizador. Tudo começou quando trabalhava com um paciente e, ao invés de induzi-lo ao sono, fê-lo regredir involuntariamente à vivência de fatos de sua infância, processo conhecido como regressão da memória. Com muita perspicácia, aumentou a indução, ficando extasiado ante o relato de seu comandado, ao recordar e descrever sua situação de espírito em processo inicial de reencarnação, jungido ao corpinho que já se formava no cadinho uterino.

A partir daí, Albert de Rochas incrementou suas pesquisas, aprofundando suas intervenções, fazendo com que todos os pacientes regredissem além do ventre materno e relatassem suas encarnações pretéritas, sendo algumas delas comprovadas como reais. Em seu livro, intitulado *As vidas sucessivas*, Albert de Rochas, como pioneiro na área da regressão, deixou gravados os fundamentos dessa novel abordagem científica, descrevendo, igualmente, casos interessantíssimos.

No fluir inexorável do tempo, seguindo o trabalho de diversos cientistas de diferentes países, o processo regressivo recebeu várias denominações, como Terapia de Regressão a Vivências Passadas (TRVP), Terapia de Regressão a Vidas Passadas (TRVP), Terapia de Regressão (TR), Regressão Terapêutica (RT). Na parapsicologia é chamada Retrocognição.

O professor Hemendra Nath Banerjee (1929-1985), indiano, radicado em San Diego (EUA), dedicou-se, com denodo, à pesquisa da reencarnação, tendo sido um dos grandes cientistas a dar prova irrefutável da realidade do "nascer de novo". Na direção do Departamento de Parapsicologia da Universidade de Rajasthan, na Índia, realizou grande parte das suas pesquisas.

Por 25 anos, estudou mais de 1.100 casos de crianças que se lembravam de suas vidas anteriores. Grande parte de sua pesquisa foi realizada na Índia, Turquia, Líbano, Myanmar (Burma) e outros.

Além do trabalho realizado, utilizando a indução regressiva por hipnose, o ínclito pesquisador também analisou crianças que espontaneamente lembraram encarnações, cujas personalidades impressionaram pela abundância de detalhes, principalmente referindo nomes de pessoas e lugares inteiramente constatados a seguir.

Na obra *Vida pretérita e futura*, Banerjee afirma que os casos descritos se estribam em pesquisas realizadas, utilizando fundamentados métodos científicos.

Publicou vários trabalhos sobre o assunto e concluiu que as lembranças de vivências anteriores das pessoas analisadas parecem ser independentes do cérebro, considerado o principal repositório da memória e que é fato científico que não se pode lembrar do que nunca aprendera antes.

Disse, igualmente, o célebre cientista, que seu estudo sobre a reencarnação foi arquitetado sob várias hipóteses, como a fraude, a captação de lembranças através de meios normais e a percepção extrassensorial.

Banerjee conseguiu, na época, uma façanha, porquanto, nos Estados Unidos, onde o tema reencarnação despertava muita antipatia, acentuada aversão, o bravo cientista se dedicou a muitas pesquisas, destacando-se o caso de George Field, o qual, submetido à hipnose profunda, regrediu à época de 1860, assumindo outra personalidade e apresentando judiciosamente muitos dados, todos ratificados, após exaustivas pesquisas.

O sensitivo foi conduzido à localidade onde relatou ter vivido, e, mantido em transe hipnótico, contou tantas minudências que deixou atônitos os seus pesquisadores. Inclusive, fez alusão a um rio chamado South Fork (Garfo do Sul), cuja comprovação demorou a ser realizada, desde que a sua existência não era do conhecimento dos investigadores e nem sequer constava no mapa.

Banerjee, igualmente, fez menção ao menino turco, de 4 anos de idade, Ismail Altinklish, o qual narrou com detalhes, depois comprovados, uma vivência anterior, quando foi Abeit Suzulmus, falecido por agressão na cabeça. O menino tinha uma cicatriz de nascimento na cabeça, a qual, segundo afirmação da mãe, persistiu até 1962. Suzulmus havia sido morto por uma pancada no crânio. Em seu livro, Banerjee expõe os relatos do menino, os quais foram confirmados pelos parentes e amigos de Abeit Suzulmus.

Em duas conferências que realizou, na cidade do Rio de Janeiro, o insigne cientista indiano trouxe inúmeros casos patenteados de pessoas que foram curadas através do método de regressão hipnótica da memória, a Terapia de Vidas Passadas, ou Paranálise, como assim preferia.

Em um de seus relatos, uma senhora de Pittsburg (Geórgia, EUA) dizia sentir fortes dores de cabeça, havia alguns anos, sem que ninguém conseguisse debelar, tendo utilizado infrutíferos tratamentos. Por meios de sessões TVP, descobriu-se que ela havia sido bailarina de Saloon, desencarnada por meio de um tiro na cabeça. Tão logo se deu conta do acontecido, deixou de sentir a tormentosa cefaleia.

Banerjee apresentou, também, o caso da senhora Diane Storn, com constantes sensações de sufocamento e total insegurança em relação a sua vida. A regressão mostrou que, numa existência pretérita, havia se suicidado após perder tudo o que tinha no *crack* da Bolsa de Valores. A cura se processou tão logo a paciente teve conhecimento do fato.

No Brasil, na cidade de São Paulo, a médica Maria Júlia Moraes Prieto Peres, fundadora e presidente do Instituto Nacional de Terapia de Vivências Passadas, com boas estatísticas das curas realizadas, explicou, em palestra proferida em Águas de São Pedro (SP), que:

> [...] a terapia é um recurso terapêutico, de uma linha psicoterápica pertencente à escola da Psicologia Transpessoal. Utiliza como método de trabalho a regressão, que pode ser desenvolvido através de numerosas técnicas.

Segundo a Dra. Maria Júlia:

> [...] a regressão de memória é o processo pelo qual o indivíduo é levado a retroceder cognitivamente a estágios anteriores de sua vida (atual ou passada). Na TRVP, pela regressão, o paciente se conscientiza de traumas (desta ou de outras vidas) que estavam reprimidos no inconsciente, bloqueados pelo consciente, causando-lhe disfunções que estão incluídas principalmente entre os distúrbios de natureza psíquica, psicossomática, orgânica e de relacionamento interpessoal.

A distinta especialista enfatiza que:

> [...] nesta conscientização (ação conscientizadora), são evidenciadas, pelas lembranças regressivas, causas remotas de alguns de seus problemas atuais, que afloram em forma de determinadas cenas traumáticas do passado, as quais o paciente vivencia com liberação de intenso conteúdo emocional e manifestações organossensoriais.

Continua a terapeuta:

> Isto o leva a compreender, obedecendo às leis de causas e efeito, a etiologia primária de sua sintomatologia atual. Entende também a necessidade da fase terapêutica seguinte à regressão, que é de igual ou maior importância: a elaboração e processamento dos traumas vivenciados para a sua transformação comportamental (ação transformadora).

A Dra. Maria Júlia Prieto Peres ressalta:

> Aqui, por um processo de autoeducação, o paciente faz uma reformulação de seu modelo de vida, programando para si as mudanças comportamentais de que necessita para transformar-se de forma bem direcionada, e atingir o equilíbrio. Este é um processo de ressignificação. Ressignificar é vivenciar uma experiência traumática dolorosa e não aceita, causadora do distúrbio atual, e refundi-la como lição de vida, útil ao seu aprendizado e à sua evolução.

Muito proveitosa a explicação oferecida pela Dra. Maria Júlia. A doutrina da reencarnação paulatinamente vem sendo aceita e divulgada nos círculos científicos. Realmente, nosso querido mestre

Jesus tinha já previsto essa alvorada sublime, quando enviou para a humanidade o consolador prometido.

Muitos terapeutas, através de uma técnica de investigação, utilizando a psicologia de profundidade, têm acesso a razões, que se apresentam ocultas, responsáveis por disfunções orgânicas do presente (fobias, depressão, insônia, alergias, enxaqueca, nervosismo e outras).

Na realidade, em grande parte, suas causas remontam além da vida intrauterina, confirmando os registros extracerebrais de uma memória sobreexistente e imperecível, faculdade da consciência imortal, com uma realidade própria, modeladora do corpo somático e sobrevivente ao seu desfalecimento. Inclusive, podendo sair da dimensão extrafísica e retornar, nas paragens terrenas, em outro corpo.

Tanto os idosos, como as crianças, são propícios a regressões de memória espontâneas. Importante registrar que, em estado de vigília, o esquecimento das experiências de vivências transatas é uma dádiva divina aos homens, permitindo refazer um passado desarmônico, sem a lembrança malfazeja dos fatos e das pessoas envolvidas. Contudo, emancipada a alma, surgem condições apropriadas de liberdade para a retomada das recordações.

Ian Stevenson, professor de Neurologia e Psiquiatria da Universidade de Virgínia (EUA), falecido em 2007, agindo com o maior rigor científico possível, demonstrando a realidade da pluralidade das vivências sucessivas, como o fator causal mais possível, apresentou uma estatística de mais de mil casos com seres infantis que lembravam fatos ocorridos possivelmente em outra experiência encarnatória, sem sofrerem qualquer tipo de estímulo hipomagnético. As informações coletadas foram confirmadas com facilidade, visto que as vivências pretéritas eram recentes, não muito distantes no tempo, havendo curto período de intervalo entre uma encarnação e outra.

O pesquisador canadense coletou esses depoimentos, durante dezenas de anos, viajando por vários países, com o fito de confirmar, junto à família do falecido, as informações específicas sobre nomes, lugares, datas e eventos fornecidos pelas crianças. Há, principalmente, descrições, em maior proporção, de vivências no período ocorrido após a morte e o atual renascimento, o que, no espiritismo, é conhecido como erraticidade. Outros infantes recordaram ter estado em seus velórios, observando seus familiares em suas residências. São descrições perfeitamente esclarecidas pela doutrina espírita, de mãos dadas com a ciência.

Importantíssimo o trabalho desempenhado pelo prof. Stevenson, desde que revela que a memória e as emoções sobrevivem ao corpo, mostrando que a mente não é completamente dependente do cérebro. Suas pesquisas com crianças deram-lhe muita autenticidade, porquanto são mais confiáveis do que as realizadas com adultos e, ao mesmo tempo, os seres infantis descrevem pessoas e acontecimentos relacionados a um passado, sem terem tido acesso ao conhecimento do fato no presente.

Realmente, é digno de registro que as crianças estudadas recordavam de realidades vivenciadas por outras personalidades, isto é, lembranças ou reminiscências de pessoas que alegam terem sido, vivendo em uma época diferente da atual, tudo com comprovação posterior realizada por Stevenson, sugerindo forte indício de reencarnação.

Acompanhado das declarações confirmadas dos menores, fez parte do campo de trabalho do Dr. Stevenson o estudo dos que nasceram com marcas de nascença e defeitos de nascimento aparentemente ligados a memórias de experiências reencarnatórias, exatamente relacionadas com mortes traumáticas ocorridas em vivências transatas.

O afamado cientista comparou, por meio das marcas (*birth marks*), a personalidade atual com a passada, de vez que as crianças contam espontaneamente a causa de suas mortes, descrevendo com detalhes o ocorrido, trazendo na vivência atual, no mesmo local, a reprodução do violento trauma que as levaram ao falecimento.

Pelas propriedades conhecidas do perispírito, a entidade imortal, com o seu psiquismo alterado, diante da morte traumática, pode gravar o acontecido com detalhes e exteriorizá-lo, através do processo de regressão espontânea, por meio de recordações, principalmente em crianças.

Por motivo de fatores expiatórios, em respeito à legislação divina, justa e equânime, o ser extrafísico, com seu perispírito vincado pelo desequilíbrio, consequentemente do uso equivocado do livre-arbítrio, gerando decisões de importante responsabilidade, é responsável pela constituição de malformações em seu corpo somático.

Atualmente, as pesquisas na Universidade da Virgínia continuam com o renomado psiquiatra Jim Tucker, autor da obra *Vida antes da vida: Uma investigação científica de memórias de vidas anteriores das crianças*, do original *Life before life: A scientific investigation of children's memories of previous lives*, na qual apresenta sua investigação a respeito das lembranças que as crianças têm de vivências transatas. Por certo, mais indícios aparecerão, no futuro, ressaltando o renascimento sucessivo na carne, confirmando o profundo ensino de Jesus: "Importa-vos nascer de novo" (João 3:7).

Um colega de profissão, igualmente pediatra, contou-me a respeito de um caso de regressão de memória espontânea, ocorrido em sua família. Uma criança com 5 anos de vida estava com sua avó, conversando, na cozinha da casa de praia, quando fitando o alto, com os olhos estáticos, exclama: "Mãe Ana... Lembra quando pescávamos siris, na janela, e jogava-os vivos, na panela?"

A idosa tremeu de emoção, desde que já tinha vivenciado aquele fato, nunca mais repetido, junto a uma filha já falecida. A habitação foi edificada à beira-mar, acima de uma enorme rocha e, nos momentos de maré alta, com a ascensão da água do mar, era possível jogar o puçá, contendo uma isca de carne, pela janela da cozinha.

Em verdade, o espírito da filha reencarnou como neta. O pouco tempo vivido na erraticidade (período de tempo entre a encarnação que terminou e outra iniciada) facilitou a eclosão do fenômeno.

Os anciãos, pela facilidade de exteriorização do perispírito, igualmente, têm reminiscências espontâneas de outra vivência transata, as quais surgem aparentando ser lesões orgânicas mentais. Na obra *Psiquiatria em face da reencarnação* (Edição FEESP), do saudoso médico Inácio Ferreira, radicado em Uberaba (MG), alguns casos de experiências vividas em anteriores encarnações são descritos e confundidos, muitas vezes, com perturbações mentais, como a psicose ou demência senil.

O Dr. Inácio foi um dos primeiros médicos que não se negaram a estudar o fator espiritual nos transtornos mentais e utilizar a terapia espírita, conjuntamente com a medicação convencional. Mais uma vez o Cristo ressurge, já tendo a sublime oportunidade de afirmar a marcante presença da reencarnação e confirmá-la, através do consolador enviado por ele.

Nos Estados Unidos da América, Edith Fiore é uma das precursoras da Terapia de Vidas Passadas, sendo doutorada em psicologia, na Universidade de Miami. Autora dos livros: *Você já viveu antes* e *Possessão espiritual*.

Em alguns pacientes (cerca de 70%) submetidos à hipnose, em transe profundo, Edith Fiore notou que apresentavam comportamentos estranhos, observando outras personalidades, enquadrando-as como espíritos intrusos, "presos à Terra".

Os doentes relatavam a presença de seres espirituais intrometidos que se situavam dentro deles e interferiam nos seus desejos, chegando, inclusive, a incentivá-los à prática dos vícios e à gula. A renomada psicóloga observou que possivelmente estava diante de pacientes possessos e os espíritos eram responsáveis pelas disfunções apresentadas por eles.

Mais uma vez a ciência confirma o evangelho de Jesus, tendo como artífice maior dessa união a doutrina espírita, a qual tem a capacidade de amalgamá-los. O mestre Jesus esteve sempre às voltas com espíritos possessos ("endemoninhados"), expulsando-os apenas com uma palavra e curando todos os obsidiados, isto é, os seres que estavam sob o domínio desses equivocados espíritos.

Em outra oportunidade, o excelso Nazareno dialogou com essas entidades, na província de Gadara, revelando sua autoridade moral: "Espírito impuro, sai deste homem"! Os espíritos não esclarecidos, através do infeliz que vivia nos sepulcros, que eram cavernas, gritaram: "Que tens tu conosco, Jesus, filho de Deus Altíssimo? Em nome de Deus não nos atormentes!"

O Mestre pergunta ao espírito que se manifestava:

– Qual é o teu nome?

E este respondeu:

– Meu nome é legião, porque somos muitos.[5]

Fiore verificou pacientes possessos com perturbações alimentares, apresentando estímulo à compulsão pela comida (obesidade, bulimia) ou à perda de apetite (anorexia nervosa).

Assim como a renomada psicóloga americana, outros terapeutas da abordagem regressiva, igualmente, relatam, em seus trabalhos, a presença de seres espirituais, verificando a interação existente entre eles e os pacientes.

Esse fato acontece quando os indivíduos em processo regressivo se encontram nos períodos conhecidos como erraticidade ou intervidas. Assim como foi observado por Fiore, desafetos espirituais ou obsessores podem ser os causadores das queixas atuais relatadas pelos doentes, com muita probabilidade a ocorrência de medos, traumas e transtornos alimentares.

Os profissionais da Terapia de Regressão denominam esses espíritos que se manifestam no *set* terapêutico de "presenças espirituais".

Na obra *As faces do invisível*, a psicóloga Elaine Gubeissi de Lucca, uma das pioneiras no estudo e desenvolvimento da TVP no Brasil, com muita sabedoria, discorre a respeito da influência

---

5. Marcos 5:6-9.

dos espíritos na vivência das pessoas e como a TVP pode erradicar essa simbiose.

Na obra basilar espírita, *O Livro dos Espíritos*, na questão 459, Allan Kardec faz a seguinte pergunta: "Os espíritos influem sobre os nossos pensamentos e as nossas ações?"

A resposta bem elucidativa dos benfeitores espirituais: "Nesse sentido a sua influência é maior do que supondes, porque muito frequentemente são eles que vos dirigem".

Importante frisar que, nas situações traumáticas de encarnação transata, as entidades espirituais envolvidas podem ficar adstritas a essa situação e acompanhar, da dimensão extrafísica, o indivíduo em outra etapa na carne, na maior parte das vezes, prejudicando-o.

Importante notar que os cientistas que trabalham em TVP reconheçam e, igualmente, prestem consideração a esses espíritos intrusos, porquanto o que se deseja é o atendimento completo do paciente.

Chegará o tempo em que a ciência estará de mãos dadas com a espiritualidade, proporcionando uma intervenção integral aos doentes. Afinal, como enfatiza Emmanuel, mentor de Chico Xavier: "A saúde é a perfeita harmonia da alma", acrescentando, igualmente, que "o corpo doente reflete o panorama interior do espírito enfermo."[6]

Jesus disse que a humanidade conheceria a verdade e esta a libertaria. Realmente, uma cientista do psiquismo, não espírita, pesquisando a reencarnação, através da técnica de hipnose por regressão, verificou a presença de outro princípio básico da doutrina espírita: a mediunidade.

Indiscutivelmente, está avizinhando-se o momento em que os escravos do dogmatismo e os adeptos de um mundo sem Deus serão sacudidos pelo avançar da ciência, atestando os ensinamentos de uma doutrina que revive os preceitos cristãos, trazida aos ho-

---

6. *O consolador*. Questões 95 e 96.

mens por esse pensador francês, o professor Hippolyte Léon Deni-zard Rivail, o qual, sob o pseudônimo de Allan Kardec, notabilizou--se como o codificador do espiritismo.

Outra importante estudiosa da reencarnação é a psiquiatra nor-te-americana, Helen Wambach, autora do livro *Recordando vidas passadas*, com o subtítulo: "Depoimentos de pessoas hipnotizadas" (Editora Pensamento), onde descreve suas experiências na área da Terapia de Regressão a Vivências Passadas, reunindo cerca de 1.100 dados com informações valiosas, confirmando a relação entre o co-nhecimento histórico oficial da época transata e o relato do indiví-duo analisado, abrangendo circunstâncias de vida, cor, sexo, raça, clima, paisagem, moradia etc.

A psicóloga colocou por terra uma das principais críticas dos céticos à regressão, a qual seria o conto de histórias pelos pacientes apontando vivências de personalidades famosas, ostentando po-der e fortuna. Pelo contrário, a pesquisadora deparou acentuados relatos envolvendo pessoas comuns, grande parte delas formada por pobres e sofredores. A quase totalidade dos seus sujeitos era constituída de escravos, camponeses, de vida difícil e sofrida.

Outro dado significativo nas pesquisas de Wambach também não pôde ser utilizado para objeto de crítica dos descrentes da reen-carnação, desde que, nas concludentes informações dos sujeitos pesquisados, o número de renascimentos correspondia à população da época descrita.

Dra. Helen Wambach, na obra citada, relata que por indução hipnótica fez seus pacientes regredirem a períodos de tempo acen-tuadamente distantes, até mesmo 25 d.C., 500 a.C., 1500 e 1700 da era atual.

A terapeuta não acreditava que a rememoração de vivência transata fosse fruto de fantasia, pois as imagens resultantes não condiziam com o saber consciente da história e se revelavam, após cuidadoso estudo, verdadeiras.

Wambach, com muita sagacidade, questionava seus pacientes, em pleno transe hipnótico, a respeito de seus utensílios, como roupas, calçados, alimentos, utilizados no período de tempo em que se encontravam. Igualmente, perguntava sobre sexo, raça e costumes sociais.

Buscando informações em relação ao retorno terreno, dentre seus aproximadamente 1.100 casos analisados, Wambach apontou que 81% dos sensitivos decidiram aceitar voluntariamente seu nascimento, enquanto apenas 19% não decidiram reencarnar por livre escolha. Expôs que muitos deles protestaram veementemente, ao lado dos que aceitaram vir após conselhos de seres espirituais superiores.

Em relação à escolha do sexo, a pesquisadora disse que 24% dos indivíduos não haviam escolhido seu próprio sexo ou disseram que isso não tinha muita importância. Ao mesmo tempo, 76% dos pacientes decidiram o sexo; já um terço dos participantes escolheu vir como mulheres, pelo desejo de serem mães.

Outro vulto brilhante no campo da Regressão a Vivências Passadas é o Dr. Brian Leslie Weiss, psiquiatra norte-americano, presidente emérito do Departamento de Psiquiatria do Mount Sinai Medical Center, em Miami, e professor clínico associado do curso de Psiquiatria da Universidade de Medicina de Miami.

Nasceu em 6 de novembro de 1944, em Nova York. É renomado pesquisador da reencarnação por meio da abordagem de regressão a vivências passadas, com as seguintes obras publicadas *Muitas vidas, muitos mestres*; *Só o amor é real*, *A cura através da terapia de vidas passadas* e *Muitas vidas, uma só alma*.

O Dr. Weiss somente passou a acreditar em reencarnação depois de confirmar as experiências de vivências transatas dos pacientes, descritas em estado de hipnose, por meio de pesquisas em arquivos públicos. A partir desse envolvimento terapêutico, passou a se convencer da presença da consciência extrafísica, preexistindo ao corpo de carne e sobrevivendo após a sua morte.

Constantemente, Dr. Weiss é convidado a participar de diversos programas de tevê americanos e viaja com frequência para promover palestras e workshops sobre seu trabalho.

Outro emérito terapeuta de Regressão a Vivências Passadas é o Dr. Morris Netherton, doutor em Psicologia, o qual é muito conhecido pelos brasileiros que trabalham nesse campo, sendo apontado como o pai da TVP no Brasil.

Importante destacar que o Dr. Netherton foi o idealizador da abordagem terapêutica sem utilizar a hipnose, ficando o paciente consciente durante as sessões. A indução pode ser realizada, utilizando-se técnicas de relaxamento, concentração e visualização de imagens.

O processo científico é designado de Terapia de Vidas Passadas, o qual é qualificado na doutrina espírita de Regressão a Vivências Passadas, devido ao fato de a vida ser única, exatamente a gênese espiritual. De fato, a vida é apenas uma, correspondendo ao momento de formação do ser transcendental no cenário da eternidade. Reencarnado o espírito, ele experimentará vivências, nunca granjeará outra vida, porquanto já a possui.

Netherton, ao contrário dos outros pesquisadores, esteve envolvido em uma experiência regressiva espontânea, quando sonhou várias vezes ter morrido afogado devido a naufrágio do barco onde se encontrava. Então, realizou uma sessão de regressão, quando vivenciou o afundamento da embarcação e sua desencarnação, e foi mais adiante, relatando o nome do barco e o seu próprio nome, o que foi confirmado mais tarde.

Mediante esse episódio pessoal, o célebre cientista dedicou-se com grande ênfase às pesquisas, inclusive desenvolvendo método próprio de indução regressiva sem a utilização da hipnose, prática seguida pelos profissionais brasileiros.

Em seu principal livro, *Vida passada – uma abordagem psicoterápica*, Netherton divulga uma série de casos clínicos, nos quais, através do método de regressão, seus pacientes tiveram seus sintomas físicos eliminados. Na obra, o afamado psicólogo igualmente tece algumas considerações, procurando esclarecer muitas questões pertinentes à regressão terapêutica.

Dr. Patrick Drouot, físico francês, doutorado pela Universidade Columbia de Nova York, autor dos livros *Reencarnação e imortalidade*, *Nós somos todos imortais*, *Cura espiritual e imortalidade*, *Memórias de um viajante do tempo* e *O físico, o xamã e o místico*, é mais um cientista que, estudando e analisando temas espirituais do mundo, buscou uma ponte para a sua interpretação pela ciência, no caso a física quântica.

No Brasil, grande estudioso da reencarnação foi o engenheiro e parapsicólogo, Hernani Guimarães Andrade (1913-2003). Fundou, em 1963, o Instituto Brasileiro de Pesquisas Psicobiofísicas (IBPP). Foi autor de vários livros a respeito do assunto, podendo citar: *Reencarnação no Brasil* (1988), da Editora O Clarim, de Matão, *Renasceu por amor – Um caso que sugere reencarnação* (1995), da Editora FE, de São Paulo, e *Você e a reencarnação* (2003), pela editora CEAC, de Bauru.

Tive a oportunidade de conhecê-lo pessoalmente, abraçá-lo e manter com ele um rápido colóquio, durante um intervalo das palestras que realizamos, no mesmo dia, em um congresso da Associação Médico-Espírita (AME-Brasil), na cidade de São Paulo.

Vi-me diante de um ser, extremamente amável, atencioso, calmo e muito simples. Sua modéstia encantou-me, porquanto sabia estar diante de alguém dotado de marcante conhecimento intelectual. Realmente, um ser de extrema lucidez, exteriorizando paz e benevolência, em perfeita harmonia com o Cristo Jesus.

Retornando à minha cidade, estava radiante de felicidade, sentindo-me gratificado pelo prazer de ter tido a chance de conhecer uma das maiores autoridades mundiais no terreno da paranormalidade.

Hernani Guimarães Andrade proferiu inúmeras palestras, seminários e cursos de Parapsicologia no Instituto Brasileiro de Pesquisas Psicobiofísicas (IBPP). Por numerosas vezes o ilustre cientista foi convidado para conferências na Universidade de São Paulo, na Associação Médico-Espírita de São Paulo (AME-SP) e no Instituto Nacional de Terapia de Vivências Passadas (INTVP).

Naquela época, no âmbito da Parapsicologia, Hernani era muito conhecido no exterior, destacando-se, além das pesquisas sobre reencarnação, na área da Transcomunicação Instrumental, propalando os pioneiros trabalhos de físicos europeus e americanos. Foi o primeiro a divulgar, no Brasil, as pesquisas com o efeito Kirlian, como, igualmente, o trabalho memorável de Ian Stevenson para casos sugestivos de reencarnação em crianças. Andrade conheceu Stevenson, em 1972, quando de sua visita a São Paulo, e ofereceu-lhe farto material do arquivo do IBPP.

Na obra *Reencarnação no Brasil*, o pesquisador brasileiro indica oito casos bem sugestivos de espontâneas lembranças de vivências pretéritas. Embora seja uma pesquisa de âmbito científico, faz coro com todos os que creem que a vida não termina com a morte do corpo físico. Em verdade, a morte não existe. A vida continua após o decesso corporal. Se não houvesse vida fora do túmulo, não teria sentido a vida antes da morte.

O espírito preexiste ao corpo de carne, sobrevive além da sepultura e, graças à misericórdia divina, necessita para seu aprimoramento evolutivo de muitas vivências, não somente na Terra, como também em outros mundos planetários, diante do Universo, no qual se estima conter cerca de 2 trilhões de galáxias: "Na casa de meu Pai há muitas moradas" (João 14:2).

Felizmente, o Brasil aparece com mais um memorável pesquisador da doutrina da reencarnação: o psicólogo Júlio Prieto Peres, do Instituto de Terapia Regressiva Vivencial. Peres é doutor em Neurociências e Comportamento pelo Instituto de Psicologia da Universidade de São Paulo, como, também, pós-doutorando no *Center for Spirituality and The Mind*, da Universidade da Pensilvânia (Estados Unidos).

O eminente cientista realizou um mapeamento de ondas cerebrais de pacientes em plena regressão, no sentido de avaliar qual ou quais as áreas cerebrais que estariam em atividade no momento do exame de tomografia com emissão de radifármaco (método *spect*).

Nessa pesquisa, foi provado que a regressão não é resultante de fantasia do paciente, desde que as áreas cerebrais ativadas durante o procedimento terapêutico foram as do lobo médio temporal e as do lobo pré-frontal esquerdo, que são responsáveis pela memória e pela emoção.

Essa memorável pesquisa põe por terra a suposição de que a abordagem terapêutica seja consequência de processos de ilusão ou de imaginação, desde que, nesses casos, as áreas cerebrais envolvidas seriam as do lobo frontal.

A Terapia de Vivência Passada exige várias sessões, apresentando-se de forma semelhante a uma psicoterapia, procurando-se pontos de correlação das queixas atuais com experiências traumáticas de vivências passadas, com possibilidade de ocorrência na infância, no nascimento e na vida intrauterina.

Contudo, havendo a possibilidade de o paciente ser levado a estados de consciência anteriores à personalidade atual, os quais são conhecidos como "encarnações pretéritas", surge possibilidade de realçar, na ciência, a proposição mais aceita entre os cientistas, exatamente a mesma que muitos sábios já tiveram: a presença insofismável da reencarnação, bênção divina, doutrina da lógica e do bom-senso.

Os profitentes do espiritismo consideram válidas as pesquisas relacionadas com a regressão, sabendo que é uma abordagem terapêutica, devendo ser exercida por profissionais experientes e capazes e que têm o intuito de curar as pessoas, visando o seu bem-estar físico e emocional. Importante frisar que não deve ser realizada nos arraiais espíritas, sendo exclusivamente cultivada em solo científico.

A doutrina espírita, com seus fundamentos bem abalizados, pode muito bem enriquecer as pesquisas em torno da Terapia de Regressão. Por exemplo, em relação à importância do esquecimento do passado, enfatiza Allan Kardec, no comentário da questão 394 de *O Livro dos Espíritos*, que "a lembrança de nossas individualidades anteriores teria gravíssimos inconvenientes. Poderia, em certos casos, humilhar-nos extraordinariamente; em outros, poderia exaltar nosso orgulho e por isso mesmo entravar o nosso livre-arbítrio. Deus nos deu o livre-arbítrio para nos melhorarmos, justamente o que nos é necessário e suficiente; a voz da consciência e nossas tendências instintivas, tirando-nos aquilo que poderia prejudicar-nos".

Continua o célebre codificador do espiritismo:

> Acrescentemos ainda que, se tivéssemos a lembrança de nossos atos pessoais anteriores, nós teríamos a dos atos alheios, e esse conhecimento poderia ter os mais desagradáveis efeitos sobre as relações sociais. Não havendo sempre motivo para nos orgulharmos do nosso passado, é quase sempre uma felicidade que um véu seja lançado sobre ele.

Portanto, a Regressão de Vivências Passadas deve ser utilizada apenas para fins terapêuticos, não devendo ser empregada por mera indiscrição, devendo ser desestimulada às pessoas movidas pela curiosidade.

O espiritismo alerta que é possível a lembrança de vivências anteriores, desde que haja um motivo proveitoso, exatamente uma finalidade benévola, e com aquiescência divina, conforme enfatizou Allan Kardec, no comentário da questão 399 de *O Livro dos Espíritos*:

Integrado na vida corpórea, o espírito perde momentaneamente a lembrança de suas existências anteriores, como se um véu as ocultasse. Não obstante, tem, às vezes, uma vaga consciência, e elas podem mesmo lhe ser reveladas em certas circunstâncias. Mas isto não acontece senão pela vontade dos espíritos superiores, que o fazem espontaneamente, com um fim útil e jamais para satisfazer uma curiosidade vã.

Além das pesquisas no campo do "nascer de novo", muitos outros trabalhos científicos eclodem, porquanto os fenômenos transcendentais são numerosos, deixando confusos os materialistas e os religiosos dogmáticos.

Provando a presença indiscutível do espírito imortal reencarnado, muitos outros segmentos científicos, por exemplo, atestam fatos relatados por pessoas que se viram diante da fronteira da morte. Estavam clinicamente falecidos e retornaram à vida. Conquanto estivessem no limiar do óbito, sem sinais vitais, encontravam-se flutuando, leves, perto de seus corpos físicos, ouvindo e vendo tudo que acontecia ao seu redor. Embora seus olhos estivessem cerrados, com as pálpebras fechadas, viam com nitidez as pessoas envolvidas na emergência médica. Quase todos são unânimes em relatar um túnel em cujo final havia uma luz deslumbrante. O relato da presença de seres espirituais também é constante.

Raymond Moody Jr., nascido em Porterdale, Geórgia, Estados Unidos, em 30 de junho de 1944, é médico psiquiatra (formado em Medicina pelo Medical College of Georgia), psicólogo, parapsicólogo e filósofo (doutorado em Filosofia pela Universidade da Virgínia). Conceituado estudioso dos fenômenos ligados às Experiências de Quase-Morte (EQM) ou EPM (Experiências Próximas à Morte).

Autor de obras sobre o assunto, sendo o seu título mais vendido: *Vida depois da vida* (*Life after life*, 1975), o cientista americano apresenta dezenas de relatos fornecidos por pacientes que, durante alguns minutos, foram declarados como clinicamente mortos e voltaram a viver. Essa obra foi levada às telas de cinema, sendo o título do filme homônimo: *Vida depois da vida*.

Moody descreve inúmeros depoimentos de pacientes, passando pelo limiar da morte, cujos espíritos saíram dos seus corpos e apresentaram vivências idênticas.

Relatam que, de início, começaram a ouvir um ruído desagradável, depois se moveram dentro de um túnel longo e escuro e se sentiam livres, exteriorizados do corpo somático. Logo após, encontraram os espíritos de parentes e amigos com quem conversaram e sentiram uma sensação indescritível de paz. Com muita frequência há o relato da visão de entidades luminosas.

Em algumas narrações bem consistentes, há ampla conscientização do ambiente, participando os pacientes, mesmo já declarados mortos, de todos os acontecimentos durante e após a parada cardíaca. O fato de o indivíduo relatar fatos ocorridos no momento da ressurreição, inclusive do que viu, estando totalmente inconsciente, sem poder usar a visão, é prova segura de que o agente intelectual é a alma desprendida do corpo.

Segundo o célebre cientista, independentemente do país onde se vive e do seu grau de cultura e de conhecimento, é observada muita similitude nas Experiências Próximas à Morte.

Moody, igualmente, pesquisou o fenômeno da regressão a vivências passadas, sendo partidário da doutrina reencarnacionista. Na obra *Investigando vidas passadas* (1990), Editora Cultrix, o médico aborda, com muita propriedade, as recordações transatas, através da utilização da hipnose.

Quem, igualmente, se destacou no campo das pesquisas transcendentais foi a Dra. Elisabeth Kübler-Ross, psiquiatra de nacionalidade suíça (1926-2004). Em 1963, ocupou o cargo da Cátedra de Psiquiatria em Denver, Colorado (EUA). Destacou-se no campo da Tanatologia (estudo científico sobre a morte, suas causas e fenômenos a ela relacionados), aplicando-se no final às pesquisas com Experiências Quase-Morte (EQM), em um trabalho memorável envolvendo milhares de pessoas.

A cientista tinha plena certeza da vida após a morte. Em entrevista à revista espanhola *Muy Especial*, afirmou:

> Depois de mais de vinte anos de investigação, cheguei à conclusão de que a morte não é o fim da vida, mas uma transição para outra vida. Depois da morte a vida segue, mas de outra maneira distinta. Quando ao corpo falta vitalidade, a alma o abandona. Sai do corpo, mas continua viva: continua crescendo, continua trabalhando, continua relacionando-se com as demais. Depois de mortos fisicamente, conservamos uma personalidade muito similar à que tínhamos quando vivos.

A seguir, foi feita a seguinte pergunta:

– Significa isto, em sua opinião, que nossa alma é imortal?

Com muita propriedade, parecendo até uma adepta espírita, assim respondeu:

– Sim, a alma é imortal. Nada nem ninguém a pode aniquilar.

– Mais uma pergunta: você está convencida de que o Mais Além existe de verdade?

Kübler-Ross:

– Sim, absolutamente.

A doutrina palingenésica constitui uma lei natural, uma das mais importantes da biologia, e, em um futuro não muito distante, será globalmente acatada pelos cientistas, evidenciando em proporção acentuada as limitações do insípido, gélido e enfadonho paradigma cartesiano, dentro do *establishment* científico, mecanicista e positivista, insensível à possibilidade de mudança, com pontos de vista inalteráveis e imutáveis diante do refulgente conhecimento extrafísico. Realmente, a resistência da comunidade científica materialista à presença marcante do espírito é ainda acentuada, assaz intransigente e tão obscurantista quanto os religiosos dogmáticos.

Ao mesmo tempo, o espiritismo revela que "a ciência está chamada a constituir a verdadeira gênese segundo as leis da natureza" (*A Gênese*, cap. IV-7). E "as descobertas da ciência glorificam a Deus, em lugar de rebaixá-Lo; não destroem senão o que os homens edificaram sobre as ideias falsas que se fizeram de Deus" (*Obras Póstumas*, credo espírita).

Galileu Galilei já afirmava:

> A ciência humana de maneira nenhuma nega a existência de Deus. Quando considero quantas e quão maravilhosas coisas o homem compreende, pesquisa e consegue realizar, então reconheço claramente que o espírito humano é obra de Deus, e a mais notável.

Disse, ainda: "A matemática é o alfabeto com o qual Deus escreveu o Universo".

A hipótese de o ser espiritual voltar à dimensão física, tendo um corpo de carne depois de o seu anterior ter fenecido, já é objeto de comprovação científica, como relatou Banerjee: "A reencarnação é uma realidade, e estas pesquisas rigorosamente científicas nada têm a ver com crenças ou convicções filosóficas".

O mestre Jesus, na Parábola do Semeador, ensinou que as sementes caídas em solo fecundo, contendo "terra boa", desabrocharam e deram bons frutos. Banerjee pôde ver, com os olhos; ouvir, com os ouvidos, e entender com o coração.[7]

Outro conceituado cientista que não se negou a reconhecer a veracidade da presença do espírito imortal, sobrevivendo à morte física, foi William Crookes (1832-1919), descobridor do Tálio[8], in-

---

7. Bem-aventurados, pois, aqueles que têm olhos de ver e ouvidos de ouvir. — Jesus. (Mateus 13:15).
8. Tálio. Elemento químico.

ventor do radiômetro e dos tubos eletrônicos de catódio frio para a produção de raios-X. Apesar de ser, na época, a maior autoridade científica da Inglaterra, manifestou-se publicamente, afirmando a realidade espiritual, recebendo, infelizmente, o devido anátema dos seus incrédulos pares.

Agigantou-se, diante do orgulho humano, e engrandeceu-se diante de Jesus, "voltando-se para ele" (Mateus 13:15). Proclamou a verdade sem hesitação, sofrendo as consequências que o seu valoroso ato causou, rendendo-se à evidência espiritual. Anunciou convicto: – "Não digo que isto é possível; digo: isto é real! "

William Crookes analisou várias manifestações espirituais; porém, o mais marcante foi o fenômeno da materialização do espírito Katie King, ao pesquisar a jovem médium Florence Cook, chegando à certeza da imortalidade. Afirmou a respeito da sensitiva:

> Jamais observei nela um desejo de me mistificar. Verdadeiramente, não creio que pudesse levar uma fraude até o fim, ou que a intentasse sequer, pois que seria indubitavelmente descoberta.

A pesquisa foi realizada na casa de Crookes, com a médium amarrada na cama com cordas, os nós e laçadas costurados e selados. Firme correia era cingida na cintura, uma corrente elétrica era passada ao corpo da jovem, ligada a um galvanômetro que registraria qualquer movimento da sensitiva.

O emérito cientista comprovou serem a médium e a entidade duas individualidades distintas:

> Elevando a lâmpada, olhei em torno de mim e vi Katie, que se achava em pé, muito perto da senhorita Cook e por trás dela. Katie estava vestida com uma roupa branca, flutuante, como já a tinha visto durante a sessão.

Continuando seu relato, afirmou:

> Segurando uma das mãos da senhorita Cook na minha e ajoelhando-me ainda, elevei e abaixei a lâmpada, para a figura inteira de Katie – de que eu via, sem a menor dúvida, a verdadeira Katie, que tinha apertado nos meus braços alguns minutos antes, e não o fantasma de um cérebro doentio.

O inolvidável cientista britânico, a par de todas as atividades, ocupou a presidência da Sociedade de Química, da Sociedade Britânica, da Sociedade de Investigações Psíquicas e do Instituto de Engenheiros Eletricistas. Eleito Membro da Sociedade Real, em 1863, recebendo dessa organização, em 1875, a *Royal Gold Medal*, por suas várias pesquisas no campo da Física e da Química.

Apesar do repúdio dos pensadores de sua época, subordinados à idiossincrasia dos acomodados, dos não afeitos a grandes voos diante do transcendental, William Crookes foi laureado pela rainha Vitória, da Inglaterra, nomeando-o com o mais alto título daquele país: Cavalheiro (*Sir*), em 1897. Prêmio Nobel de Química, em 1907, e Ordem do Mérito, em 1910.

Em carta dirigida ao professor Brofferio, em 1894, afirma categoricamente que "seres invisíveis e inteligentes existem, os quais se dizem espíritos de pessoas mortas".

Em 1898, discursando na presidência da *British Association*, em Bristol, declara:

> [...] Trinta anos se passaram desde que publiquei um relatório de experiência tentando mostrar que, além do conhecimento científico que possuímos, existem forças exercidas por inteligências diferentes da inteligência comum dos mortais. Nada tenho que retratar. Mantenho o meu relatório já público e, de fato, teria ainda muito mais que acrescentar.

Em entrevista publicada no *International Psychic Gazette*, em 1917, afirmou:

> Jamais tive motivo para modificar meu ponto de vista a respeito. Estou perfeitamente satisfeito com o que disse nos dias do passado. É uma verdade indubitável que uma conexão foi estabelecida entre este mundo e o outro.

Em 1904, William Crookes, ao receber uma carta, na qual lhe era comunicado o falecimento da médium, disse: "A vida *post-mortem* muito devia, quanto à sua certeza, à mediunidade de Florence Cook".

Dr. Joseph Banks Rhine, o "pai" da Parapsicologia, na Universidade de Duke (EUA), no laboratório para pesquisa de fenômenos paranormais, investigando minuciosamente a Percepção Extrassensorial (PES), foi mais um brilhante cientista que não se furtou a declarar publicamente, com denodo e coragem, a realidade da presença espiritual, do ser que preexiste ao corpo de carne e que se liberta por conta do fenecimento corporal e que tem a oportunidade de retornar ao mundo físico, através da reencarnação.

Em 1940, o professor Rhine anunciava a comprovação científica da telepatia, logo seguida das provas de outros fenômenos. Declarou a seguir a existência de um conteúdo extrafísico no homem, com a aprovação de pesquisadores da Universidade de Londres, de Oxford e de Cambridge. Anunciou a presença dos fenômenos *Psi-Gama* (mentais) e *Psi-Kapa* (físicos), atestando que o responsável pelo fenômeno é o espírito do próprio sensitivo.

Interessante frisar que, se o espírito, mesmo aprisionado em um corpo físico (encarnado), pode agir com tanto poder e força, pode-se imaginar o que possa fazer livre, completamente liberto dos grilhões terrenos.

Afirmou Rhine que "a mente não é física e por meios não físicos age sobre a matéria. O cérebro é simplesmente o instrumento de manifestação da mente no plano físico". Segundo concluiu o saudoso Herculano Pires, "isso equivale dizer que o homem é espírito e não apenas um organismo biológico".

Na obra *O alcance do espírito*, o Dr. Rhine expôs que "o mundo pessoal do indivíduo não tem inteiramente por centro as funções orgânicas do cérebro material". E quanto à pergunta: "Existe algo extrafísico ou espiritual na personalidade humana?", o valoroso cientista patenteou que "a resposta experimental é afirmativa. Há provas atualmente da existência de tal fator no homem".

Na Universidade de Duke, surgiu a pesquisa mais sublime: a dos chamados fenômenos *Psi-Teta*[9], tanto o *Teta-Psi-Gama*, quanto o *Teta-Psi-Kapa*, alusivos às manifestações de espíritos de indivíduos já mortos. Responsável pelo fenômeno: o ser espiritual desencarnado, exatamente, explicadas as pesquisas pelo notável pesquisador como de procedência espiritual.

No livro *Fronteira científica da mente*, o insigne professor anunciou:

> O que, até então, descobrimos nas pesquisas atinentes à percepção extrassensorial seria, pelo menos, favorável à possibilidade da sobrevivência do indivíduo depois da morte, isto é, tal sobrevivência importaria, naturalmente, numa existência sem os órgãos dos sentidos, sem sistema nervoso e sem cérebro.

A esposa do conceituado cientista, Louisa Rhine, igualmente pesquisadora, divulgou, na obra *Canais ocultos do espírito*, que "se tornou impossível qualquer explicação além de uma presença extrafísica".

Outro famoso estudioso é Charles Richet, Prêmio Nobel de Medicina, em 1913, que criou a Metapsíquica, com o objetivo de pes-

---

9. *Teta*, 8ª letra do alfabeto grego, escolhida por alusão à palavra grega *Thanatos*, que significa "morte".

quisar os fenômenos paranormais. Em missiva endereçada ao cientista Ernesto Bozzano (1935), declara já ter aceitado integralmente os postulados espíritas.

Afirmou que "tão invulnerável é a ciência quando estabelece fatos, quão deploravelmente sujeita a errar quando pretende estabelecer negações". Disse, igualmente, que:

> [...] não há contradição alguma entre os fatos e as teorias do espiritismo e os fatos positivos estabelecidos pela ciência. [...] Em lugar, portanto, de parecer ignorar o espiritismo, os sábios o devem estudar.

Outros pesquisadores, como Cesare Lombroso (1835-1909), médico italiano, "pai" da Criminologia, eram adversários da doutrina espírita, mas se renderam à evidência dos fatos, confirmando a imortalidade do espírito e a veracidade dos fundamentos espíritas. Comprovando a autenticidade dos fenômenos, converteu-se ao espiritismo do qual era adversário.

Através do valoroso trabalho da médium italiana Eusapia Paladino, o cientista rendeu-se à evidência dos fatos, confirmando a imortalidade dos espíritos, conversando com sua mãe, inteiramente materializada. Abraçando-a e beijando-a, curva-se ante a verdade espírita. Em sua coluna de jornal, noticiou o fato e disse o seguinte, *ipsis litteris*: "Nenhum gigante do pensamento e da vontade poderia me fazer o que fez esta mulher rude e analfabeta: retirar minha mãe do túmulo e trazê-la aos meus braços".

Mais uma vez, um conceituado pesquisador confirma que a imortalidade é uma realidade, a qual todos os encarnados terão como verdade incontestável, quando, depois do último suspiro, ao regressarem à verdadeira Pátria.

Após a morte, na maior parte dos casos, o ser continua existindo, íntegro e consciente, podendo se comunicar através do intercâmbio mediúnico, apesar da negação dos incrédulos e da ingenuidade das religiões tradicionais, relatando que os espíritos dormem à espera da "volta do Mestre" ou se encontram impossibilitados de participação com os encarnados.

O importante é que desde que a ciência se interessou pelo estudo dos fenômenos mediúnicos, a presença dos mortos foi e está sendo confirmada e eles estão cada vez mais vivos e atuantes. Inclusive, alguns segmentos científicos estão de par com a doutrina espírita, atestando seu retorno à dimensão física, pelas vias abençoadas da reencarnação.

Países como os Estados Unidos revelam muita resistência à aceitação dos postulados reencarnacionistas; portanto, digno de nota a atuação de Shirley MacLaine, famosa atriz americana, com *performance* em dezenas de filmes, e escritora, com mais de uma centena de livros, dezenas versando sobre espiritualidade e religião. É autora de um grande número de livros autobiográficos, relatando sua crença na reencarnação e divulgando-a para a grande mídia. Na obra *Em minhas vidas*, a escritora revela suas pesquisas, inclusive citando algumas personalidades científicas reencarnacionistas. No livro *O caminho*, ela aborda sua experiência em regressões espontâneas, relatando casos pessoais.

Nascida em 1934, Shirley conquistou o prêmio de melhor atriz em vários festivais de cinema e, após cinco indicações, foi laureada em 1983 com o *Oscar*, o mais importante e prestigioso prêmio do cinema mundial, entregue anualmente pela Academia de Artes e Ciências Cinematográficas, em uma cerimônia das mais midiáticas do mundo.

Muitos pesquisadores dos temas parapsicológicos chegam, igualmente, a ter provas seguras da espiritualidade. Contudo, como "sementes de permeio aos espinhos", estes não produzem nenhum fruto, porquanto não possuem a devida determinação e coragem para testificar a verdade, sufocados na atmosfera poluidora do materialismo, em sua posição acadêmica, infelizmente ainda presunçosa. Permanecem escravos dos tolos preconceitos contra tudo que leva à crença divina.

Infelizmente, negando-se a aceitar a realidade da presença bendita e misericordiosa da doutrina reencarnacionista, perde-se a oportunidade de crer em um Deus essencialmente justo e bom. Sem o "nascer de novo", o Pai se apresenta como parcial, sendo bom para um e cruel para com outro filho, criando um fraco e outro forte, um deles feliz e outro triste, um sofrendo muito ao lado do ditoso, um vivendo na miséria ao lado do afortunado, nascendo em berço de ouro.

Sem a realidade palingenésica, como responder: Por que Deus não criou iguais todos os Seus filhos, baseando-se, no dogmatismo, que o espírito apenas é contemplado com uma única vivência física?

A resposta surge pesarosa, com a argumentação de que não devemos julgar os desígnios do Pai, bastando apontar a fé como sustentáculo diante dos embates da vida, aceitando sem questionamentos as adversidades, caracterizando, à luz do clarão revelador do consolador prometido, a fé não raciocinada, o obscurantismo religioso, um dos principais fatores na gênese da crença da não existência da divindade.

Infelizmente, o ateísmo encontra razão na futilidade e fragilidade dos argumentos pueris do dogmatismo, aferrados à "letra que mata" (2ª Epístola aos Coríntios 3:6) e, cerrando o véu para o conhecimento palingenésico, fecha os olhos para as respostas da vida, apontando para um mundo onde predomina o caos, presidido pelo acaso.

A doutrina do "nascer de novo", com sua base essencialmente filosófica e racional, preenche o vazio das almas humanas à procura de um esclarecimento a respeito de si mesmo, sendo um refrigério salutar à pessoa que se utiliza da coerência, com incontestes fundamentos.

Os conceitos dogmáticos sempre se opuseram ao conhecimento científico, constituindo um entrave ao desenvolvimento da tecnologia, obstruindo o olhar criativo e racional da ciência, favorecendo que o mundo vivenciasse as trevas da ignorância, ao longo de muitos séculos, chegando a ponto de ceifar a vida de centenas de pessoas.

O consolador que o Mestre prometeu enviar ao mundo, não o deixando órfão, reafirma e atualiza todos os ensinamentos do Cristo e muito do que ele disse por meio de parábolas é agora compreendido pelos que "têm olhos para ver e ouvidos para ouvir", através dos ensinos dos mensageiros espirituais, cuja presença já vem sendo comprovada pela ciência.

Na obra *A Gênese*, cap. I, item 55, Kardec, discorrendo a respeito do caráter da revelação espírita, afirma que:

> [...] as descobertas que a ciência realiza, longe de O rebaixarem, glorificam a Deus; unicamente destroem o que os homens edificaram sobre as falsas ideias que formaram de Deus.

Ressaltando a progressividade do conhecimento científico, o codificador ainda enfatiza que:

> [...] caminhando de par com o progresso, o espiritismo jamais será ultrapassado, porque, se novas descobertas lhe demonstrassem estar em erro acerca de um ponto qualquer, ele se modificaria nesse ponto. Se uma verdade nova se revelar, ele a aceitará.

A doutrina espírita, alicerçada em fundamentos sólidos, ressaltando a doutrina da reencarnação, proclama a crença raciocinada.

Assim afirmou Allan Kardec:

> A ciência e a religião são os dois instrumentos da inteligência humana. Uma revela as leis do mundo material, e a outra, as do mundo moral; mas como ambas têm o mesmo princípio, que é Deus, não se podem contradizer. Se uma fosse negação da outra, necessariamente que uma estaria fora da razão e a outra com ela, pois Deus não viria destruir a sua própria obra. A incompatibilidade que se supôs haver entre essas duas ordens de leis proveio da falta de observação e do grande exclusivismo de cada uma das partes. Daí o conflito que gerou a incredulidade e a ignorância.

Continua o codificador:

> São chegados os tempos em que os ensinos do Cristo devem ter a sua execução, em que o véu propositadamente lançado sobre alguns pontos desses ensinos deve ser erguido, em que a ciência, deixando de ser exclusivamente materialista, tem de levar em conta o elemento espiritual, e em que a religião, deixando de ignorar as leis orgânicas e imutáveis da matéria, reconheça que estas duas forças se amparam uma à outra e seguem harmonicamente, prestando-se mútuo auxílio.

Finalizando, Kardec arremata:

> A religião, já não sendo mais desmentida pela ciência, adquirirá então uma força invulnerável, porque estará de acordo com a razão, e terá a seu favor a irresistível lógica dos fatos (*O Evangelho segundo o Espiritismo* – Capítulo 1, item 8).

A presença da individualidade espiritual, preexistindo ao corpo somático, sobrevivendo após o fenômeno da morte e retornando à dimensão física, já começa a mostrar a sua face para a ciência. Realmente, alguns segmentos científicos já iniciaram sua caminhada, dando os seus primeiros passos, para descortinar a realidade do espírito imortal.

Assim como aconteceu com o sábio William Crookes, certamente chegará o momento, em que todos os que se dedicam à ciência, diante das suas sociedades, associações e academias, anunciarão uníssono a descoberta do ser extrafísico e a comprovação da doutrina da reencarnação.

Capítulo III

Reencarnação no evangelho de Jesus

Confrontando a Teologia Escolástica, vem o evangelho de Jesus, aliado à doutrina espírita, esclarecer todos os enigmas, interpretados à luz da verdade, sob a revelação do "espírito que testifica", negando o literalismo que "mata".

Assim como Mateus, o evangelista Marcos igualmente traz à tona a explicação espiritual para as lesões teratológicas verificadas no nascimento e não compreendidas no dogmatismo:

> Ai do mundo por causa dos escândalos! Eles são inevitáveis, mas ai do homem que os causa! Por isso, se tua mão ou teu pé te fazem tropeçar, corta-os e lança-os longe de ti: é melhor para ti entrares na vida estando coxo ou manco do que, tendo dois pés e duas mãos, seres lançado no fogo eterno. Se teu olho te faz tropeçar, arranca-o e lança-o longe de ti: é melhor para ti entrares na vida, cego de um olho, do que estando, com teus dois olhos, seres tu jogado no inferno de fogo (Mateus 18:7-9).

Incontestavelmente, esses versículos demonstram a reencarnação. A afirmação de que é "inevitável que venham escândalos", corrobora o ensino espírita de que a Terra é um mundo de provas e expiações, onde a criatura granjeia aquisições e experiências e resgata seus débitos ("entrar na vida manco ou cego").

O evangelho de João aborda, no capítulo nove, versículo três, com grande propriedade, uma das funções do sofrimento, a de desenvolver vitalidade espiritual: "Nem ele (o cego de nascença) pecou, nem seus pais; mas foi para que se manifestem nele as obras de Deus".

Bem marcante, nesse caso, que a cegueira não foi devida a algum antepassado, um anátema contra o pecado original; como também ressalta que essa deficiência visual congênita não é resultante de uma expiação, ou seja, o resgate de um erro cometido no pretérito ("não sairás da prisão, enquanto não pagares o último ceitil"). Aqui se trata de uma prova, de um acontecimento doloroso, servindo como um teste para instrução do espírito, solicitado por ele próprio na espiritualidade.

Lendo o restante dos textos evangélicos, pode constatar-se a evidência de ter o ex-cego conquistado maior aprendizado espiritual, já que enfrentou com galhardia os fariseus, dando um corajoso testemunho de Jesus.

Ao mesmo tempo, não poderia deixar de mencionar, de forma mais abrangente, a outra utilidade da dor: fazer resgatar as faltas pretéritas, através do "nascer de novo" ou reencarnação.

A lei de ação e reação anuncia, de maneira magistral e exuberante, a justiça divina: O que o homem criar de bom ou de mal repercute em sua própria vestimenta espiritual, vincando o perispírito com harmonia ou desajuste. Em caso do uso indevido do livre-arbítrio, a lesão marcada na vestimenta extrafísica predisporá o aparecimento de determinada enfermidade na estrutura física: "O que o homem semear na carne, da carne ceifará a corrupção" (*Gálatas* 6:8).

Tendo diante de si a eternidade, sendo portador da imortalidade, a criatura espiritual poderá retificar seus próprios equívocos de ontem e preparar-se para alçar os grandes voos do amanhã, deixando de lado o sofrimento exuberante, descrito de forma alegórica como "inferno de fogo", o qual, quando vivenciado na dimensão extrafísica, tem a aparência de consumir por todo o sempre, que nunca mais cessará.

Em outro episódio evangélico, o Mestre diz ao ex-paralítico: "Olha que já estás curado; não erres mais, para que não te aconteça coisa pior" (João 5:14). Bem lógica a afirmativa de que o homem não sofria devido a erros cometidos por um remotíssimo antecedente como Adão. Sem a explicação ministrada pela doutrina reencarnacionista[10], tudo se apresenta confuso, sem lógica e coerência. A reencarnação patenteia a presença excelsa da paternidade divina, extremamente amorosa, proporcionando, através de Suas justas leis, o aprimoramento devido e paulatino das criaturas.

---

10. Prosseguindo na leitura desta obra, o leitor deparará com mais subsídios, demonstrando que Jesus já se referia à reencarnação em sua doutrina. Nota do autor.

Capítulo IV

NATIMORTOS

DENTRO DA ÁREA DA Obstetrícia, a presença de natimortos intensamente deformados, verdadeiros monstros, ocupa especial atenção, suscitando inúmeras conjecturas de ordem espiritual, desde que os fatores biológicos causais são ainda desconhecidos.

Na gestação gemelar, por exemplo, situação bem incomum é a ocorrência de considerável malformação em um dos conceptos, chegando a ponto de vários órgãos não se formarem, inclusive o coração. Essas anomalias nunca são verificadas em gestações únicas, e os fetos são conhecidos como acárdicos[11]. Como não possuem função cardíaca, a circulação sanguínea somente é possível em virtude da comunicação com os vasos provenientes do gêmeo normal, através de anastomoses entre as duas circulações fetoplacentárias.

Os fetos acárdicos consistem, na maior parte das vezes, em massa roliça, frequentemente sem cabelo na superfície superior e duas massas também polpudas, iguais e unidas representando tentativas infrutíferas de formação das pernas.

Os raios-X, usualmente, mostram coluna bem formada, com

---

11. Trabalho de pesquisa científico-doutrinária, publicado na Revista Internacional de Espiritismo – n° 9-outubro, 1997, e na *Revue Spirit*, criada por Kardec e reeditada, em 1997, na França.

poucas costelas e sobrepujada por massa óssea irregular, representando a base do crânio. Os ossos pélvicos e variadas porções de ossos das extremidades inferiores estão igualmente presentes. As vísceras são raramente encontradas, conquanto, em alguns fetos com pernas mais bem desenvolvidas, os rins e porções do intestino e, ocasionalmente, outros órgãos podem algumas vezes ser vistos.

Os fetos, onde está presente apenas porção do músculo cardíaco, sem formação do coração e sem funcionamento, são chamados de *hemiacardius*. Os que se apresentam sem músculo cardíaco são denominados de *holocardius*. Nos *hemiacardius*, quatro extremidades, uma cabeça anormal e algumas vísceras estão frequentemente presentes, embora uma excessiva quantidade de tecido mixomatoso usualmente distorça a forma corporal, como que escondendo as extremidades superiores.

Nos *holocardius*, nenhum músculo cardíaco está presente, e a forma corporal é muito mais reduzida. Recentemente tem sido subdividido em *acardius acormus*, consistindo somente de uma cabeça; *acardius acephalus*, com uma parte pequena de corpo, e *acardius amorphus*, massa sem partes distinguíveis.

Em um espécime, observado no *Chicago Lying – In Hospital*, duas pernas estavam unidas, e a única víscera era uma massa de intestino agarrada à placenta, porém sem nenhuma relação com o restante do feto. Em outro, uma perna estava ausente; contudo, dois rins, glândulas adrenais e testículos estavam presentes. Os fetos *acardius amorphus* consistem de massas de variados tamanhos, redondas, ovais ou entalhadas, cobertas por pele, algumas vezes exibindo chumaços de cabelos. O interior é constituído abundantemente de tecido conjuntivo com uma massa irregular de osso no centro.

Napolitani e Schreiber[12], em uma pesquisa na literatura, encontraram 149 casos descritos como fetos acárdicos. Foram relaciona-

---

12. Napolitani, F. D. & Schreiber, I.: *The Acardiac monster*. Am. J. Obstet. Gynecol. 80, 582, 1960. Potter, E.L. & Craig, J.M.: *Pathology of the Fetus & the Infant*. Year Book Medical Publisher: 219, 1975.

dos 12 *hemiacardius* e 137 *holocardius*. Dos *holocardius*, sete eram *acardius acormus*, 93 *acardius acephalus* e 37 *acardius amorphus*.

Potter e Craig consideram que os gêmeos acárdicos não devem ser tão raros como os números indicam, embora poucos casos são reportados na literatura. Afirmam, também, que diversos conceptos *acardius acephalus* e *amorphus* são vistos no *Chicago Lying – In Hospital*.

Todos os espíritas estudiosos sabem que a vida é regida por fatores causais, não considerando o acaso, porquanto efeitos inteligentes denotam que decorrem igualmente de causas também inteligentes. O acaso não pode presidir os fenômenos vitais, já que o Universo é regido por leis sábias e precisas. Todavia, como explicar, sob o ponto de vista espiritual, o nascimento de conceptos gêmeos, ostentando apreciáveis anormalidades? Erro da criação divina?

A doutrina espírita, com seus racionais postulados científicos, muito pode contribuir para que a malformação acárdica seja mais bem avaliada e compreendida com profundidade. Afinal, estamos no limiar de uma nova era, e as barreiras do desconhecido sofrerão um intenso processo de desmoronamento. O mestre Jesus previu esse grande momento, dizendo que o consolador seria enviado, não somente para relembrar o que ele ensinara como igualmente espargir novas lições.

Um cientista observando um espécime de gêmeos acárdicos reparará que, na verdade, está diante de uma massa polpuda, totalmente desarmônica, parecendo ser resto fetal de qualquer animal, excetuando a espécie humana.

Exatamente! Essa verificação científica é encontrada na codificação kardequiana, na questão 136a de *O Livro dos Espíritos*, quando a espiritualidade superior responde à seguinte pergunta:

– Que seria o nosso corpo se não tivesse alma?

E a resposta:

– Simplesmente massa de carne sem inteligência, tudo o que quiserdes, exceto um homem.

Portanto, essa explicação encaixa-se perfeitamente no estudo em tela, porquanto os fetos acárdicos correspondem a massas de carne disformes, destituídas de órgãos essenciais à vida.

A pergunta 356 de *O Livro dos Espíritos* é igualmente importantíssima para corroboração do tema, enunciando Kardec: "Entre os natimortos, alguns haverá que não tenham sido destinados à encarnação de espíritos?"

Os benfeitores espirituais assim esclarecem: "Alguns há, efetivamente, a cujos corpos nunca nenhum espírito esteve destinado. Nada tinha que se efetuar por eles..." (questão 356a). Prontamente, o excelso codificador novamente questiona: "Pode chegar a termo de nascimento um ser dessa natureza?" (questão 356-1). A resposta, pronta e objetiva, da espiritualidade maior logo se fez presente: "Algumas vezes: mas não vive".[13]

Podemos, então, inferir que gêmeos acárdicos são "simples massa de carne sem inteligência, desde que a esses corpos nenhum espírito esteve destinado à encarnação".

A entidade espiritual André Luiz, médico em sua última encarnação, na obra *Evolução em dois mundos*, traz-nos valioso subsídio no sentido do entendimento do caso, respondendo à seguinte pergunta: "Como compreender os casos de gestação frustrada quando não há espírito reencarnante para arquitetar as formas do feto?"

A resposta, importante para o entendimento espiritual do assunto, foi:

> Em todos os casos em que há formação fetal, sem que haja a presença de entidade reencarnante, o fenômeno obedece aos moldes mentais maternos. Dentre as ocorrências dessa espécie há, por exemplo, aquelas nas quais a mulher, em provação de reajuste do centro genésico, nutre habitualmente o vivo desejo de ser mãe, impregnando as células reprodutivas com elevada percentagem de atração magnética,

---

13. Kardec, A: *O Livro dos Espíritos*, FEB, 71ª edição: 202, 1991.

pela qual consegue formar com auxílio da célula espermática um embrião frustrado que se desenvolve, embora inutilmente, na medida de intensidade do pensamento maternal, que opera através de impactos sucessivos, condicionando as células do aparelho reprodutor, que lhe respondem aos apelos segundo os princípios de automatismo e reflexão...[14]

O aparecimento dos monstros, sem estar presente a individualidade espiritual, trata-se claramente de uma prova para os pais, os quais, por certo, não valorizaram o processo de formação da vida, em vivências anteriores.

Agradecemos a Deus pela oportunidade concedida ao nosso espírito de elaborar este trabalho, colaborando para um entendimento maior do porquê espiritual da formação dos monstros acárdicos, visando cooperar com a ciência nesse fascinante estudo, já que os planos físicos e espirituais se compenetram segundo revelação da excelsa doutrina espírita.[15]

---

14. Xavier, F. C. & Waldo Vieira: *Evolução em dois mundos*, FEB, 3ª edição: 195. 1971.
15. Kardec, A: *O Livro dos Espíritos*, FEB, 71ª edição: 202. 1991.

Capítulo V

LESÕES CONGÊNITAS E CASOS TERATOLÓGICOS

AS RELIGIÕES DOGMÁTICAS PREGAM aos seus profitentes o chamado "pecado original", o qual é apontado como sendo originado pelo erro primário de desobediência de um antepassado remoto chamado Adão.

Com todo o respeito e apreço que se tem por todos que acreditam nesse vetusto e ultrapassado preceito, não se pode justificar o porquê espiritual do nascimento de seres monstruosos, colocando-se a específica culpa ou origem em seus respectivos ancestrais.

A Bíblia, ao contrário, ressalta, com muita propriedade, que a responsabilidade é pessoal, revelando que cada ser passa por aquilo que é merecedor, não podendo ser acometido de dolorosas mazelas em decorrência de equívocos cometidos por seus ascendentes, assim como se encontra no livro do profeta Ezequiel (18:1-4):

> Os pais comeram uvas verdes, e os dentes dos filhos se embotaram? Vivo eu, diz o Senhor Jeová, que nunca mais direis este provérbio em Israel. Eis que todas as almas são minhas; como a alma do pai, também a alma do filho é minha; a alma que pecar, essa morrerá.

O mesmo sensitivo do *Antigo Testamento*, agora no versículo 20, explica que "... o filho não levará a iniquidade do pai, nem o pai, a iniquidade do filho; a justiça do justo ficará sobre ele, e a perversidade do perverso cairá sobre este".

Davi, no Salmo 28, corrobora esse ensinamento bíblico, dizendo: "Paga-lhes segundo as suas obras, segundo a malícia dos seus atos; dá-lhes conforme a obra de suas mãos e retribui-lhes com o que merecem". Finalmente, em *O Novo Testamento*, há a demonstração desse ensino lógico e racional, por parte do amado Jesus, corroborando que cada um será julgado segundo suas obras e que "se alguém leva para cativeiro, para cativeiro vai". [16]

A doutrina espírita enfatiza que o espírito é o artífice, o único responsável por sua caminhada evolutiva, trazendo consigo o prêmio ou o castigo de seus atos, sabendo-se que o cumprimento da lei divina importa em benefício, a transgressão em pena, sob o juízo exercido por sua própria consciência. A condenação é transitória, em consonância com o ensinamento crístico: "Em verdade te digo que de maneira nenhuma sairás dali enquanto não pagares o último ceitil."[17]

A prisão, portanto, não é definitiva e, devido à bendita e excelsa reencarnação, existem meios de serem pagas as dívidas contraídas, através de novas oportunidades de reparação, visando a reconciliação necessária.

Cristo pôs por terra esse conceito dogmático, o do considerado "sofrimento eterno", em completa discordância com seus sublimes ensinos, ensinando que a misericórdia divina é incomensurável. E exortou a prática da indulgência para com todos os semelhantes, solicitando que perdoássemos "setenta vezes sete", isto é, infinitamente.

---

16. *Apocalipse* 22:12 e 13-10.
17. Mateus 5:25-26.

A VINDA DO CONSOLADOR: PROMESSA CUMPRIDA

O excelso Jesus, durante sua gloriosa passagem, na Terra, disse que ainda tinha muitas coisas para dizer, mas a humanidade não seria capaz de suportá-las, exatamente pelo baixo grau moral e intelectual em que se situava. Porém, deixou uma esperança, dizendo que não a deixaria órfã, porquanto "o consolador, que o Pai vai enviar em seu nome, ensinará todas as coisas e fará lembrar tudo o que ele disse" (João 14:18 e 26).

Em 1857, na França, o consolador prometido surge sob a direção do próprio Jesus (O Espírito da Verdade) que prometeu retornar ao convívio humano, e assim o fez, continuando na instrução da humanidade, trazendo novas lições, principalmente ampliando o conhecimento do chamado corpo espiritual, já iniciado na Antiguidade e referendado por Paulo de Tarso, na *Primeira Epístola aos Coríntios* (15:44). A doutrina espírita também o denomina *perispírito*, sendo o laço de união entre o espírito e o corpo, responsável pela organização da forma física.

Por conta do mau proceder em vivências transatas, desejoso de se libertar do tribunal de sua consciência, ansiando livrar-se do desajuste em que se situa, o espírito sai da prisão, vestindo a roupa de carne, pela reencarnação, e esquecendo-se temporariamente do que fez.

Contudo, seu corpo espiritual está vincado, tendo registrado as consequências morais dos desequilíbrios impetrados pelo mau uso do livre-arbítrio. Então, no momento da formação de sua indumentária física, estando o molde lesado, a montagem é realizada com defeito. Daí a explicação doutrinária para a causa espiritual das doenças, principalmente as hereditárias, cujo entendimento transcendental se torna impossível pelas religiões dogmáticas, acreditando infantilmente que o espírito é criado junto com o corpo.

Em verdade, o espírito imortal, vivenciando, em diversas experiências, os mais variados biótipos psicológicos, manifesta-se na matéria finita e limitada, a qual lhe servirá de campo obrigatório e indispensável de crescimento e aprendizado, conforme esclarece a obra magnânima básica espiritista, *O Livro dos Espíritos*.

É digno de consideração que a proposição da preexistência do ser extrafísico já tinha sido confirmada no Antigo Testamento pelo profeta Jeremias (1:4-5), afirmando: "Assim, veio a mim a palavra do Senhor, dizendo: Antes que te formasse no ventre, te conheci".

Se já tinha sido visto ou encontrado antes da sua gênese física, conclui-se que o espírito estava reencarnando – "importa-vos nascer de novo" (João 3:7), como ensinou profundamente o Cristo ao erudito Nicodemos, conceituado fariseu do famoso Sinédrio, o conselho supremo dos judeus.

Igualmente, o fato de os filhos gêmeos se considerarem como inimigos desde o ventre de Rebecca (*Gênesis* 25:22) ressalta, utilizando o critério da razão e da lógica, que esses seres espirituais não foram criados naquele momento e muito menos já constituídos adversários no cadinho materno. Assim acreditando, estão os escravos do dogma duvidando da perfeição divina e caracterizando o Criador como sádico ou incompetente arquiteto das almas.

O PORQUÊ DAS DOENÇAS CONGÊNITAS

Quando a Genética ensina que as doenças hereditárias são causadas por um gene distônico ou por cromossomas alterados, em verdade, sob a ótica da realidade invisível às lentes humanas, está se referindo a uma consequência, desde que a atração do espermatozoide ou do óvulo comprometido é realizada pelo espírito com sua vestimenta astral maculada, vibrando desarmonicamente.

A própria mutação na sequência de DNA de um determinado gene ou a ação deletéria sobre o cromossoma, alterando o seu número ou acarretando erro de sua posição ou de sua localização na célula reprodutora, pode ser originada pela presença prévia da entidade reencarnante, agindo prejudicialmente sobre a sua futura mãe, atuando no determinado ovócito.

A ciência denomina doenças monogênicas ou mendelianas, em torno de 6 mil, aquelas que têm como causa a alteração gênica, sendo mais comuns a hemofilia, a anemia falciforme, a fibrose cística e a fenilcetonúria, com prevalência de um caso para cerca de 200 nascimentos. As afecções cromossômicas mais comuns são as síndromes de Down, Patau e Turner.

Pode, também, o espírito, em vias de reencarnar-se, agir intensamente no ovo ou zigoto, causando, de acordo com a densidade das suas lesões perispiríticas, uma organogênese imperfeita, com defeitos verificáveis em qualquer etapa da morfogênese, gerando malformações.

Essa ação desarmônica explica o grande número de afecções congênitas de causas físicas complexas e obscuras, apresentando-se na maioria das vezes como casos isolados, sem a observância das mesmas nos familiares.

GÊMEOS COMPROMETIDOS: EXPLICAÇÃO ESPIRITUAL

Importante ressaltar a abordagem dos gêmeos univitelinos ou monozigóticos, os quais resultam da fecundação de somente um óvulo, contendo a mesma herança. Embora geneticamente iguais, pode um deles nascer com doença congênita, desde que a origem do fato se dá pela presença de individualidades espirituais distintas agindo sobre um único óvulo, e um deles refletir a imperfeição.

A ciência, ainda míope para a visualização da paisagem extrafísica, não sabendo da verdadeira razão do processo, impotente, não sabe explicar devidamente o assunto, considerando apenas o efeito, dizendo simplesmente que ocorre apenas um defeito no mecanismo da divisão celular de um dos gêmeos, como se o acaso pudesse ser responsabilizado por algum acontecimento biológico.

Quando o processo gemelar se apresenta com deformações

de vulto, ostentando os seres colados, denominados vulgarmente como xifópagos, a doutrina espírita surge, mais uma vez, com explicações plausíveis para o fenômeno, em detrimento da ciência, que se vê confusa diante de tantas deformidades.

Há casos em que um dos conceptos não apresenta formação da cabeça, da cintura escapular e dos membros superiores. É o chamado gêmeo acárdico. Alguns nascem com cabeça; contudo, a massa encefálica está reduzida ou ausente (gêmeos anencéfalos). Outros vêm ao mundo apenas ostentando seus membros inferiores malformados, o restante do corpo encontrando-se dentro de outro concepto gemelar.

Em outro caso, um gêmeo natimorto apresentava horrenda malformação, porquanto se encontrava ligado a outro ser, sem corpo, contendo apenas mãos em garra devidamente presas em seu pescoço.

Na literatura médica, são descritos casos raríssimos de natimortos, contendo, em seus cérebros, massas de aspecto tumoral, onde são encontrados em torno de cinco a oito embriões anômalos, todos incompletos.

Interessado no tema, foi consultada a espiritualidade e recebida a seguinte explicação:

> O ser espiritual, ao ser conduzido à reencarnação, carreia consigo, imantadas vibratoriamente em seu perispírito, entidades obsessoras que estão ligadas ao reencarnante por laços profundos de ódio. O fato de reencarnarem junto ao possível cérebro é justificado, já que pelo pensamento estão todos ligados.

Em outra fonte mediúnica, foi confirmada a interpretação espiritual recebida e, ainda mais, foi-nos ministrada informação de os fatos envolverem criminosos de guerra e suas indignadas vítimas.

É necessário patentear que Deus é amor; portanto, sair do presídio moral ou inferno do remorso, onde se encontra a consciência do espírito devedor, relaciona-se a entrar em contato, na matéria, com o antagonista, inimigo de vivências pretéritas, procurando exaustivamente uma "reconciliação depressa, enquanto está no caminho com ele" (Mateus 5:25).

Assim, a gemelaridade imperfeita é consequência de persistente adversidade. Agora, o resgate apresenta-se drástico, fazendo com que os algozes do passado nasçam de novo, unificados na matéria (gêmeos acolados), jungidos, amalgamados por intenso ódio.

FETOS ACÁRDICOS E ANENCÉFALOS

O feto acárdico e o recém-nascido anencéfalo são seres humanos. O que os diferencia é exatamente a presença do espírito no anencéfalo. Na questão 336 de *O Livro dos Espíritos*, somos esclarecidos de que, se uma criança nasce com vida, é porque a ela está ligada uma alma. O anencéfalo não é um natimorto. Ele vive algumas horas. Ao contrário do acárdico, o anencéfalo é portador do tronco encefálico, da região talâmica e até mesmo das porções do córtex cerebral, responsáveis pelo controle automático das batidas cardíacas e da capacidade de respirar por si próprio, ao nascer.

Qual a razão da existência de fetos natimortos? Segundo ensinamento espírita (LE – questão 356), o nascimento de fetos sem vida trata-se de prova para os pais.

Algumas questões surgem: os anencéfalos podem ser utilizados para transplantes? Se os pais souberem antecipadamente dessas malformações ainda no período de gestação, será lícito recorrer ao aborto? Nas lesões congênitas e nos casos teratológicos, qual a explicação espírita?

Ao contrário dos acárdicos, os anencéfalos possuem órgãos, os quais podem ser aproveitados para a doação. De maneira alguma, deve-se praticar o aborto (nesse caso é o eugênico). Trata-se de horripilante crime, cuja vítima não tem como se defender. Quanto aos anencéfalos, utilizaram o exuberante intelecto para a prática do mal. Nas lesões congênitas e nos casos teratológicos, a explicação espírita surge quanto à necessidade da expiação para a obtenção da cura espiritual.

O homem está subordinado à divina lei de ação e reação, apontada por Jesus, em vários ensinamentos: "A cada um segundo as suas obras". "Quem erra ou peca, é escravo do erro ou pecado". "Quem com ferro fere, com ferro será ferido". "Quem leva para cativeiro, para cativeiro vai". Não existe o acaso. Cada ser é responsável pelos seus próprios passos. A responsabilidade é pessoal. O que parece barbaridade revela apenas uma verdade: somos hoje o que construímos ontem e seremos amanhã o que fizermos agora.

A doutrina espírita, com seus racionais postulados científicos, inicia o trabalho de esclarecimento da humanidade. Afinal, o homem encontra-se no limiar de uma nova era, na qual os enigmas serão decifrados e as barreiras do desconhecido sofrerão um intenso processo de desmoronamento. O mestre Jesus previu esse grande momento, dizendo que o consolador seria enviado, não somente para relembrar o que ele ensinou como igualmente para espargir novas lições.

CONHECENDO A VERDADE QUE LIBERTA

Livrar-se das algemas da culpa e do remorso, através do amor, seria o caminho mais curto e feliz na busca da sua libertação interior; infelizmente, o homem ainda não aprendeu as lições sábias do Cristo e permanece criando o mal, nele se alimentando, deixando-o disseminar dentro de si. Porém, a misericórdia divina, alicerçada em Seu amor absoluto, permite a oportunidade da reparação, através da bendita reencarnação, possibilitando "ceifar a corrupção semeada na carne".

Depois de milênios de obscurantismo, vivemos o grande momento em que o consolador vem esclarecer as dúvidas e as questões ainda enigmáticas ligadas à medicina. Disse Jesus que, conhecendo a verdade, receberíamos a capacidade de nos libertar. Felizmente, com o advento da doutrina espírita, os mistérios do reino dos céus já nos são dados a conhecer.

Capítulo VI

Reencarnação e Reprodução Assistida

Antes do final do século 18, os casais não recebiam da ciência a ajuda necessária para a resolução do problema da infertilidade. Por meio da *Reprodução Assistida In Vivo*, um médico inglês, Dr. John Hunter, obteve os primeiros resultados, embora de forma não satisfatória, gerando baixo índice de sucesso.

Muitos comentários conflitantes surgiram haja vista fosse essa a primeira vez em que se dava a fecundação humana, sem o ato sexual em si, o que, de forma alguma, poderia ser, em tempo anterior, sequer aventada. Se alguém, a essa época, sugerisse tal possibilidade, seria rotulado, certamente, como lunático ou possuído pelo demônio.

A inseminação assistida *in vivo* consiste na injeção de espermatozoides móveis capacitados (aptos a fertilizar, pós-tratamento do sêmen em laboratório), no órgão uterino após a indução da ovulação.

Em uma das técnicas, os espermatozoides são aplicados, além do colo do útero, possibilitando o aumento do número de gametas masculinos móveis adentrando a cavidade uterina, aptos, portanto, a atingir o terço distal da Trompa de Falópio, facilitando a fecundação.

Em casos de insucesso desse procedimento, de impedimentos anatômicos na mulher ou de problemas na produção de óvulos ou espermatozoides, pode-se recorrer, graças aos avanços da Biotecnologia, à fertilização *in vitro*, na qual a inseminação ocorre em laboratório, com o uso dos gametas previamente colhidos do casal para a formação do embrião, sendo este posteriormente implantado no interior do útero da mulher infértil.

Em 25 de julho de 1978, nascia em Bristol, Inglaterra, Louise Brown, o primeiro bebê-proveta do mundo. Na América do Sul, exatamente no Brasil, o primeiro caso positivo de reprodução assistida *in vitro* ocorreu em 7 de outubro de 1984, em São José dos Pinhais, Região Metropolitana de Curitiba, no Paraná, vindo à luz uma menina, Anna Paula Caldeira.

A esterilidade pode ser definida como a incapacidade de um casal em idade reprodutiva engravidar dentro de um ano, mantendo relações sexuais ao menos seis vezes por mês, sem o uso de contraceptivos.

A Organização Mundial da Saúde (OMS) relata que 20% dos casais têm algum problema de esterilidade: 30% desses problemas são das mulheres, 30% dos homens, 30% dos dois e 10% são sem causa determinada.

INFERTILIDADE E A VISÃO ESPÍRITA

A doutrina espírita assevera que o acaso não existe e que o homem é artífice do seu próprio destino, responsável por tudo que pensa e faz, subordinado que está à lei divina, a qual não contempla exceções, nem faz concessões, sendo justa e equânime. Se alguém comete alguma infração, sofre, em consequência, uma punição, que lhe é outorgada no tribunal da própria consciência, gerando remorso e vontade de reparação.

O mestre Jesus afirmou: "A cada um segundo as suas obras" (Mateus 16:27) e "Em verdade vos digo: Todo aquele que comete erro é escravo do erro" (João 8:34). Se este operou para o bem, será agraciado; se agiu para o mal, sofrerá os efeitos infelizes de seus atos.

A pessoa portadora da infertilidade seguramente está passando por uma experiência expiatória, em nova vivência reencarnatória, resgatando o erro cometido e desejando sobremaneira gerar e, infelizmente, não conseguindo. A infração cometida alhures, em transatos mergulhos na carne, tem relação com a violação dos direitos da vida, incrementando pena de morte aos embriões e fetos através do delituoso aborto. O crime cometido contra o ser, em formação no cadinho materno, faz com que a vestimenta espiritual dos agressores se macule com os miasmas criados. Voltando à arena física, a lesão perispirítica pode se materializar consequentemente na disfunção da infertilidade.

Contudo, Deus é amor, e chega o momento em que a expiação pode ser vencida, conforme alude o espírito protetor Bernardim, em *O Evangelho segundo o Espiritismo*, cap. V-27:

> É certo que as vossas provas têm de seguir o curso que Deus lhes traçou; dar-se-á, porém, conheçais esse curso? Sabeis até onde têm elas de ir e se o vosso Pai misericordioso não terá dito ao sofrimento de tal ou tal dos vossos irmãos: – Não irás mais longe? [...] Pode, portanto, sem receio, empregar todos os esforços por atenuar o amargor da expiação, certo, porém, de que só a Deus cabe detê-la ou prolongá-la, conforme julgar conveniente.

Com o avanço científico, há possibilidade de ser vencida a esterilidade, embora isso se reserve somente para aqueles que já conquistaram o galardão da vitória contra o mal. Exatamente os que se tornaram merecedores da superação da expiação. As chances de gravidez com fertilização *in vitro*, por exemplo, variam de 30% a 60%. De cada cem pacientes que recebem embriões, entre 30 e 60 conceberão.

Mais de 4 milhões de espíritos já reencarnaram por intermédio da reprodução *in vitro*, sendo que cerca de 25% das gravidezes resultaram em gêmeos, o que corresponde a uma incidência bastante superior à da gravidez natural em que o normal é surgir um par de gêmeos por cada 80 nascimentos.

A taxa de insucesso está em torno de 40% a 70%, verificando-se, portanto, a permanência do comprometimento expiatório, manifestada na ausência da embriogênese no cadinho materno.

O espiritismo, relatando que a união do ser espiritual ao corpo começa na concepção, está de acordo com a doutrina clássica da Embriologia, a qual explana que o início da vida humana começa na fecundação.

Do ponto de vista molecular, a primeira divisão do zigoto define o destino da criatura terrestre. Na primeira célula do embrião, dentro da molécula helicoidal do DNA (ácido desoxirribonucleico), já está todo o potencial genético do indivíduo, único e exclusivo, não havendo outro ser vivo igual àquele que está iniciando seu processo de vida.

Zigoto, mórula, blastocisto, gástrula e feto são fases de um desenvolvimento contínuo do ser humano. Uma única célula formando 100 milhões de outras, constituindo órgãos e sistemas. Mais um motivo para não exterminar o ser em crescimento, no abençoado ninho uterino, através do execrável crime do aborto.

SITUAÇÃO ESPIRITUAL DO BEBÊ DE PROVETA

A literatura científica já registrou o caso, ocorrido em Israel, do nascimento de um bebê a partir de embrião congelado que permaneceu preservado no nitrogênio líquido (196°C negativos) por 12 anos. Trabalhos anteriores revelavam período de tempo de sete anos, nascendo normalmente. A doutrina espírita ensina na mesma questão 356 do livro já citado que o ser, após o nascimento, tem forçosamente encarnado em si um espírito. Portanto, pode haver a presença de espíritos ligados (ou destinados) aos embriões congelados até mesmo em um período longo de permanência.

O momento em que o ser espiritual se liga ao organismo em início de desenvolvimento, segundo André Luiz, ocorre cerca de um quarto de hora após a fusão dos gametas[18]. É importante frisar que, normalmente, os embriões são congelados, quando atingem dois a oito dias, em plena divisão celular.

Uma questão, certamente, pode ser formulada, a respeito da situação do espírito ligado a um embrião congelado durante anos, preparado para inserção no útero. A codificação kardequiana enfatiza, na resposta da questão 351 de *O Livro dos Espíritos*, que a entidade reencarnante goza mais ou menos de todas as suas faculdades, conforme o ponto em que se ache, da fase compreendida entre a concepção e o nascimento, porquanto ainda não está encarnado, mas apenas ligado.

É ensinado que:

> [...] a partir do instante da fecundação, começa o espírito a ser tomado de perturbação, que o adverte de que lhe soou o momento de começar nova existência corpórea. Quanto mais perto estiver do nascimento, maior lhe será o transtorno, pois que suas ideias se apagam, assim como a lembrança do passado, do qual deixa de ter consciência na condição de homem, logo que entra na vida. Essa lembrança, porém, lhe volta pouco a pouco ao retornar ao estado de espírito. No intervalo entre a concepção e o nascimento, seu estado é similar ao de um espírito encarnado durante o sono.

Os seres espirituais, encaminhados para a reencarnação, nessas condições – certamente como não existe o acaso –, necessitam vivenciar essa devida experiência provacional (presos aos embriões

---

18. *Missionários da luz*. Cap. 13.

durante anos). Podem ser entidades suicidas ligadas aos embriões congelados em processo de drenagem dos miasmas do perispírito para o amontoado celular.

Na obra *Atualidade do pensamento espírita*, o espírito Vianna de Carvalho, pela mediunidade de Divaldo Pereira Franco, responde à seguinte pergunta:

> – Nos casos de embriões congelados, já em estado avançado de desenvolvimento, espíritos estariam a eles ligados, esperando a retomada do processo para fins reencarnacionistas?

A resposta:

> – Não necessariamente. Em alguns casos, espíritos que pensaram burlar a lei da Vida, fugindo das provações pelo caminho falso do suicídio, permanecem em semi-hibernação, aguardando oportunidade para recomeço da experiência, e esse período lhes constitui a expiação a que fazem jus. O desenvolvimento que ocorre em alguns experimentos é espontâneo, resultado do automatismo biológico, mas que não culminam em êxito.

O médium Raul Teixeira, na *Revista Espírita Allan Kardec*, assim se manifestou:

> Entidades espirituais devedoras da sociedade se oferecem para vir atender ao progresso da ciência. Dessa forma, são ligadas a esses embriões para que vivam hermeticamente vinculadas a eles, num processo de mutismo, enquanto o embrião estiver congelado. Nesse trabalho de servir à ciência, eles podem conseguir o progresso, ao invés de renascerem na Terra e sofrerem situações de enfermidades variadas

durante largos anos. Muitos homicidas, suicidas e ovoides se encontram nessa faixa de sofrimento.

A questão 345 de *O Livro dos Espíritos* é valiosíssima para o assunto em tela, porquanto há muito insucesso na reprodução assistida, já que:

> [...] a união do espírito com o corpo, desde o momento da concepção, não é definitiva, podendo o ser espiritual renunciar a habitar o corpo que lhe está destinado. Portanto, os laços fluídicos, que o prendem ao embrião, facilmente podem ser rompidos.

FETO SEM ESPÍRITO

A doutrina espírita assevera (LE – questão 356) que pode haver formação de corpos que jamais tiveram um espírito destinado, seguindo o curso das leis biológicas, porém não sobrevivem. Vêm, a lume, já mortos. A codificação kardequiana, de tal sorte, afirma que esses seres, destituídos de espíritos, são "simples massa de carne sem inteligência; tudo o que quiserdes, exceto um homem" (LE – questão 136b).

Se, por conseguinte, "a vida orgânica pode animar um corpo sem alma" (questão 136a), alguns bebês de provetas, sem a presença essencial do campo extrafísico, podem vir a termo, "algumas vezes", mas não sobrevivem (nascem mortos) e certamente se apresentarão desfigurados, verdadeiros monstros, tratando-se de prova para os pais (questão 356, da obra citada).

Qualquer criança que nasça com vida, segundo o espiritismo, tem forçosamente encarnado em si um espírito. Se assim não acontecesse, não seria um ser humano (questão 356b).

Como explicar a formação de um feto, sem o campo organizador espiritual? Primeiramente, a presença de 200 a 500 milhões de espermatozoides, vibrando intensamente junto ao óvulo, certamente forma um campo de força, propício à formação inicial das células embrionárias, a partir do ovo ou zigoto.

Na intimidade das células reprodutoras pulula energia incomensurável, constituindo-se em verdadeiro estopim da bomba de sódio-potássio, patrocinando a vida orgânica, com ou sem a presença do espírito.

A estruturação somática acontece no cadinho celular, através do metabolismo induzido pela troca iônica, denominada bomba de sódio-potássio, desenvolvendo uma diferença de potencial elétrico, contribuindo para o funcionamento da célula e, por conseguinte, do corpo em sua totalidade.

Essa eletricidade gerada, animalizada, está bem de acordo com a tese do princípio vital, descrita genialmente por Kardec, no século XIX, em *A Gênese*, cap. X, nº 19, dizendo que "esse princípio seria uma espécie particular de eletricidade animal", totalmente de acordo com o pensamento científico atual.

Na obra *Evolução em dois mundos* (pág. 195), o espírito André Luiz traz mais subsídios, esclarecendo que:

> [...] nas gestações frustradas, quando não há espírito reencarnante para arquitetar as formas fetais, o fenômeno obedece aos moldes mentais maternos, impregnando as células reprodutivas com elevada percentagem de atração magnética pela qual consegue formar com o auxílio da célula espermática um embrião frustrado que se desenvolve, embora inutilmente [...], que lhe respondem aos apelos segundo os princípios de automatismo e reflexão...

A reprodução assistida *in vitro* é abalizada pela codificação. O insigne Kardec indaga:

– Poderia dar-se não haver espírito que aceitasse encarnar numa criança que houvesse de nascer?

A resposta pronta e objetiva se fez presente:

> – Deus a isso proveria. Quando uma criança tem que nascer vital, está predestinada sempre a ter uma alma. Nada se cria sem que à criação presida um desígnio (LE – questão 336).

Depois de milênios de obscurantismo científico e religioso, amalgamado com a ciência, o espiritismo surgiu, materializando a promessa, de Jesus, que nos enviaria um consolador, esclarecendo, sob o ponto de vista espiritual, assuntos científicos de difícil abordagem e compreensão à luz da religião.

Capítulo VII

Reencarnação e personalidade psicopática

O QUE SE CONHECIA anteriormente em Psiquiatria como Personalidade Psicopática é, no momento atual, denominado Transtorno da Personalidade Antissocial ou Transtorno da Personalidade Dissocial.

Os indivíduos portadores dessa disfunção, por certo, sendo espíritos com graves transtornos de caráter e conduta, desprovidos da capacidade de sentimento do remorso, da culpa e do arrependimento pelos erros cometidos, impossibilitados de estabelecer empatia com o próximo, desrespeitadores das regras de conduta moral, demonstrando falta de emoções e, em grande proporção, violentos, necessitam enfaticamente de uma internação na carne pela reencarnação compulsória.

Em verdade, ninguém é condenado, na espiritualidade, ao sofrimento eterno, porque, como asseverou Jesus, "nenhuma ovelha se perderá...". Sempre surgirá a valiosa oportunidade de retorno à dimensão física para granjear crescimento evolutivo, mesmo que, de início, muito incipiente ainda.

A seguir, aproveitando as próximas reencarnações, o ser

começa a ascender aos demais degraus da incomensurável escadaria do aperfeiçoamento espiritual, conforme reafirmam as vozes dos antigos profetas, ressoando até hoje, clamando: "As misericórdias do Senhor são a causa de não sermos consumidos, porque as suas misericórdias não têm fim, renovam-se cada manhã" (Jeremias 3:22-23) e "Disse o Senhor: Não contenderei para sempre, nem me indignarei continuamente; porque, do contrário, o espírito definharia diante de mim, e o fôlego da vida que eu criei" (Isaías 57:16).

Em *O Novo Testamento* (Atos dos Apóstolos, I Pedro 3:19), é relatado que Jesus, já após ter subido aos céus, "visitou e pregou aos espíritos em prisão", indicando claramente que haverá sempre a possibilidade da reabilitação espiritual, pois ninguém está condenado para todo o sempre.

Vibração da matéria cerceia o espírito encarnado

Importante frisar que o corpo humano serve como um abrigo prisional, submetido o espírito a uma verdadeira tirania biogenética, limitando ao máximo suas ações manipuladoras e sádicas, dificultando muito, pela sua própria resistência, que o espírito seja causa de escândalos mais graves.

O grande impasse para o ser reencarnante, já no ventre materno, consiste em constatar que está enclausurado em vigorosa teia carnal, tendo apenas como instrumento de manifestação no plano físico um engenhoso órgão: o cérebro, ao qual estará subordinado e interagindo de forma tão intensa, que confunde até mesmo os descrentes, acreditando que a mente provenha indispensavelmente do cérebro.

Os ateus atestam tão somente os efeitos ou conhecem aparentemente apenas o veículo, desconhecendo a verdadeira causa, como igualmente ignoram a presença indispensável do condutor. Observam a vida, pelo olhar míope do acaso. Veem o funcionamento de uma fábrica, justificando-a somente pelo trabalho dos operários, ignorando a presença transcendental do agente diretor.

O estudo do espiritismo enseja esclarecimentos importantes que explicam insofismavelmente a presença de um agente transcendental, imortal, jungido ao corpo físico que lhe permite eficazmente o avanço evolutivo, sendo fator determinante do seu progresso.

A doutrina espírita ensina que, encarnado, o ser espiritual tem o exercício de suas faculdades limitadas, porquanto "a grosseria da matéria as enfraquece" (LE – questão 368). É enfatizado que "o invólucro material é obstáculo à livre manifestação das faculdades do espírito, como um vidro muito opaco o é à livre irradiação da luz" (LE questão 368a). Allan Kardec comenta:

> Pode-se comparar a ação que a matéria grosseira exerce sobre o espírito à de um charco lodoso sobre um corpo nele mergulhado, ao qual tira a liberdade dos movimentos.

Na questão 369 é ressaltado que:

> [...] os órgãos são os instrumentos da manifestação das faculdades da alma, manifestação que se acha subordinada ao desenvolvimento e ao grau de perfeição dos órgãos, como a excelência de um trabalho o está à da ferramenta própria à sua execução.

Importante chamar a atenção novamente de que as faculdades da alma não são originadas dos órgãos:

> [...] cumpre, porém, se leve em conta a influência da matéria, que mais ou menos lhe cerceia o exercício de suas faculdades (questão 370a).

DOUTRINA ESPÍRITA ESCLARECE MISTÉRIO NA NEUROCIÊNCIA

Um insólito e muito divulgado episódio, no meio científico, de 1948, nos EUA, confirmou o ensino espírita assinalado acima. O operário ferroviário Phineas P. Gage teve o cérebro transpassado por uma barra de ferro de 1,10m de comprimento e pesando 1,5kg. O acidente resultou de uma explosão em uma rocha. O acidentado sobreviveu, mas, a seguir, para surpresa geral, apresentou um comportamento moral bem depreciativo, de teor psicopático, completamente diferente do que possuía antes do acidente.

Desconhecendo o ensinamento espírita de que a matéria exerce influência de cerceamento nas faculdades da alma, os materialistas, baseados no caso Gage, afirmavam que tinham chegado à prova de que o cérebro seria a sede da personalidade. Contudo, um brasileiro, Eduardo Leite, há alguns anos, sofreu um acidente semelhante ao americano e não apresentou nenhuma alteração de comportamento, estando absolutamente igual ao que ele sempre foi e causando perplexidade no meio acadêmico, considerado esse caso como um mistério da medicina e servindo como ponto de reflexão a respeito de que a ciência sem o espiritismo é mesmo manca, aproveitando e atualizando a asserção explanada por um gênio, o cientista alemão Albert Einstein.

De acordo com os ensinamentos dos instrutores do Além, pode-se concluir que o acidentado brasileiro, na hierarquia espiritual, está mais bem situado, bem superior que o americano. A lesão sofrida por Gage fez com que suas faculdades morais inferiores, latentes e cerceadas, aflorassem, com grande expressão, devido à destruição de parte do cérebro, o qual era responsável pela supressão de suas faculdades morais mais depreciativas, enquanto o Eduardo, apesar de a lesão orgânica ser semelhante à do americano, apresenta comportamento moral superior, o que revela uma bagagem espiritual conquistada antes da atual reencarnação.

Oportunidade de crescimento espiritual

Conforme ensina, igualmente, a codificação kardequiana, o espírito sofre uma perturbação que só gradualmente se dissipa com o desenvolvimento do corpo infantil, facilitando novos aprendizados e ensejando oportunidades valiosas e imprescindíveis de reabilitação e renovação espirituais. Não estando maturados e desenvolvidos os órgãos infantis, principalmente as funções neuropsicomotoras, a individualidade extrafísica passa por um período de repouso, onde é mais receptível às impressões que recebe da dimensão física, capazes de lhe auxiliarem o adiantamento evolutivo. Daí o papel importante de pais, parentes e professores como profícuos educadores morais.

O desabrochar dos sentimentos nobres já deveria ser arquitetado por parte dos pais, principalmente pela amorosa mãe, durante o período gestacional, porquanto o ser espiritual, vivenciando um processo paulatino de entorpecimento, vivenciando vibrações de reconhecimento, ligado por laços sublimes, está pronto para a aceitação de princípios altruístas. O momento se torna favorável para semear no coração do reencarnante as sementes da ética, da solidariedade e do amor, importantes para contrabalançar a falta de empatia com o semelhante e, igualmente, a impossibilidade de vivenciar emoções em relação a outrem.

O transtorno de personalidade antissocial traduz anormalidades da *psique*, havendo desarmonia do afeto e da emoção, não sendo considerada doença mental, porém dissonância do caráter.

A fase infantil, portanto, é importantíssima para a mudança no desenvolvimento evolutivo do ser. A doutrina espírita ensina que:

> [...] os espíritos só entram na vida corporal para se aperfeiçoarem, para se melhorarem. A delicadeza da idade infantil os torna brandos e acessíveis aos conselhos da experiência e

dos que devam fazê-los progredir. Nessa fase é que se lhes pode reformar os caracteres e reprimir os maus pendores. Tal o dever que Deus impôs aos pais, missão sagrada de que terão de dar contas. (LE – questão 385).

O indivíduo, portador de distúrbio psicopático, antes de reencarnar; por conseguinte, dependendo da educação moral que receba em todas as fases de desenvolvimento no ventre materno e no período infantil, pode se apresentar, na fase adulta, com um quadro mais moderado.

Importante, também, que os educadores imponham regras claras a estes seres infantis que apresentam condutas maldosas, revelando, desde cedo, perversidade com os familiares, colegas e animais, como também propensão para a violência e para o roubo.

Seus primeiros sete anos de vida corporal são importantíssimos para granjear algum progresso espiritual, principalmente reforma do caráter, de permeio à repressão das más tendências, da má índole.

Transtorno da Personalidade Antissocial

Quando passam pela infância sem a oportunidade da educação provida de amor, ou mesmo refratários a qualquer mudança do seu comportamento áspero e intratável, os psicopatas revelam, na fase adulta, suas imperfeições, apresentando-se como indivíduos que não controlam seus instintos. Quase sempre são falantes, sedutores, sem prejuízo na cognição, porquanto a psicopatia difere da demência e tampouco apresenta sintomas psicóticos (delírios e alucinações). Não são portadores de doença psiquiátrica, não são enfermos mentais; são doentes na personalidade, conhecidos como maus-caracteres.

O psicopata é um ser frio, não vivenciando emoções; sentimentos como compaixão e solidariedade são inexistentes, assim como não apresentam sofrimentos emocionais, destacando a ausência de baixa autoestima, igualmente de depressão e de ansiedade. São amantes da mentira e da dissimulação.

Cultores da megalomania, do egocentrismo, da falta de afeto e da transgressão social. Não conseguem reconhecer o sofrimento alheio. Portanto, podem lesar o semelhante, sem vivenciar qualquer sentimento moral. Igualmente, possuem a capacidade de violar e desrespeitar os direitos das pessoas.

ENQUADRAMENTO NA ESCALA ESPIRITUAL

Consultando a Parte Segunda de *O Livro dos Espíritos*, em seu capítulo I, há referência a diferentes ordens dos espíritos e uma menção à terceira categoria hierárquica, a dos seres imperfeitos, onde, na décima classe, estão situados os espíritos impuros.

Ensina a codificação kardequiana, na questão 102 de *O Livro dos Espíritos*, que esses seres:

> [...] são inclinados ao mal e o fazem objeto de suas preocupações. Como espíritos, dão conselhos pérfidos, insuflam a discórdia e a desconfiança, e usam todos os disfarces, para melhor enganar. Apegam-se às pessoas de caráter fraco, o bastante para ceder às suas sugestões, a fim de levá-las à perda, satisfeitos de poderem retardar o seu adiantamento, ao fazê-las sucumbir ante as provas que sofrem.
>
> Nas manifestações, reconhecem-se esses espíritos pela linguagem: a trivialidade e a grosseria das expressões, entre os espíritos como entre os homens, e sempre um índice de inferioridade moral, senão mesmo intelectual.
>
> Suas comunicações revelam a baixeza de suas inclinações

e, se eles tentam enganar, falando de maneira sensata, não podem sustentar o papel por muito tempo e acabam sempre por trair a sua origem. Alguns povos os transformaram em divindades malfazejas. Outros os designam como demônios, gênios maus, espíritos do mal. Quando encarnados, estes se inclinam a todos os vícios que as paixões vis e degradantes engendram: a sensualidade, a crueldade, a felonia, a hipocrisia, a cupidez e a avareza sórdida.

Fazem o mal pelo prazer de fazê-lo, no mais das vezes sem motivo, e, por ódio ao bem, quase sempre escolhem suas vítimas entre as pessoas honestas. Constituem verdadeiros flagelos para a humanidade, seja qual for a posição que ocupem, e o verniz da civilização não os livra do opróbrio e da ignomínia.

Os psicopatas possuem muito espírito de liderança. Quando presos, são capazes de criar problemas, até mesmo rebeliões, sem que apareçam como mentores e líderes. Sabem muito bem manipular as pessoas, como igualmente possuem grande poder de sedução. Mestres da dissimulação, eles dificultam muito sua identificação.

São irresponsáveis no trato com os filhos, não gostando de compromissos, principalmente os ligados ao lar. Geralmente são muito inteligentes e ardilosos. Prejudicam as pessoas sem demonstração de comoção. Muito frequentes, nos portadores do transtorno, a irritabilidade, a impulsividade e a agressividade.

Importante ressaltar que, na dimensão espiritual, esses seres, na maior parte das vezes, chefiam ou fazem parte das falanges das sombras, designados como "espíritos imundos" no evangelho e citados muito bem, na obra *Libertação*, psicografada por Chico Xavier.

O conhecimento do assunto em tela proporciona momentos de reflexão, conscientizando-se o profitente espírita da incomensurável importância da doutrina que professa.

O espiritismo foi codificado, no século 19, por um gigante do conhecimento, materializando as informações dos luminares da dimensão extrafísica. As revelações por eles trazidas são tão atualizadas, que permitem explicar enigmas científicos hodiernos, deixando os cientistas boquiabertos e extasiados, porquanto, em um mundo cada vez mais materialista, as luzes do Céu cada vez mais se apresentam e, constantemente, sacodem os descrentes de todos os matizes, revelando que não existe o acaso e demonstrando que todos os infortúnios têm uma causa, inclusive o porquê do ateísmo.

A presença da doutrina espírita é cumprimento da profecia do querido Jesus, ao asseverar que não nos deixaria órfãos e que o Pai nos enviaria, em seu nome, um consolador, que o mundo ainda não podia conhecer, que nos viria ensinar todas as coisas e fazer-nos lembrar de tudo o quanto nos dissera.

Capítulo VIII

RETARDAMENTO MENTAL.
A VIA DO AMOR

"AS VICISSITUDES DA VIDA têm uma causa. E uma vez que Deus é justo, essa causa deve ser justa também" (*O Evangelho segundo o Espiritismo*, Cap. V).

Sob o ponto de vista físico, as limitações cognitivas infantis, transtornos neuropsiquiátricos muito comuns, apresentam uma série de fatores causais, tanto de ordem genética, como perinatais (ocorridos durante a gestação e o parto) e pós-natais.

Portanto, acreditando-se que a vida segue um curso somente regido pelo acaso, a origem de todos os distúrbios, sob a ótica da matéria, encontra-se nos cromossomas ou nos genes, ou manifestaram-se por problemas surgidos no momento do parto ou após o nascimento.

Durante a formação do ser, pode o útero ser invadido por substâncias tóxicas ou por agentes infecciosos, como vírus ou bactérias, acarretando dano em áreas específicas cerebrais, como igualmente o agente causal não vir de fora e se encontrar na intimidade dos genes e cromossomas.

Após o nascimento, apresentando-se a criança hígida, sem

qualquer comprometimento mental, pode sofrer sequelas de lesão traumática craniana ou de doenças infecciosas, como a meningite, surgindo a deficiência intelectual. Até mesmo, casos de abandono e maus-tratos na infância, associados ao estresse extremo e à violência, podem produzir alterações bioquímicas que danificam tanto a estrutura cerebral como as suas funções. Igualmente, a intensa desnutrição proteica calórica, nos períodos iniciais do desenvolvimento cerebral (principalmente durante os primeiros 24 meses de vida pós-natal), produz lesão neurológica grave, levando às limitações cognitivas.

A despeito dos recentes avanços nos instrumentos de investigação médica, a etiologia do retardo mental permanece desconhecida em torno de 50% dos casos, sabendo-se que é mais comum no sexo masculino (numerosas mutações são observadas nos genes do cromossomo X6), na proporção de 1,3 a 1,9 mulheres para 13 homens.

Atualmente, a origem física do retardamento mental é atribuída a um defeito da estrutura e função das sinapses das células nervosas, os neurônios. Existe uma causa espiritual? Estamos subordinados a uma divindade vingativa ou somos artífices de nossas próprias deficiências?

A vida espelha, em sua complexidade e beleza, a presença de uma inteligência superior. De forma alguma, a existência pode ser atribuída ao nada, criada aleatoriamente, sem intenção prévia.

Os genes, por exemplo, são sequências funcionais, correspondendo a setores de tamanho variável da molécula do ácido desoxirribonucleico (DNA) e responsáveis por determinadas características hereditárias, determinando igualmente a produção de proteínas necessárias à constituição e ao funcionamento do corpo humano.

Contudo, se os genes estão situados numa molécula proteica, como podem manipular e ordenar a si próprios? Como podem demonstrar sabedoria, regulando a formação de outras proteínas? Como os genes podem ter tanta capacidade de comando específico e brilhante?

Mais de 100 mil proteínas são produzidas no corpo físico por 30 mil genes. Cada gene pode produzir três, quatro até cerca de dez proteínas. Como, então, podem apenas 30 mil genes produzir mais de 100 mil proteínas? E como o gene sabe qual a proteína certa que deve formar? É claro que o acaso nada pode criar.

Existe um agente causal, nunca casual, responsável por toda essa complexidade, orientando todo esse trabalho maravilhoso de uma proteína formando outras. É indiscutível, "para quem tem olhos para ver e ouvidos para ouvir", que exista uma diretriz de todos os processos metabólicos; inclusive, responsável pelo caráter do indivíduo. As características da mente não são transmitidas pelos genes; são atributos do espírito.

Ao mesmo tempo, a majestosa arquitetura humana é constituída de mais de 100 trilhões de células, resultantes de apenas uma célula, denominada ovo ou zigoto, e formando aparelhos e órgãos, como os olhos, os quais, com ou sem instrumentos ópticos, podem observar o Universo e penetrar em uma dimensão situada além de nossa compreensão.

A galáxia onde se encontra o orbe terreno, a Via Láctea, é composta de aproximadamente 500 bilhões de estrelas, e, baseando-se nos dados do telescópio espacial Hubble, acredita-se que haja 2 trilhões de galáxias em todo o Universo observável (algumas delas a 12 bilhões de anos-luz da Terra).

Calcula-se que o Cosmos abrigue mais de 100 bilhões de trilhões de estrelas. Sabendo-se que a estimativa é de haver somente, em nossa galáxia, algo próximo a dez trilhões de planetas, certamente a vida pulula abundantemente no Cosmos. Portanto, a nível macroscópico o que o homem observa está muito acima do seu entendimento, enquanto, no mundo incomensurável microscópico, o mesmo se apresenta, comprovando realmente a presença de uma causa inteligente.

Para os materialistas, tudo isso é consequência de fatores

aleatórios, surgidos por acaso, resultantes de um trabalho casual. Como entender, por exemplo, a magnitude do DNA, situado dentro do núcleo de cada célula, enrolado em uma estrutura equivalente a um quinto do tamanho do menor grão de poeira que se pode ver, cerca de 0,008cm, e com informação suficiente para preencher cerca de 75 mil páginas de jornal ou uma pilha de livros de 61 metros de altura, ou ainda, 200 listas telefônicas de 500 páginas.

A estrutura molecular do DNA é representada como uma escada em caracol, onde o corrimão é formado de açúcar e fosfato, e os degraus, de bases nitrogenadas. Um único gene pode conter 2.000 degraus. Em cada célula existem 4 a 6 bilhões de degraus, e a partir do DNA formam-se cerca de 100 mil tipos de proteínas.

Muito difícil aceitar o acaso, presidindo a fenômenos tão marcantes, fazendo-nos lembrar do acontecimento ocorrido com o sábio Laplace, conhecido como "O Newton da França" por sua excelência científica, sendo célebre astrônomo, famoso matemático, inclusive foi professor da Escola Militar de Paris, onde teve como um de seus alunos aquele que seria anos mais tarde o imperador da França, Napoleão Bonaparte.

Pois bem, Laplace foi assistir a uma exibição do sistema solar, em miniatura, feito por um suíço, o qual construiu os planetas e os movimentou, utilizando mecanismos de relógio. Então, ali estava a Terra, girando em redor do Sol, juntamente com os outros planetas.

O mestre francês estava extasiado, diante do que estava presenciando. Chegou alguém ao lado dele e disse-lhe:

– Professor, tudo o que o senhor está vendo é fruto do acaso.

Ele, prontamente, redarguiu:

– Casualidade coisa alguma! Quem produziu isso foi um engenheiro suíço. O acaso não pode produzir isso!...

Prontamente, o aluno perguntou-lhe:

– Não é o senhor quem diz que o Universo surgiu do acaso?

Laplace ficou quieto, nada respondendo, já que participou de uma experiência prática de que o nada não existe e nada pode criar.

Existe uma causa espiritual para o defeito da estrutura e função dos neurônios? É claro, para quem já se despojou de um intenso orgulho, na caminhada evolutiva, afastando-se da descrença, que o fator espiritual existe e está presente, exercendo sua ação. Em verdade, o DNA, por exemplo, corresponde a uma fita planejada e o corpo humano está subordinado às informações ou ordens dos genes. Contudo, certamente, existe um grande mentor, que orienta a formação e o trabalho do DNA e permite repará-lo quando precise.

Essa fita de programação biológica foi aperfeiçoada nos bilhões de anos de evolução, sob as diretrizes de um respeitável obreiro: o espírito imortal, nascendo e renascendo na dimensão da matéria, tendo ao seu dispor, na intimidade mais profunda do corpo humano, cerca de sete octilhões de átomos.

Se a programação biológica leva a uma disfunção biológica, o culpado é o programador, que é o artífice do seu próprio destino e carrega consigo, registrada na intimidade do seu espírito, a mácula que ele mesmo vincou devido a algum equívoco cometido em vivência pretérita, necessitando reparação. Quando o indivíduo vem ao mundo, ostentando alguma dissintonia, em verdade essa dissintonia já existia antes em espírito. Então, o ser espiritual é responsável por tudo que pensa e faz, subordinado à lei divina, denominada de causa e efeito, anunciada por Jesus: "A cada um segundo suas obras" e "Quem erra é escravo do erro".

Em verdade, logo após a fecundação, a entidade reencarnante, de acordo com sua sintonia evolutiva, grava o seu código cifrado vibratório na matéria, atuando sobre o DNA. Por conseguinte, todas as transformações físicas, químicas, orgânicas, biológicas, de todas as células são orientadas e dirigidas pelo agente espiritual que preside a tudo, funcionando o corpo humano como um grande computador biológico.

Se tiver algo a expiar, o desequilíbrio arquivado, em sua vestimenta espiritual, propiciará a escolha da fita compatível e sua posterior gravação. Então, foi plasmada no DNA a informação codificada pelo espírito que reencarna, atestando que as deficiências físicas e mentais se originam do próprio ser, nunca obra do acaso e muito menos predeterminadas por uma divindade vingativa. O indivíduo é hoje o que construiu ontem, tudo registrado no DNA.

As pessoas estão subordinadas a uma divindade vingativa ou são artífices de suas próprias deficiências?

Segundo a teologia dogmática, Deus cria o espírito, junto com a formação do seu corpo físico. Portanto, se o recém-nato apresenta alguma mazela ou mesmo ostenta malformações intensas, de quem é a culpa? Deus não sabe criar? O ser espiritual é gerado, ao lado de um corpo que entra para a arena física, portando, de imediato, uma patologia grave?

Somente a doutrina da reencarnação, alicerçada em uma fé raciocinada, revelando que para todo efeito existe uma causa; só ela pode explicar o porquê do nascimento de seres com lesões marcantes em sua arquitetura orgânica. O evangelho corrobora esse pensamento, enfatizando: "Quem com ferro fere, com ferro será ferido" e "Quem leva para cativeiro, para cativeiro vai".

Ensina Kardec:

> A doutrina da reencarnação, isto é, a que consiste em admitir para o espírito muitas existências sucessivas, é a única que corresponde à ideia que formamos da justiça de Deus para com os homens que se acham em condição moral inferior; a única que pode explicar o futuro e firmar as nossas

esperanças, pois que nos oferece os meios de resgatarmos os nossos erros por novas provações. A razão no-la indica e os espíritos a ensinam.[19]

No livro *Religião dos espíritos*, há um ensinamento valioso de Emmanuel, dizendo que "o corpo carnal, ainda mesmo o mais mutilado e disforme, em todas as circunstâncias, é o sublime instrumento em que a alma é chamada a ascender à flama da evolução". Portanto, a responsabilidade é pessoal: cada ser passa por aquilo que precisa na sua evolução. Cada indivíduo é artífice de sua própria mazela, punido pelo tribunal da própria consciência, onde estão inseridas as leis de Deus.[20]

Em *O Livro dos Espíritos* há a informação que os deficientes mentais têm uma alma humana, frequentemente muito inteligente e que sofrem com a insuficiência dos meios de que dispõem para se comunicar, da mesma forma que o mudo sofre da impossibilidade de falar. Diz, igualmente, que os que habitam corpos de retardados mentais são espíritos sujeitos a uma correção e que sofrem por efeito do constrangimento que experimentam e da impossibilidade em que estão de se manifestarem mediante órgãos não desenvolvidos ou desmantelados.

Kardec, questionando os instrutores da dimensão extrafísica, a respeito de qual seria o mérito da existência de seres, como os excepcionais, não podendo fazer o bem nem o mal, e se achando incapacitados de progredir, recebeu a resposta de que é uma expiação decorrente do abuso que fizeram de certas faculdades. É um estacionamento temporário.

Em outra questão, o codificador, perguntando se pode o corpo de um deficiente conter um espírito que tenha animado um homem de gênio em precedente existência, recebeu a confirmação: "Certo.

---

19. *O Livro dos Espíritos*, questão 171.
20. *O Livro dos Espíritos*, questão 621.

O gênio se torna por vezes um flagelo, quando dele abusa o homem". Depois, Kardec comenta que a superioridade moral nem sempre guarda proporção com a superioridade intelectual, e os grandes gênios podem ter muito que expiar.

Os embaraços que o ser espiritual encontra para suas manifestações se lhe assemelham às algemas que tolhem os movimentos a um homem vigoroso. Durante o sono, o espírito do portador de retardo mental frequentemente tem consciência do seu estado mental e compreende que as cadeias que lhe obstam o voo são prova e expiação (questões 371 a 374).

Assim sendo, a alma de um deficiente mental está enclausurada temporariamente em uma organização física desmantelada, e a limitação cognitiva favorece a individualidade espiritual a não errar mais.

Em verdade, sob a ótica extrafísica, está acontecendo algo transcendental: o ser espiritual reconcilia-se consigo mesmo, isto é, com a harmonia divina dentro de si; aprendendo a se pacificar e a se libertar, livrando-se do pesadelo em que se encontrava no além-túmulo, com a consciência pesada, assenhoreado pelo remorso destrutivo.

Retirando-se os casos de expiação, quando o ser extrafísico necessita compulsoriamente reparar suas dívidas, pode também o espírito ser portador de um corpo deficiente para ser submetido a uma prova, pedindo para passar pelo sofrimento que lhe serve de impulso maior para a ascensão evolutiva, como igualmente ter o objetivo de poder ajudar seus pais, parentes e amigos, engolfados na atribulação, capacitando-os a se desprenderem com facilidade do jugo material, tornando-os mais fraternos e mais tolerantes, abertos para o encontro com a sua espiritualização e vivenciando com avidez o amor.

Em realidade, a disfunção cerebral é o caminho da libertação espiritual, a cura para o espírito, a via para a felicidade de um ser real, dotado de natureza imortal, que "estava morto e reviveu, estava perdido e foi achado".

Capítulo IX

Reencarnação e Autismo

O AUTISMO SE CARACTERIZA por um grave transtorno do desenvolvimento da personalidade, revelando uma perturbação característica das interações sociais, comunicação e comportamento. De uma maneira geral, a pessoa tem tendência ao isolamento, olhando de forma dispersa, sem responder satisfatoriamente aos chamados e demonstrando desinteresse pelas pessoas.

O indivíduo, sem apresentar nenhum sinal físico especial, ostenta prejuízo severo de várias áreas da *performance* humana, acometendo principalmente as interações interpessoais, da comunicação e do comportamento global.

O paciente apresenta um sistema nervoso alterado, sem condições psiconeurológicas apropriadas para um adequado recebimento dos estímulos necessários, afetando seriamente seu desenvolvimento, exibindo incapacidade inata para o relacionamento comum com outras pessoas, como também desordens intensas no desenvolvimento da linguagem.

O comportamento do portador do transtorno autista é caracterizado por atos repetitivos (rotinas e rituais não funcionais, repertório restrito de atividades e interesses) e movimentos estereotipados, bem elaborados e intensos (saltos, balanceio da cabeça ou dos dedos, rodopios e outros). Podem ser observados, igualmente, alguns sintomas comportamentais como hiperatividade, agressividade, inclusive contra si próprio, impulsividade e agitação psicomotora.

Até hoje, esse distúrbio, permanente e severamente incapacitante, associado a algum grau de deficiência mental e acometendo mais o sexo masculino, é enigmático para a ciência, sem explicação convincente de sua causa e ausência de tratamento específico.

Enquanto os pensadores se debatem em mil argumentos e justificativas, completamente envolvidos nas teias compactas da problemática síndrome, qual a contribuição que pode ser concedida pela ciência do espírito?

Einstein, certa feita, disse que "a ciência sem a religião é manca; a religião sem a ciência é cega". O espiritismo se apresenta como uma religião natural, desprovida da presença do absolutismo sacerdotal, sem submissão a rituais e dogmas, apta a dar apoio e controle à ciência, esta, completamente presa às leis da matéria e impossibilitada sozinha de explicar os mais misteriosos fenômenos.

Em verdade, a doutrina dos espíritos e a ciência humana se complementam uma pela outra. O excelso Allan Kardec enfatizou que as descobertas da ciência glorificam Deus em lugar de diminuí-Lo e elas não destroem senão o que os homens estabeleceram sobre ideias falsas que fizeram d'Ele.

Sabemos, por exemplo, que a ciência dos homens se mantém estática diante do fenômeno da morte, completamente inerte e impotente, enquanto a ciência espírita transcende ao acontecimento, indo mais além, explicando tudo o que ocorre nos domínios da dimensão espiritual, encarando o fenecimento do corpo físico como um acontecimento natural, sabendo que a individualidade espiritual ressurge na verdadeira pátria como um pássaro liberto da prisão.

Na realidade, já bem antes, precisamente nos trâmites do fenômeno da fertilização do óvulo, precedendo ao nascimento, todo o processo científico extrafísico é do conhecimento da ciência espírita, inclusive respondendo a algumas questões misteriosas, sem respostas objetivas da Biologia:

Como é que os genes, situados numa molécula proteica, podem manipular e ordenar a si próprios? Como proteínas podem demonstrar sabedoria, regulando a formação de outras proteínas? Como pode uma proteína ter tanta capacidade de comando específico e brilhante? Como podem apenas 30 mil genes produzir mais de cem mil proteínas? Sabendo que cada gene pode produzir três, quatro até cerca de dez proteínas, como sabe qual a proteína certa que tem que formar?

Um efeito inteligente biológico não pode ser consequência de uma coisa aleatória que surgiu por acaso, apenas resultante do trabalho casual de proteínas específicas. O corpo humano, constituído de mais de 100 trilhões de células, não pode ser fruto do acaso, ainda mais que é resultante de uma única célula (ovo ou zigoto), conforme já foi dito. Tem que existir um fator orientando tudo isso, uma diretriz, um gerente maior, um campo organizador da forma.

Comparando o corpo humano a um bolo, o DNA (ácido desoxirribonucleico), constituinte dos genes, seria uma espécie de receita, e o bolo seria produzido de acordo com as instruções dessa receita, oferecida pelo DNA. O espírito é o artífice de todo o processo (genial confeiteiro, utilizando a fórmula e preparando o bolo).

Portanto, o DNA corresponde a uma fita programada e aperfeiçoada nos bilhões de anos de evolução, sob as diretrizes do grande programador: a essência espiritual.

O corpo humano está subordinado às informações ou ordens dos genes, os quais não são os exclusivos mentores do maravilhoso processo biológico da vida, desde que há, em verdade, um poder inteligente que orienta a formação do ADN (ou DNA) e permite repará-lo quando necessário.

Logo após a fecundação, a entidade reencarnante, de acordo

com sua sintonia evolutiva, grava o seu código cifrado vibratório na matéria, atuando sobre o DNA. Logo, todas as transformações físicas, químicas, orgânicas, biológicas, de todas as células são orientadas e dirigidas pelo ser espiritual, que preside a tudo, funcionando o corpo como um grande computador biológico.

Interessante e importante o conhecimento científico de que os genes exercem um poder incrível, como que dotados de inteligência, sabendo muito bem o que estão fazendo. Por exemplo, a bananeira não dá limão. Por que a mama não produz lágrima? Ela fabrica leite. Imaginem se suássemos leite materno? O organismo tem conhecimento de que, na mama, por exemplo, tem que desligar os genes que causam o suor e ligar os genes que produzem o leite.

Quem é o responsável por esse extraordinário e perspicaz processo biológico? Como uma proteína pode despertar outra proteína? Quem lhe ensinou a tarefa?

As respostas são fornecidas pela ciência espírita, atestando que Deus existe e que a individualidade espiritual, o espírito imortal, diante do Universo, retorna em diversas vivências, aprimorando-se, sendo responsável causal da gerência dos processos biológicos, constituindo, inclusive, "o campo organizador da forma" ou "planta de construção", na embriogênese, mentor da edificação do organismo, a partir de apenas uma célula, arquitetando a formação dos tecidos e órgãos do corpo físico.

A doutrina espírita ensina que o ser espiritual é artífice do seu próprio destino (o acaso não existe). Quando alguém nasce com alguma deformidade, em verdade esta já existia antes na intimidade espiritual, porque foi criada dentro de si, em determinada vivência física.

O espírito, portanto, é responsável por tudo que pensa e faz, subordinado à lei de causa e efeito, divina por excelência. Se tiver algo a expiar, a distonia arquivada, em seu envoltório espiritual, propiciará a escolha da fita compatível e sua posterior gravação. Então, plasma, em seu DNA, a informação codificada que traz; sendo, sua deficiência originada dele mesmo, nunca obra do acaso e muito menos predeterminada por uma divindade vingativa: "A cada um segundo as suas obras".

Ninguém nasce autista por acaso. A justiça divina é misericordiosa por excelência, propiciando ao infrator as benesses da retificação espiritual.

Algumas teses espiritualistas relatam que o comportamento autista é decorrente do fato de o ser extrafísico não ter aceitado sua reencarnação. Em *O Livro dos Espíritos*, na questão 355, é ensinado que a aliança do espírito ao corpo não é definitiva, porquanto os laços que o prendem ao corpo são muito fracos, podendo romper-se por vontade da individualidade espiritual, recuando diante da prova que escolheu.

Portanto, o espiritismo instrui que, nos casos de não aceitação da reencarnação, mediante o seu livre-arbítrio, a entidade se retira e acontece um aborto, denominado, pela ciência, de espontâneo.

Os déficits cognitivos severos, associados às profundas alterações no inter-relacionamento social, caracterizam o autista, apresentando uma forma de identificação profundamente diferente, resultante do mau uso das faculdades intelectivas, em existências anteriores, quando errou, exatamente, na dissimulação das emoções, estabelecendo relações afetivas baseadas no engodo, no fingimento, para manter suas posições sociais abastadas, no campo do poder social e, principalmente, na vigorosa sedução sexual.

Utilizou o disfarce, a aparência enganadora, cobrindo com uma máscara psicológica a sua verdadeira personalidade, representando uma personagem falsa, enganando os circunstantes para auferir vantagens.

Quantos indivíduos, exercendo cargos religiosos, políticos, militares e policiais, sem a preocupação de ajudar o próximo, assoberbados de vantagens pessoais, preocupados apenas com o seu próprio bem-estar, apresentam-se como falsos líderes, ludibriando a muitos, mas não conseguindo enganar a si próprios.

Na Parábola dos Talentos, Jesus alude aos que usaram seus dons, atributos, sem benefício para os semelhantes e, atormentados, posteriormente, pelo remorso, refletem um sofrimento que parece não ter fim (imagem simbólica do fogo eterno), recebendo a sentença que ressoa nos refolhos mais íntimos da consciência: "até o pouco que têm lhes será tirado".

O indivíduo autista representa alguém necessitado de muita atenção, carinho e amor, vindo ao mundo físico em uma reencarnação essencialmente expiatória, totalmente desprovido do controle de suas emoções e com prejuízo acentuado na interação social.

Não desenvolve relacionamento eficaz com seus pares e revela fracasso marcante no contato visual direto, na expressão facial, na postura corporal, na tentativa espontânea de compartilhar prazer, interesses ou realizações com outras pessoas.

Está agora sujeito às consequências de seus atos impensados do pretérito. De tanto não conceder o devido respeito às pessoas e de não conceber que os seres pensam e têm sentimentos, retorna com déficit e prejuízo da empatia, com intensa dificuldade de construir vínculos, sem se sentir atraído pelas pessoas e sem interesse em tentar falar, considerando o rosto humano muito complexo, confuso e difícil de olhar.

No pretérito, a todo o custo, buscava a fama, a glória, o entusiasmo dos aplausos, o ardor dos cumprimentos e abraços; hoje, com aparência desorientada devido a uma expressão sem emoção, vivencia experiências caóticas, com dificuldade imensa de estar fora do seu casulo particular, principalmente quando ouve o ruído de um grupo de pessoas, causando acentuada confusão nos seus sentidos, sem saber distinguir os estímulos e, muitas vezes, aguçada dificuldade em relação à sensibilidade tátil, sentindo-se sufocado com um simples aperto.

Deus, essencialmente o amor, proporciona ao indivíduo imortal, diante da Eternidade, a oportunidade da redenção espiritual.

Quando retornar à dimensão extrafísica, apresentar-se-á curado, sem mais o remorso lhe assenhoreando o íntimo, vivenciando a paz e agradecendo a valiosa oportunidade dispensada, a si próprio, de agora poder valorizar a utilização dos dons da comunicação e o talento do carisma, visando o bem-estar do próximo e o seu próprio crescimento espiritual.

A chance de ter tido uma existência difícil, quando se entretinha, enfileirando brinquedos e objetos, particularmente, pauzinhos, caixinhas, peças coloridas para encaixe, despertou dentro de si o potencial da humildade.

Captando paulatinamente as vibrações amorosas de seus pais, familiares, amigos e abnegados terapeutas, assimilando-as intensamente, a carapaça da empáfia desabou e descobriu em plenitude o amor.[21] Afinal, todos os filhos de Deus são herdeiros do Infinito e estão ainda iniciando sua jornada evolutiva no rumo das moradas grandiosas e incomensuráveis do Universo.

CONSIDERAÇÕES SOBRE O AUTISMO

As causas do autismo permanecem desconhecidas, havendo forte indício de fatores genéticos. A incidência do transtorno está aumentando significativamente no mundo. Em cada 1.000 crianças, uma é portadora da síndrome. Nos EUA, é apontado um autista para 500 infantes, já superando os índices da síndrome de Down e do câncer infantil. As taxas são 4 a 5 vezes superiores para o sexo

---

21. Dedico esta matéria a todos os que, na presente reencarnação, vivenciam a experiência valiosa do autismo, principalmente à minha querida filha Sofia, nascida em 14 de novembro de 2001, acometida do mesmo transtorno. Agradeço a Deus pela oportunidade, concedida a mim, de estar compartilhando com ela momentos tão difíceis, exaustivos e angustiantes; contudo, entremeados de atenção e de amor. A reencarnação, divina por excelência, me permite a chance maravilhosa de estar com ela novamente e de crescer, agora, juntos, sob as bênçãos do Excelso e Amado Pai. Nota do autor.

masculino; entretanto, as crianças do sexo feminino são mais propensas a apresentar um retardo mental mais severo.

Em 1943, o autismo foi descrito pela primeira vez pelo psiquiatra Leo Kanner, expondo a condição especial de 11 crianças. Cerca de 70% dos pacientes possuem algum nível de retardamento mental.

Há necessidade premente do diagnóstico precoce para uma ajuda multidisciplinar mais eficiente. Deve-se suspeitar de bebês que choram demais ou se apresentam muito quietos. Dormem pouco ou dormem demais, passando do horário das refeições. Não atendem quando chamados, parecendo surdos. Aversão ao toque. Não suportam colo. Bebês que não demonstram emoção para com as pessoas, pouco contato visual, interessando-se mais por objetos.

Capítulo X

Aprimoramento espiritual: conquista do Universo

POR MEIO DE INÚMERAS vivências sucessivas e com o consequente aprimoramento espiritual, a individualidade extrafísica torna-se apta a compreender o Universo e poder habitá-lo gradativamente, desde uma esfera inferior às superiores, até granjear, em definitivo, "olhos para ver" e "ouvidos para ouvir".

O homem é o único ser que consegue perceber o microcosmo dentro de si mesmo e, concomitantemente, cada vez mais amplia seu conhecimento, constatando a magnitude e complexidade desse mundo infinitamente minúsculo. Até o final do século 19, achava-se que o átomo era indivisível, conceito já explanado, em primeira mão, pela vetusta filosofia grega, em torno do século 5 a.C., por meio dos sábios Leucipo e Demócrito.

Na caminhada de descobrimento do muitíssimo pequeno, através do revolucionário microscópio de varredura por efeito túnel (*scanning tunnelling microscope* ou STM), surgiu a nanotecnologia, com seus objetos de estudo aferidos em nanômetros – um milhão de vezes menor que um milímetro, com a visão surpreendente da vida em dimensão extremamente diminuta, podendo os cientistas visualizar e manusear os átomos, constatando que, ao mesmo tempo, os elétrons se comportam como partículas e como ondas, fenômeno perfeitamente compreensível e aceitável pela Física Quântica; contudo, inadmissível para a Física Clássica.

Há décadas os cientistas vêm percebendo que muito do comportamento dos prótons e nêutrons, situados no núcleo do átomo, poderia ser explicado se estes possuíssem algum tipo de estrutura interna, constituída de partículas ainda menores. Delas vieram *quarks*, *léptons* e *bósons*, os quais seriam componentes de uma grande e enigmática teia, trocando partículas entre si e gerando força.

Apresentando algum tipo de estrutura, eles podem igualmente ser constituídos de componentes ainda menores e estar, então, conectados, inter-relacionados e subordinados talvez a uma força extremamente poderosa que a ciência, no estado atual, ainda não pôde catalogar.

Com o decorrer das experiências científicas, certamente a dimensão extrafísica do homem será descortinada e proclamada pelos sábios diante de suas sociedades, associações e academias.

Nesse sublime instante, o mestre Jesus passará a reinar para sempre nos corações humanos, sendo ele a prova viva da presença do espírito imortal, com sua vestimenta ultraenergética, saturada de incomensuráveis energias, resultantes de incalculável intercâmbio de vigorosas e plenas partículas, situadas nas dimensões do Infinito e artífices das catalogadas hodiernamente pela ciência terrena no mundo subatômico.

O microcosmo é o mundo do homem consciente, visualizando o Universo, o macrocosmo, e se sentir integrado nele, correspondendo-se entre si. Em verdade, os seres terrestres navegam pelo macrocosmo, em uma embarcação, constituída de ferro, pedra e água, iluminada por uma estrela de quinta grandeza, o Sol.

Nesta morada, planeta Terra, muitos potenciais estão sendo desenvolvidos. Seus habitantes se preparam para despertar cada vez melhor, na dimensão espiritual, e poder desbravar paulatinamente o macrocosmo, com sua vestimenta extrafísica, porquanto é impossível viajar pelo Universo, na vivência física, diante da marcante fragilidade humana.

Segundo o conhecimento científico, o macrocosmo começou por ser microcosmo, quando se formaram as mais leves partículas fundamentais da matéria, como o elétron, cerca do primeiríssimo segundo após a grande explosão (*The Big Bang*), no que se presume seja a origem do Universo.

Em verdade, o microcosmo corresponde à miniatura do mundo sideral. É possível que ele, tão grandioso e infinito para o homem, possa ser, além dos buracos negros, também um microcosmo de algo ainda de maior grandiosidade que ele mesmo.

Hermes Trimegisto, que viveu no Egito antigo, em torno de 2700 a.C., considerado pai da ciência oculta, fundador da astrologia e descobridor da Alquimia, já dizia que "o que está em cima é como o que está embaixo, e o que está embaixo é como o que está em cima".

Tanto o homem das ciências astronômicas quanto o cientista do mundo subatômico certamente penetram dimensões situadas além da sua compreensão. No microcosmo, milhões de células com seus núcleos revelando uma infinidade de genes e mais profundamente um universo em miniatura com um número astronômico de átomos, gerando possante energia e com os elétrons, assim como os corpos celestes, girando efusivamente em volta do núcleo.

Já no macrocosmo existem 2 trilhões de galáxias, tendo a probabilidade de haver, em cada uma delas, uma centena de bilhão de estrelas. No Universo presume-se haver 10 bilhões de trilhão de planetas, corroborando o ensinamento do Mestre de todos nós: "Na casa de meu Pai há muitas moradas...".

As dimensões do Cosmos são realmente incomensuráveis. As distâncias são medidas através da velocidade da luz. Um raio luminoso percorre, por segundo, cerca de 300.000 quilômetros. Em um ano, a luz atravessa cerca de dez trilhões de quilômetros, o que corresponde a uma unidade de comprimento chamada ano-luz. A Via Láctea tem um tamanho estimado de 100.000 anos-luz de extensão. O Sol do centro da Via Láctea dista 30.000 anos-luz. Uma das galáxias mais próximas da Terra, Andrômeda, está localizada a cerca de 2,9 milhões de anos-luz de distância.

Certamente, ao lado das teorias e equações revelando a grandiosidade do micro e macrocosmo, encontramos indícios de uma mente superior, "causa inteligente de todas as coisas", a quem Jesus chama de "Meu Pai" e o evangelho define como "amor".

Em verdade o microcosmo e o macrocosmo espelham, em sua complexidade, além da beleza e harmonia, a existência de uma inteligência que não pode ser atribuída ao acaso, ao nada.

É de pasmar o progresso obtido pela ciência, principalmente, quando se vive em uma esfera insignificante do Universo, em um pequenino ponto planetário, localizado em uma sombria esquina da galáxia. O orbe terráqueo, dentro do sistema solar, é um dos menores. Em relação à Via Láctea, que é apenas uma galáxia diante de bilhões de outras, a Terra não passa de um pequeníssimo cisco de rocha e metal, com seu diâmetro menor que a centésima parte do Sol.

O macrocosmo e o microcosmo são frutos do pensamento e da ação do Criador, uma obra planejada e executada pelo Grande Geômetra do Universo. O espaço diminuto, abrangendo um turbilhão de átomos, ou espaço sideral, reunindo bilhões de astros, resulta de uma formação causal, nunca casual.

Enfatizam os instrutores da dimensão espiritual: "Que homem de bom-senso pode considerar o acaso um ser inteligente? E, demais, que é o acaso? Nada." (LE – questão 8). Allan Kardec, complementando o assunto, diz, com muita sabedoria:

> A harmonia existente no mecanismo do Universo patenteia combinações e desígnios determinados e, por isso

mesmo, revela um poder inteligente. Atribuir a formação primária ao acaso é insensatez, pois que o acaso é cego e não pode produzir os efeitos que a inteligência produz. Um acaso inteligente já não seria acaso.

Einstein já pontificava: "Não creio no acaso porque igualmente não creio que Deus pudesse jogar dados com o Universo". Mediante o que os astrônomos ensinam, o Cosmos é regido por leis sábias, sendo difícil, dada a consonância apresentada pelo Universo, aceitar a aleatoriedade presidindo a todas as coisas. Já dizia o filósofo Théophile Gautier, escritor, poeta e famoso jornalista francês do século 19, ardente defensor do Romantismo: "O acaso é, talvez, o pseudônimo de Deus quando Ele não quer assinar o próprio nome".

O estimado confrade Divaldo Pereira Franco, no livro *Moldando o terceiro milênio*, diz:

> Na Via Láctea, e para além dela, miríades de astros e de focos estelares desafiam o olhar perquiridor das profundezas celestes. Que serão aqueles rincões celestes distantes? Serão outros tantos teatros de evolução e renovação, criados pelas mesmas e eternas leis cósmicas? Uma perfeita harmonia preside a marcha e o equilíbrio desses milhões de mundos longínquos, movendo-se sob a direção do Grande Geômetra do Universo. A simples contemplação desses fantásticos mundos siderais é permanente lição de humildade, ante tão indescritível cenário submetido aos desígnios do Criador de todas as coisas.

Em verdade, a maior prova da presença de Deus é a possibilidade do microcosmo dentro de cada criatura terrestre poder contemplar a abóboda celestial, à noite, e penetrar em uma dimensão tão complexa e enigmática, onde bilhões e bilhões de astros se movem, expressão segura de um transcendental ser superior.

O microcosmo, ligado ao macrocosmo, em verdade representa uma coisa só, um em miniatura e o outro infindável. Realmente, todos os filhos da Luz "são deuses" e o Reino de Deus está no interior de cada um, segundo o ensinamento de um Mestre que já conquistou a plenitude cósmica: O excelso mensageiro divino que se fez carne e habitou entre os homens.

Assim como Jesus conseguiu conquistar a perfeição relativa (possível a um espírito), igualmente toda a humanidade a granjeará, viajando no veículo da imortalidade, diante do Infinito e vivenciando, pelas reencarnações, inúmeras oportunidades de ascensão evolutiva.

Então, todos os filhos de Deus estarão aptos a compreender o micro e habitar o macrocosmo. Tudo realmente tem uma causa. E todos foram criados para a ventura eterna por um ser definido no espiritismo como "inteligência suprema, causa primeira de todas as coisas" (LE – questão n° 1) e que se remonta à Eternidade.

Para os materialistas, a criação do mundo foi realizada acidentalmente, e toda a beleza, complexidade, coerência e ordem do Cosmos surgiram espontaneamente, sem a presença de uma causa inteligente. Uma hipótese por demais simplória, na qual acreditam e pregam todos os que negam a paternidade divina do Universo.

Infelizmente, a futilidade e fragilidade dos argumentos dogmáticos, aliados ao comportamento belicoso demonstrado pelo "cristianismo dos homens" nas Cruzadas e nos seis séculos da Santa Inquisição, assassinando na fogueira milhares de pessoas que eram consideradas hereges, contribuíram muito para incrementar, no mundo, principalmente na Europa, o ateísmo.

O comportamento malsão demonstrado pelos líderes absolutistas religiosos é incompatível para os que acreditam na existência de um Pai, infinitamente amoroso e justo.

É imperioso frisar, igualmente, que o protestantismo deixou sua contribuição no sentido de estimular muito a ojeriza pelas religiões e de provocar o despertamento do ateísmo, fazendo com que centenas de pessoas fossem acusadas de práticas de bruxarias, na Inglaterra e nas colônias americanas, no século 17, sendo dezenas condenadas à pena de morte, no vilarejo de Salem. Da mesma forma, na Alemanha, Martinho Lutero perseguiu e executou milhares de anabatistas, principalmente porque não aceitavam as regras que os reformadores protestantes impuseram aos germânicos.

Na Suíça, João Calvino (1509-1564), um dos líderes da Reforma Protestante, conhecido como o "papa de Genebra", levou muitos à prisão, à tortura, ao julgamento e, em muitos casos, à morte na fogueira, como ocorreu com o famoso médico, humanista e sábio espanhol Miguel Servet Griza.

Apesar do mau comportamento dos religiosos de todos os tempos, o "cristianismo de Jesus" vige, em processo de restauração, pela presença consoladora e instrutora do consolador prometido à humanidade, a doutrina espírita, a qual também foi e, ainda, é perseguida e anatematizada pelo fanatismo religioso.

O espiritismo, indubitavelmente:

> [...] se tornará uma crença comum e marcará uma nova era na história da humanidade, porque pertence à Natureza e chegou o tempo em que deve tomar lugar entre os conhecimentos humanos.

Capítulo XI

DECIFRANDO O ENIGMÁTICO CHAMPOLLION

A DOUTRINA DAS VIDAS sucessivas ou reencarnação explica com lógica e segurança o porquê das dessemelhanças da vida, oferecendo argumentações convincentes e conformes à razão.

A biografia do decifrador dos hieróglifos, Jean-François Champollion, revela-se enigmática, destituída da ótica reencarnacionista, desde que, já antes do seu nascimento, em 23 de dezembro de 1790, fenômenos inusitados aconteceram. Sua genitora, acometida de paralisia e desenganada, foi curada por um curandeiro, chamado Jacquou, o qual vaticinou o nascimento de um varão cuja fama, no futuro, se tornaria manifesta, profetizando o nascimento de "uma luz dos séculos futuros".

Um curandeiro atendeu à futura mãe de Champollion

A premonição é definida como sendo o conhecimento antecipado do que vai acontecer; portanto, é uma faculdade que antevê um fato futuro, sendo sinônimo de presságio ou pressentimento. A presciência de algumas ocorrências que estão por vir é tema relevante, ensejando aos que negam sua paternidade divina, momentos de intensa reflexão, que podem abalar fortemente as suas convicções materialistas.

É importante frisar, contudo, que a respeito da previsão do futuro não se deve aceitar a probabilidade de que os fenômenos da história foram programados com antecedência, já que, nesse caso, estaríamos à mercê das fatalidades, o que fere abertamente o livre-arbítrio.

Em realidade, o futuro não está predeterminado, já que o fatalismo não existe. O homem é responsável pelo que pensa e faz.

Através da liberdade de ação, ele representa, no palco da vida, o ator que desenvolve o tema de acordo com a sua vontade.

Entidades situadas em degraus de alta hierarquia espiritual, dotadas de grande conhecimento psicológico, podem antever, pela experiência e pelo conhecimento já adquiridos em milênios, pela fieira das reencarnações, alguns fatos do futuro, sem que os destinos estejam traçados, assim como um pai pode presumir a reação de alguns dos seus filhos.

O profeta Daniel, por exemplo, no *Antigo Testamento*, faz referências a alguns eventos futuros, logrando o sensitivo, através do desdobramento ou projeção da consciência, ou seja, libertando-se à noite de seu corpo físico, cientificar-se, na dimensão espiritual, do sonho do rei Nabucodonosor e de sua explicação.

Embora sejam atualmente, por alguns historiadores, questionadas a autoria do livro e algumas predições relacionadas aos babilônicos e gregos, com a argumentação de que suas descrições foram escritas posteriormente, chama a atenção o relato final quando o adivinho judeu, na interpretação do sonho, a respeito da destruição dos pés do monumento formado de barro e ferro, assim profetizou: "Quanto ao que viste do ferro misturado com barro, misturar-se-ão mediante casamento, mas não se ligarão um ao outro, assim como o ferro não se mistura com o barro" (Daniel 2:43).

Impressionante essa predição, porquanto não se conseguiu, nem pela força de Carlos Magno, Carlos V, Luís XIV e Napoleão, amalgamar os reinos da Europa em um só império. Nem pela diplomacia, nem pelo casamento entre os nobres dos diferentes reinos houve a fusão dos europeus.

Daniel previu a falta de unidade dos países da Europa, comprovado muito depois pelo aparecimento do nazismo, do comunismo, das ditaduras na Grécia, Portugal e Espanha, como também a intensa divisão que ocorreu na antiga União Soviética, na antiga Tchecoslováquia e, de forma especialmente violenta, na antiga Iugoslávia.

Igualmente, ressalta-se, a grave crise socioeconômica, atingindo a União Europeia, acarretando endividamento público elevado das nações do bloco, principalmente Grécia, Portugal, Espanha, Itália e Irlanda, com o desaquecimento da economia, a fuga de capitais de investidores, o aumento acentuado do desemprego, a escassez de crédito, o intenso descontentamento popular com o corte de salários, o congelamento de benefícios sociais, as medidas de redução de gastos, a queda ou reduzido crescimento do PIB.

Importante enfatizar também o fenômeno profético, considerando que nem todas as nações da União Europeia utilizam o Euro como moeda oficial. Outro dado a ser considerado hodiernamente é o movimento que objetiva a separação do território basco da Espanha e o momento muito preocupante em relação à rejeição ao imigrante árabe.

Infelizmente, a Europa sempre passou por momentos difíceis em relação à harmonia entre seus países. Preocupante a saída do Reino Unido da União Europeia (UE). A história é pródiga no relato do esforço despendido, nos séculos, para que a Europa se tornasse completamente unida.

Em relação a Champollion, é indiscutível que o sensitivo, chamado ao leito de sua mãe, possuía a faculdade premonitória, sendo um médium de pressentimento, uma variedade dos médiuns inspirados (*O Livro dos Médiuns*, cap. XV, nº 184), como igualmente era portador da mediunidade de cura.

Foi dado à luz, para o sétimo e último filho do casal Jacques e Jeanne-Françoise, realmente, um menino, que se tornou célebre, um gênio. Contudo, de imediato, chamou a atenção a pele escura (cor de mate), cabelos pretos, a córnea dos olhos amarela e a face com feição predominantemente oriental, acontecimento excepcional, porquanto nasceu no Sudoeste da França, na cidade de Figeac, em 23 de dezembro de 1790, em uma região notadamente de origem ariana.

Desde a idade de 10 anos, era chamado O Egípcio, não somente pelo aspecto físico, semelhante a um árabe, mas também por devotar profunda identidade com as coisas do Antigo Egito, até mesmo estudando línguas mortas, em uma época dedicada às armas.

Um espírito do Egito Antigo reencarnando

A reencarnação de um sábio egípcio.

O famoso físico e matemático Joseph Fourier, participando da expedição científica ao Egito, organizada e chefiada pelo imperador Napoleão Bonaparte, trouxe importante coleção, constituída de fragmentos de papiros e inscrições hieroglíficas em pedras.

Convidado a expor seus conhecimentos na escola onde estudava Champollion, o sábio francês foi questionado persistentemente pelo menino, a ponto de Fourier convidá-lo para conhecer seu importante material.

Foi à casa do cientista e, emocionado, observou as vetustas inscrições. De imediato, perguntou:

– Pode-se ler isso?

Devido à negativa do sábio, o garoto afirmou:

– Eu os lerei! Dentro de alguns anos eu os lerei! Quando for grande!

Na casa do famoso Fourier

Naquele momento exteriorizava-se uma determinação, oriunda dos mais recônditos refolhos do inconsciente. Ele sabia que poderia ter acesso àquelas importantíssimas comunicações. Em verdade, já tinha reencarnado, nas antigas terras do Nilo, certamente um escriba, e, intuitivamente, conhecia aqueles sinais, revelando-se-lhe peculiares.

Somente a doutrina da reencarnação pode explicar o fenômeno vivenciado, naquele momento, por um menino, contando apenas 11 anos de idade e que era chamado O Egípcio.

Em sua vivência, na imponente civilização egípcia, como escriba, ele tinha a tarefa de, através da escrita, documentar e eternizar na memória dos homens uma das grandes civilizações do mundo. Esse espírito, então, retorna com a sublime missão de decifrar os hieróglifos e possibilitar a humanidade tomar acesso aos fatos da vetusta época.

Seis anos após o ocorrido, Champollion, tendo domínio completo das línguas remotas ligadas ao Egito, como o *copta*, faz o primeiro mapa histórico das terras do Nilo e esboça um livro a respeito dos antigos egípcios. A partir daí, então, recebe um convite para expor suas audaciosas teses em Grenoble (cidade francesa). Por unanimidade, é aclamado, pelos cientistas, membro da Academia. Entrou como estudante e saiu como acadêmico. Em caminho a Paris, na carruagem, diz ao irmão: "Eu decifrarei os hieróglifos. Eu sei!"

Naquele momento patenteava-se integralmente a faculdade intuitiva em Champollion. Certamente essa afirmação provinha da sua intimidade espiritual (eu superior). Ele sabia interiormente que tinha domínio sobre a escrita antiga dos egípcios.

A explicação é ministrada pela doutrina espírita, ensinando que todas as aquisições, conquistadas em vivências anteriores, são gravadas no inconsciente e surgem nas futuras reencarnações.

Sua paixão pelo Egito não tinha limites, conhecia profundamente tudo que se relacionasse com a antiga civilização egípcia. O mais conhecido africanista da época, Somini de Menencourt, depois de conhecer Champollion, afirmou: "Ele conhece as terras de que falamos tão bem como eu mesmo!"

Com 38 anos de idade e por um ano e cinco meses tem a feliz oportunidade de pisar e permanecer naquele solo tão conhecido e ver com olhos do presente o que já pudera observar em existência passada. "Parece que nasci aqui", costumava dizer. Para ele tudo o que via lhe parecia familiar.

Em verdade, um egípcio do pretérito retornara, impregnando o seu corpo físico atual com as mesmas características morfológicas de antanho. Seu aspecto era de um nativo do país, vestindo-se a caráter, com a aparência natural de um árabe e dominando por completo uma das línguas vivas mais antigas do mundo.

Desencarnou em 4 de março de 1832, sendo enterrado no conhecido cemitério de Père Lachaise, em Paris. O romancista Honoré de Balzac, dias depois, assim comentou: "O escriba foi consumido por sua extenuante conquista papirácea".

Para os que conhecem a doutrina das vivências anteriores não é difícil interpretar os fatos aqui relatados. Com facilidade a reencarnação decifra o enigmático Champollion, o qual veio ao mundo com a sublime e dificílima missão de ressuscitar o pensamento da estranha e mística civilização egípcia, encontrando, com perspicácia, a chave da decifração dos hieróglifos, abrindo as portas do passado e conseguindo penetrar nessa imponente civilização, trazendo para o presente a grandeza de uma época transata.

O espírito, que vivificou a personalidade de um sábio escriba egípcio, retornou, reencarnando em solo francês, tendo sido vitorioso, deixando a decifração da escrita hieroglífica como grandioso legado à humanidade, o que lhe valeu o epíteto "pai da Arqueologia".

Capítulo XII

Rompendo o véu da ignorância

No Evangelho de Mateus, capítulo 27, versículo 51, há o relato bem significativo da ruptura do véu do santuário que abrigava o tabernáculo com Arca da Aliança, no Templo de Jerusalém, ação de mãos invisíveis e revoltadas.

Como o envoltório era considerado sagrado, só era descerrado uma vez por ano e somente pelo sumo sacerdote. Ninguém mais poderia tocá-lo, nem mesmo o rei; contudo, seres espirituais lograram penetrar o tabernáculo e rasgaram a cortina, por conta de um fenômeno, perfeitamente explicado pela excelsa doutrina espírita, enquadrando-o como resultante da mediunidade de efeitos físicos.

É imperioso ressaltar que, para ter condições de manifestação direta na matéria, os espíritos necessitam da presença da substância ectoplasmática, no caso em tela, fartamente exteriorizada por Jesus, no momento glorioso de seu desenlace.

Simbolicamente, o véu *Paroquete* representa todas as compactas barreiras, edificadas no sentido de impedir o acesso ao conhecimento espiritual, ao verdadeiro saber que liberta os seres dos grilhões da ignorância, formados a bel-prazer pelo obscurantismo religioso e científico. Contudo, o Mestre ressaltou que a verdade seria conhecida e, consequentemente, a escravidão do dogmatismo será passo a passo extinta, tornando livre toda a humanidade.

O espiritismo, como o consolador prometido por Jesus, tem o escopo de propiciar a queda do véu da ignorância, através da disseminação de seus princípios básicos bem estruturados e claramente definidos.

A pluralidade das existências corresponde a um conceito basilar doutrinário importantíssimo, porquanto a evolução, progresso contínuo e harmonioso de toda a criação divina, não poderia ocorrer em apenas uma vivência física.

Através da palingênese, o átomo primitivo pode chegar a arcanjo, ou seja, o princípio espiritual vai aprimorando-se dentro de milênios, passando pelo vegetal, pelo reino animal, reino hominal, onde, individualizado, segue o caminho das estrelas, sem fim, até chegar à condição de espírito puro, consciente eternamente de si mesmo, vivenciando completamente a felicidade e a perfeição.

O Cristo atestou a presença potencial de Deus em nós, dizendo: "Vós sois deuses" e "O reino de Deus está dentro de vós". Por meio da palingênese ou reencarnação, o ser desenvolve e exterioriza potencialidades imanentes em si. Em verdade, desde o momento de sua formação cósmica, já traz a perfeição latente nos seus refolhos mais íntimos.

Ao mesmo tempo, a realidade da pluralidade das existências tem como corolário a certeza da sobrevivência da individualidade após o fenômeno da morte, desde que reencarnar significa nascer novamente em outro corpo. Quem "nasce de novo" é o espírito, revestido de envoltório semimaterial, energético, denominado perispírito ou corpo espiritual.

Repudiando a fé cega, que obscurece o pensamento do homem que crê sem saber e onde se acredita que a sorte do espírito já está selada após o decesso físico, o Mestre descerra os véus da ignorância, voltando do Além e revelando-nos a morte da morte.

Exemplificou Jesus a certeza da presença dos mortos, a sobrevivência da criatura após o túmulo, aparecendo completamente materializado a Maria Madalena e aos discípulos.

Enquanto algumas das religiões dogmáticas ainda pregam a localização das almas no Céu, Purgatório ou Inferno, outras acreditam que os espíritos estão adormecidos à espera da volta do Mestre.

Em consonância com o evangelho, pode-se afirmar que não existe a cessação da vida após a vida. Posteriormente ao fenômeno do falecimento da vestimenta de carne, permanece a vida espiritual pululante e exponencial.

Muitos setores científicos famosos e conceituados comprovaram e continuam a atestar a realidade de que os mortos vivem, bem acordados e atuantes, e que podem igualmente reencarnar, conforme outras pesquisas concludentes.

Alguns cientistas podem ser apontados: Charles Richet, Prêmio Nobel de Medicina, em 1913; William Crookes, o descobridor do Tálio e Prêmio Nobel de Química (1907), uma das maiores autoridades científicas da Inglaterra, em sua época; o Dr. Joseph Banks Rhine (1930), conhecido como "o Pai da Parapsicologia", da Universidade de Duke (USA); Dra. Elisabeth Klüber-Ross, Dr. Raymond Moody; prof. Ian Stevenson, da Universidade de Virgínia; Dr. Morris Netherton e a Dra. Edith Fiore.

Goethe (1749-1832), famoso escritor alemão, afirmou: "Os que não esperam outra vida já estão mortos nesta". Guerra Junqueiro (1850-1923), político, deputado, jornalista, escritor, poeta, lusitano, já dizia: "Só a alma é imortal: só essa pura essência. Jamais se decompõe ou jamais se aniquila. O corpo é simplesmente a lâmpada de argila. A alma, eis o clarão".

O escritor, também luso, Eça de Queirós (1845-1900) assim se exprimiu: "Há corpos de agora com almas de outrora. Corpo é vestido. Alma é pessoa". O afamado escritor e humanista francês Victor Hugo (1802-1885) asseverou que "morrer não é morrer, é apenas mudar-se". Fernando Pessoa, poeta, filósofo e escritor português (1888-1935): "Morrer é apenas não ser visto. Morrer é a curva da estrada".

Desde que o homem primitivo adquiriu o intelecto em uma das fases da sua evolução, ele sabe, intuitivamente, que a morte não interrompe a vida. Esta preexiste ao veículo somático e permanece no além-túmulo. Os seres pré-históricos enterravam seus mortos, junto com seus pertences, já que acreditavam na continuação da vida depois da vida.

Carl Gustav Jung, o afamado psicanalista, disse:

> A plenitude da vida exige algo mais que um ser; necessita de um espírito, isto é, um complexo independente superior, único capaz de chamar à vida todas as possibilidades psíquicas que a Consciência-Ego não poderá alcançar por si. (*Realidade del alma.* Editora Losada, S.A., Buenos Aires).

A presença de um corpo físico, com trilhões de células, criado a partir da junção do óvulo com o espermatozoide, não pode ser fruto do acaso. Sabendo-se, principalmente, que ocorre uma diferenciação celular harmônica, constituindo diferentes órgãos e sistemas, num trabalho inteligente, sem participação ostensiva da gestante. Há, realmente, uma energia central reguladora ou um princípio espiritual orientador responsável pela formação da vestimenta somática.

No cadinho terrestre, sofrendo o rigor de um estado vibratório mais denso e atuando como uma verdadeira prisão celular, o ser transcendental terá a oportunidade de crescer, de poder desenvolver potencialidades e de procurar um possível aperfeiçoamento nas diversas oportunidades que a reencarnação proporciona.

O espiritismo, como o consolador prometido, igualmente proporciona a derrubada dos véus da crueldade, através da divulgação e exemplificação dos ensinos morais de Jesus, claramente inseridos em seu redentor evangelho.

O Cristo ensinou e vivenciou o amor em todos os momentos da sua missão grandiosa, na Terra, desde o nascimento humilde até a crucificação no madeiro. Desmantelando os pilares da crueldade, deixou dois mandamentos maiores:

> Amarás o Senhor teu Deus de todo o teu coração, de toda a tua alma, e de todo o teu entendimento e amarás o teu próximo como a ti mesmo" (Mateus 22:37-39).

Conversando com os seus discípulos, Jesus exortou-os ao amor, dizendo-lhes:

> Um novo mandamento vos dou: que vos ameis uns aos outros, assim como vos amei. Nisto conhecerão todos que sois meus discípulos... (João 13:34-35).

Referindo-se ao instante solene da separação do joio do trigo, aludindo aos eleitos que permanecerão na Terra transformada em mundo de regeneração, fez do amor a bandeira da salvação, clamando:

> Vinde, benditos de meu Pai. Tomai posse do reino que vos está preparado desde a fundação do mundo, porque tive fome e me destes de comer; tive sede e me destes de beber; era forasteiro e me hospedastes; estava nu e me vestistes; enfermo e me visitastes; preso e fostes ver-me. (Mateus 25:34-36).

O Mestre cita como salvos os que o servem na pessoa do próximo. Realmente "fora da caridade, não há salvação", no dizer sábio de Kardec.

Os véus da crueldade são arrancados por todos aqueles que são verdadeiramente discípulos hodiernos do Cristo, exemplificando o amor em todos os instantes da vida.

O consolador, que não deixará órfã a humanidade (João 14:18), orienta que os véus da insensibilidade sejam rasgados, através do "amai-vos". Ao mesmo tempo a erradicação dos véus do desconhecimento pelo "instruí-vos".

O despedaçamento do véu *Paroquete* revela que, no momento em que o Cristo for conhecido verdadeiramente e sua mensagem de libertação for exemplificada, o tabernáculo de Deus, representado pela verdade que esclarece, não ficará mais oculto, já que os véus da ignorância e da crueldade serão rasgados de alto a baixo.

Que a luz se faça refulgente após a queda dos véus.

Capítulo XIII

Refugiados: exílio ou retorno?

O MESTRE JESUS, DURANTE sua passagem gloriosa pela Terra, deixou para toda a humanidade a promessa reconfortante de que estaria conosco por todo o sempre, não nos deixando órfãos. Enviaria o consolador, que teria o escopo de ensinar todas as coisas e lembrar tudo o que ele pregou e exemplificou.

As falanges espirituais, instrutoras da codificação espírita, cumpriram as promessas do excelso Mestre dos Mestres, levantando os véus dos chamados mistérios. Disse o amoroso Cristo: "O consolador me glorificará porque há de receber do que é meu. E vo-lo-á de anunciar" (João 16:14).

Portanto, o espiritismo revive a doutrina de Jesus, em toda a sua pureza original, explicando-nos que as causas do sofrimento estão dentro de nós mesmos, refletindo a grande justiça divina de um Pai que é amor.

A doutrina espírita ratifica o ensinamento contido no Salmo 28 de Davi: "Paga-lhes segundo as suas obras, segundo a malícia dos seus atos; dá-lhes conforme a obra de suas mãos; retribui-lhes o que merecem". Como, igualmente, corrobora o Mestre, em *Apocalipse* 22:12: "... A cada um segundo as suas obras".

Do mesmo modo, o espiritismo clama que "a sementeira é livre, porém a colheita é obrigatória". Os procedimentos certos ou errôneos, nos embates da vida, repercutem na vestimenta espiritual, vincando-a com as vibrações que o indivíduo logra criar. Os atos bons propiciam crescimento evolutivo espiritual, enquanto os equívocos necessitam de reparação, proporcionada pela chance do retorno à arena física.

Sem a presença marcante da reencarnação, acreditando-se em apenas uma vivência física, não há possibilidade de saldar a dívida contraída, desacreditando o Cristo quando ensina que não há prisão definitiva que não possa ser paga com o último centavo (Mateus 5:26). O próprio Jesus, após a crucificação, visitou e pregou aos espíritos em prisão (1 Pedro 3:19), revelando que não existe pena perpétua e, no renascimento na carne, muitas oportunidades de reajuste serão oferecidas.

Nos arraiais da erraticidade, no período entre as reencarnações, estacionado na faixa evolutiva em que se encontra, impedido de alçar grandes voos, o espírito está envolvido por sua consciência, padecendo o "inferno do remorso", o qual constantemente o cientifica dos atos praticados em vivências reencarnatórias transatas e a necessidade da reparação dos equívocos.

Diante das leis divinas todos os homens são iguais. A diversidade dos instintos, das aptidões intelectuais e morais inatas observadas são resultantes das vivências, das experiências e habilidades conquistadas ao longo do tempo através de inumeráveis etapas reencarnatórias.

Quando se usa mal o livre-arbítrio, suprimindo a liberdade dos semelhantes, impondo com violência as ideias, prejudicando sobremaneira o próximo, a individualidade espiritual se situa contrária às leis naturais, sendo catalogada pelo código penal divino, inserido em sua consciência, como réu confesso, trazendo inscrita a sentença em sua intimidade, vivenciando intenso sofrimento interior.

Em verdade, o suplício não é para sempre; perdurará enquanto o remorso estiver sendo vivido e, reencarnando, o ser terá a oportunidade ilimitada de sair da prisão construída dentro de si mesmo, vivenciando, com coragem a resignação, a dor que surge no caminho. Poderá, igualmente, purificar-se, através da prática do amor, exercendo a caridade legítima e desinteressada de ganho material.

Vivenciará na verdadeira pátria, que é a dimensão extrafísica, a condição de verdugo. Agora, livre da expiação retificadora, do "escândalo necessário" (Mateus 18:7), retorna pelo portal da morte como servo, sem mais a presença desagradável da culpa a lhe consumir. Disse Pedro: "O amor cobre a multidão de pecados".

EXPIAÇÕES COLETIVAS

A ação do resgate pode acontecer, correlacionando-a com o tipo de infração. Se o mal foi praticado coletivamente, isto é, em conluio lastimável junto a um grupo de executores ("Ai daqueles por quem vem o escândalo" – Mateus 18:7), a liquidação dos débitos acontecerá com a presença de todos os protagonistas envolvidos, sendo o processo conhecido, na doutrina espírita, como expiação coletiva.

As desgraças sociais, envolvendo muitas vítimas, são relacionadas a fatores casuais pelos materialistas e espiritualistas menos avisados, o que caracteriza uma hipótese por demais simplória, não merecendo consideração, desde que a própria harmonia e ordem do Universo, como igualmente a grandeza matemática e estrutural das galáxias, apontam para uma causa inteligente.

Aliás, lembramos a frase lapidar de Théofile Gautier, sempre repetida: "O acaso é talvez o pseudônimo de Deus, quando Ele não quer assinar o seu próprio nome".

Em *Obras Póstumas*, no capítulo intitulado "Questões e problemas", há uma abordagem especial de Kardec e dos espíritos a respeito das expiações coletivas, quando Clelie Duplantier vem afirmar, do Plano Invisível, que faltas coletivas devam ser expiadas coletivamente pelos que, também de modo coletivo, praticaram tais faltas.

Disse, igualmente, que: todas as faltas, sejam elas do indivíduo, sejam de famílias e nações, seja qual for o caráter, são expiadas em cumprimento da mesma lei. Assim como existe a expiação individual, o mesmo sucede quando se trata de crimes cometidos solidariamente por mais de uma pessoa.

A propósito, o codificador, em *A Gênese*, no capítulo 18, item 9, chama a atenção de que a humanidade é um ser coletivo no qual acontecem as mesmas revoluções morais que ocorrem em cada ser individual.

Referências de expiações coletivas

Na literatura subsidiária espírita, são encontradas algumas fontes de consulta a respeito do assunto em tela, senão vejamos.

Em 17 de dezembro de 1961, em Niterói (RJ), aconteceu a tragédia num circo, a qual o espírito Humberto de Campos classifica como expiação coletiva, envolvendo romanos que assassinaram dezenas de cristãos, em um circo armado em Lyon, no ano de 177 (*Cartas e crônicas*, cap. 6, FEB). O incêndio do Edifício Joelma, em São Paulo, com muitas vítimas, foi explicado como dívidas reportadas ao tempo das guerras das Cruzadas (*Diálogo dos vivos*, cap. 26).

Emmanuel, pela psicografia de Chico Xavier, na questão 250 do livro *O consolador*, esclarece-nos:

> Na provação coletiva verifica-se a convocação dos espíritos encarnados, participantes do mesmo débito, com referência ao passado delituoso e obscuro. O mecanismo da justiça, na lei das compensações, funciona então espontaneamente, através dos prepostos do Cristo, que convocam

os comparsas na dívida do pretérito para os resgates em comum, razão por que, muitas vezes, intitulais – doloroso acaso – às circunstâncias que reúnem as criaturas mais díspares no mesmo acidente, que lhes ocasiona a morte do corpo físico ou as mais variadas mutilações, no quadro dos seus compromissos individuais.

André Luiz, no livro *Ação e reação* (capítulo 18), psicografado por Chico Xavier, traz explicações do benfeitor espiritual Druso a respeito de um acidente ocorrido com uma aeronave, na qual haviam perecido 14 pessoas. Ressalta-se a informação de que "milhares de delinquentes que praticaram crimes hediondos em rebeldia contra a lei divina encontram-se, ainda, sem terem os débitos acertados".

Diante de tais acontecimentos, os que desconhecem o "nascer de novo", a lei da reencarnação, podem bradar, com certeza: "Onde estava Deus quando tudo isso aconteceu?"

Sem a explicação sensata das existências sucessivas, o mundo tem sua origem alicerçada no acaso, sendo o ateísmo o caminho a seguir por todos os que não aceitam a fragilidade dos argumentos dogmáticos, propagando uma só vivência física, com a criação do espírito junto com a formação do corpo de carne.

Sem a crença na reencarnação não há como preencher o vazio da alma humana à procura de um esclarecimento a respeito de si mesmo e do porquê dos dramas que a afligem.

Dramática colonização europeia

No momento atual, a humanidade está perplexa com o fato de milhares de miseráveis subsaarianos, sírios ou de Bangladesh morrerem na Costa Leste do Mar Mediterrâneo, em busca de exílio, principalmente em solo italiano. Durante a travessia por barcos, muitos desencarnam famintos e doentes, outros por naufrágio.

Como explicar, sob o ponto de vista espiritual, semelhante tragédia de proporções realmente grandes, atingindo principalmente a Itália?

Podemos conjecturar que essa intensa atribulação tem sua origem em transatas vivências, nas quais esses mesmos espíritos, agora sofredores, participaram como algozes de ações deletérias, acarretando sofrimentos atrozes aos seus semelhantes (*Ai daquele por quem o escândalo vem* – Mateus 18:7), participando como protagonistas da violenta colonização europeia.

Por ser a Itália, de início, o país mais envolvido nesse dramático episódio, merece ser apontado o colonialismo italiano, o qual começou a mostrar suas garras a partir do final do século 19, precisamente em 1885, com sua primeira colônia, Eritreia, sendo gasto muito dinheiro para apoderar-se de territórios intensamente pobres e distantes.

Depois, alguns anos após, foram conquistadas Somália, Líbia e Abissínia (hoje Etiópia). Milhares de pessoas morreram devido a essa empreitada colonialista. Somente na última batalha verificada na Abissínia pereceram cerca de 7.000 homens. Durante o domínio colonial italiano, na África, foram usadas armas proibidas, tais como gás venenoso e gás mostarda. Ao lado dos invasores italianos, o colonialismo inglês e francês impôs-se com maior expansividade.

Agora, os invasores do pretérito ressurgem reencarnados, no mesmo solo que pintaram de sangue, e com a roupagem física de africanos que tentam voltar às pátrias de origem, necessitando drasticamente de amparo, proteção e ajuda. Retornam como vítimas, não mais como algozes.

Que tenhamos a certeza de que o amor de Deus é incomensurável e existe uma razão espiritual para as tragédias que deixam aterrorizadas as criaturas terrenas. Tudo tem uma finalidade; a casualidade não existe. O Pai proporciona a redenção espiritual de todos nós, seus filhos, herdeiros e viajores do cosmo, através de Sua eterna misericórdia e incomensurável amor.

Capítulo XIV

Reencarnação ou inferno eterno?

DESDE O ANO 1215, a partir do Concílio Lateranense IV até a época atual, a teologia dogmática ainda prega a existência do inferno e a eternidade das penas, mesmo sendo um conceito já superado, utilizando-se da razão e do discernimento.

O papa Paulo VI, beatificado em 1968, enfatizou que: "os que os rejeitaram (o amor e a piedade de Deus) até o final serão destinados ao fogo que nunca cessará".

Portanto, os réprobos e impenitentes irão para o inferno por conta própria, pois renunciaram à chance da conquista do abrigo celestial. Contudo, os que negam a paternidade divina, desde a fase infantil, assim procedem. Em verdade, nunca estiveram afeitos às coisas espirituais.

Como as religiões dogmáticas pregam que o espírito é criado junto com o corpo, uma questão logo surge: Por que, então, Deus deixou vir à lume um ser já descrente? Ainda por cima, no porvir, será condenado a penas eternas porque nasceu assim? É justo? O Criador, afinal, é sádico ou incompetente na criação dos espíritos?

Se o indivíduo ostenta, desde a infância, extremo atraso espiritual, na fase evolutiva em que se situa certamente terá reações atávicas, com predomínio das experiências animais sobre as espirituais, consequentemente uma existência sem vida em amor.

Portanto, não há cabimento de ir por escolha própria para o inferno, quando está inteiramente dominado por suas inclinações menos felizes. Ainda por cima, baseando-se na pregação dogmática, o espírito foi formado na Terra já inferior e sua estada nas regiões infernais não terá qualquer finalidade educativa, servindo apenas para piorar sua descrença e beligerância contra Deus e contra si mesmo.

A doutrina da reencarnação revela, sem sombra de dúvidas, o amor, a justiça e a misericórdia do Criador, as quais o Pai oferece a todos os Seus filhos. O ensino dogmático, versando a respeito da criação do ser espiritual junto com a formação do seu corpo físico e ao mesmo tempo subordinado à transgressão dos seus primeiros antepassados (pecado original), é sem dúvida um contrassenso.

Sabendo Jesus que seus sublimes ensinos seriam desvirtuados e que os "fariseus" de todos os tempos pregariam conceitos falsos, enviou o consolador (doutrina espírita), afirmando que, através dele, ensinaria todas as coisas e lembraria tudo quanto já tinha dito em sua magnânima encarnação na Terra, orbe na qual é o Mestre de todos os seus habitantes.

Portanto, pelo relato do próprio Mestre, deduz-se que ele não havia ensinado tudo pelo motivo de a humanidade de então não estar apta ao devido entendimento por causa do atraso evolutivo de que era portadora. Realmente, em não possuindo o amadurecimento necessário, seria certamente inoportuno o desenvolvimento total de sua bendita doutrina.

Na obra *Cartas a um sacerdote*[22], o confrade Luiz Antônio Millecco Filho, saudoso amigo, explica a um clérigo o porquê de ter optado pelo espiritismo e pela reencarnação, deixando a Igreja Católica.

Sendo portador de cegueira de nascença, sempre desejou saber a

---

22. Publicado pela Editora EME, de Capivari, já esgotada.

causa espiritual de sua limitação visual, e relata ter sido informado no catecismo que o sofrimento entrou no mundo por causa do pecado e que o seu autor foi o diabo.

Pedindo perdão ao padre, Millecco disse-lhe ser muito estranha essa doutrina, observando que, sendo Deus onisciente, isto é, conhecendo o passado, o presente e o futuro, não obstante tudo isso, criou Lúcifer, mesmo sabendo que este ia cair e arrastar com ele milhares de criaturas? Não satisfeito em tê-lo criado, deu-lhe todos os motivos para que se perdesse, já que, segundo foi informado no catecismo, Lúcifer era o mais belo dos anjos. Por isso, a inveja o assaltou, a ponto de querer ele estar no lugar do Cristo.

Então, o companheiro pergunta ao sacerdote:

– Se o diabo tentou Eva, quem tentou o diabo? – lançou a questão. E ele mesmo respondeu: – Chega-se ao absurdo de se pensar que foi o próprio Deus!

A seguir, o aguerrido combatente espiritista argumenta:

– Tendo tantos espaços vazios no Universo Infinito, inclusive muitos buracos-negros, onde caberiam perfeitamente Satanás e todos os seus asseclas, por que teriam eles sido precipitados justamente na Terra? Consequentemente, nossos primeiros pais foram tentados, levando-os ao pecado original, que ninguém sabe com certeza o que é.

Pois bem, o valoroso espírita, imediatamente, ironiza:

– Resultado: eu, que não conheci Adão e Eva, que não fui consultado se eles deviam ou não cometer o pecado original, por causa da leviandade de nossos pais e da travessura cósmica de Lúcifer... Eu sou portador de cegueira congênita!

Continua o seareiro da terceira revelação:

– E as consequências desse incrível pecado de Adão e Eva não foram sofridas por igual, já que, além da cegueira, existem a surdez, a paralisia, os aleijões de toda a espécie, as doenças e deficiências na mente e no corpo. E essa é a única esfera, em que, cessada a causa, não cessa o efeito. Explico-me, sou cego por causa do pecado original; fui batizado, o batismo apaga a mancha desse pecado; no entanto, continuo cego...

Continuando seu desabafo contra a doutrina do pecado original, Millecco arremata:

– O pior é que nós, vítimas indefesas e inocentes, não temos o direito de revoltar-nos contra essa injustiça inominável, já que, se o fizermos, o inferno nos espera para que deixemos de ser atrevidos! É claro que não deixaremos de sê-lo, porque, segundo nos ensina a Igreja, no inferno nossos pecados se estratificam. Convenhamos, padre... Se o inferno não serve sequer para fazer-me deixar de ser atrevido, ele é inútil. A menos que Deus seja infinitamente vingativo!

O prefaciador do livro em tela, uma das maiores penas do espiritismo, o saudoso Aureliano Alves Netto, na época residindo em Caruaru, Pernambuco, asseverou: "Millecco, embora cego de nascença, vê longe".

Em verdade, Deus seria pouco criativo, além de cruel, deixando Seus filhos ingratos entregues ao sofrimento eterno, para o qual "fornalha acesa, pranto e ranger de dentes, inferno de fogo e outras expressões não passam de imagens simbólicas, emblemáticas, representando o sofrimento que parece nunca ter fim, na dimensão extrafísica, quando o ser está conscientizado do mal que cometeu.

O consolador prometido por Jesus (doutrina espírita) ensina que o inferno é um estado de consciência, transitório, correspondendo às intensas angústias e aflições decorrentes da inquietação da consciência por culpa ou falta praticada nas lides terrenas.

O que é denominado "inferno", em verdade é o julgamento realizado no tribunal da própria consciência, o qual o evangelho revela, em sentido figurado, representando o fogo das torturas morais que consome as criaturas, que poderia ser denominado "inferno do remorso", ou seja, um estado de consciência em juízo.

A agonia sentida pelo espírito desencarnado, sem a limitação do tempo próprio do mundo físico, tem a aparência ou ilusão de eterno (tempo indeterminado), de algo que parece não ter fim, que nunca mais se acabará.

Se existisse mesmo a condenação eterna para os que negaram a presença divina ou infringiram Sua lei, seria impossível aceitar o versículo 16, do capítulo 57, do *Livro de Isaías*, no qual o Senhor disse: "... Não contenderei para sempre, nem me indignarei continuamente; porque, do contrário, o espírito definharia diante de mim e o fôlego da vida que eu criei", como já citado no cap. VII, retro.

Se existisse mesmo a condenação eterna para os que negaram a presença divina ou infringiram Sua lei, seria impossível aceitar o versículo 22, do capítulo 3, do livro *Lamentações*, no qual o Senhor disse: "As misericórdias do Senhor são a causa de não sermos consumidos, porque as suas misericórdias não têm fim".

Se existisse mesmo a condenação eterna para os que negaram a presença divina ou infringiram Sua lei, seria impossível aceitar o versículo 9 a 11, do capítulo 7, do *Evangelho de Mateus*, no qual o mestre Jesus disse:

> Qual dentre vós é o homem que, se porventura o filho lhe pedir pão, lhe dará pedra? Ou, se lhe pedir um peixe, lhe dará uma cobra? Ora, se vós, que sois maus, sabeis dar boas dádivas aos vossos filhos, quanto mais vosso Pai, que está nos céus, dará boas coisas aos que lhe pedirem.

Se existisse mesmo a condenação eterna para os que negaram a presença divina ou infringiram Sua lei, seria impossível aceitar o versículo 21-22, do capítulo 18, do *Evangelho de Mateus*, quando Pedro pergunta a Jesus: "Senhor, até quantas vezes pecará meu irmão contra mim, e eu lhe perdoarei? Até sete?" Jesus lhe disse: "Não te digo que até sete; mas, até setenta vezes sete".

Se existisse mesmo a condenação eterna para os que negaram

a presença divina ou infringiram Sua lei, seria impossível aceitar os versículos 25-26, do capítulo 5, do *Evangelho de Mateus*, no qual Jesus disse:

> Concilia-te depressa com o teu adversário, enquanto estás no caminho com ele, para que não aconteça que o adversário te entregue ao juiz, e o juiz te entregue ao oficial, e te encerrem na prisão. Em verdade te digo que de maneira nenhuma sairás dali enquanto não pagares o último ceitil.

Baseando-se na razão e no bom-senso e perscrutando as Escrituras pelo espírito que vivifica, verifica-se a incomensurável misericórdia divina, sendo esta derramada sobre toda a humanidade, oferecendo-lhe a oportunidade da libertação de uma prisão que é transitória, porquanto a pena não é perpétua e com a chance de pagar o último ceitil, através de novas oportunidades de reencontro com o adversário no percurso da vida corporal ("enquanto estás no caminho com ele").

Por meio da reencarnação, surgirá a reconciliação definitiva, com a chance da reparação de suas faltas.

Pelo literalismo bíblico, aliado ao dogmatismo que amedronta os fiéis com a "fornalha eterna", não há possibilidade de conserto, o indivíduo não se perdoa e o Pai se apresenta como um torturador, desprovido de amor e misericórdia, castigando para sempre um filho de Sua criação.

Pelo dogmatismo, Deus se revela, infelizmente, como um ser cruel, desumano, impiedoso. Pela doutrina da reencarnação, o excelso Criador é verdadeiramente amor (1 João 4:8), "fazendo nascer o seu sol sobre maus e bons, e vir a chuva sobre justos e injustos" (Mateus 5:45).

Parafraseando Paulo (Romanos 8: 38-39), ninguém poderá separar o homem do amor de Deus, exemplificado em Jesus o mesmo que "visitou e pregou aos espíritos em prisão" (1 Pedro 3:19). Esse versículo põe por terra inteiramente o chamado "suplício eterno", pois se o Mestre foi "visitar e pregar" aos chamados réprobos, claramente está indicando não haver sofrimento espiritual para todo o sempre e, melhor ainda, foi propagar ideias virtuosas e preconizar a melhoria espiritual dos supliciados.

Não poderia de forma alguma o Mestre tentar converter alguém prontamente perdido no "inferno". Para que apresentar a mensagem divina para réprobos impenitentes já condenados eternamente? Sem a possibilidade da reabilitação do preso, o que foi fazer o Cristo nas regiões trevosas?

As respostas, baseadas no dogmatismo, certamente revelariam ter ido Jesus mostrar sua glória para os que não aceitaram fazer parte do seu rebanho, enquadrando o Mestre, de forma desumana, como um reles sádico, satisfazendo-se com a dor alheia. Impossível aceitar que o Cristo tenha ido ao inferno para pregar para seres que estão perdidos eternamente, o que seria um ato desumano e cruel.

Pelo contrário, esse sublime fato revela a misericórdia e o amor do Pai, concedendo aos infratores de Sua lei a oportunidade de "nascerem de novo" e conseguirem expiar e reparar seus erros, saindo da prisão do remorso e da culpa, começando pelo arrependimento.

Diante da Eternidade, viajando no veículo da imortalidade, receberão inúmeras chances de crescimento espiritual e poderão atingir a perfeição moral e intelectual possível. Toda a criação divina é destinada à felicidade, a qual será conquistada por seus próprios passos.

O chamado "inferno eterno" é citado como "fornalha acesa", onde há "choro e ranger de dentes". Contudo, o mesmo evangelista também se refere ao tal inferno como região de "trevas", onde há "choro e ranger de dentes" (Mateus 13:42 e Mateus 8:12).

Como é importante ler as Escrituras com a alma e não somente com os olhos, porquanto o apego à letra revela uma contradição literal, desde que fornalha significa luz e calor; trevas, ausência de luz.

O sofrimento após a morte física é padecido com diferenciação e tem finalidade educativa, conforme aponta os versículos seguintes:

> O servo que soube a vontade do seu senhor, e não se aprontou, nem fez conforme a sua vontade, será castigado com muitos açoites; contudo, aquele que não conhece a vontade do seu senhor, mas praticou o que era sujeito a castigo, receberá poucos açoites. A quem muito foi dado, muito será exigido; e a quem muito foi confiado, muito mais ainda será requerido (Lucas 12:47-48).

"Inferno", além de não ser eterno, não é o mesmo para todos os pecadores, pois uns recebem muitos açoites e outros poucos açoites, de acordo com o nível evolutivo espiritual já conquistado.

Na verdade, existem inúmeras eternidades de sofrimentos, como inúmeros são os erros humanos. Porém, os erros de uma única vivência física jamais poderiam justificar o sofrimento por toda a Eternidade.

O indivíduo que infringiu a legislação divina, que está inserida na consciência de cada um, apresenta sua vestimenta espiritual ou perispírito lesado, cuja intensidade da mácula depende da gravidade do ato malsão cometido.

Através da reencarnação, tem o espírito a oportunidade valiosa de poder expurgar na carne suas mazelas vincadas dentro de si. Marcando no corpo físico a sua deficiência, terá a chance da cura, dependendo do seu procedimento diante do resgate, sempre a resignação, nunca a rebeldia. Em verdade, a mesma energia despendida na elaboração do ato maléfico será igualmente utilizada no momento da expiação de sua falta.

O certo é que Deus não quer a destruição do réprobo, mas a sua recuperação, concedendo-lhe a oportunidade de ser reeducado moralmente por meio de sem-número de vivências reencarnatórias, isto é, poder voltar à carne quantas vezes precisar para o seu aprendizado e evolução, crescendo tanto na parte intelectual como moralmente.

No túmulo de Allan Kardec, no cemitério Père Lachaise, em Paris, consta a inscrição bem consoladora: "Nascer, morrer, renascer ainda e progredir sem cessar, esta é a lei".

Muito difícil conceber o Criador do Universo, que produziu uma obra tão gigantesca, cometer um erro tão grave e bárbaro, o de permitir que um fruto da Sua criação, feito à sua imagem e semelhança, pereça para todo o sempre.

Sem a doutrina reencarnacionista, baseando-se apenas nos conceitos dogmáticos, todas as coisas ficam sem finalidade, o mundo parece sem direção, sem paternidade, restando apenas o caos e a desesperança. Contudo, chegará o tempo em que a Terra será uma habitação feliz, a religião e a ciência estarão unidas, de mãos dadas, e o ateísmo não terá mais campo para existir.

Urge, portanto, a necessidade de as religiões dogmáticas desonerarem seus conceitos vetustos, respirarem novos ares a fim de sentirem os clarões da renovação, cuja fonte provém do consolador enviado por Jesus.

Capítulo XV

Reencarnação em auxílio da arqueologia

Na história da Grécia Antiga é assinalado um período que vai do século XII a.C. ao século VIII a.C., denominado homérico, por conta de um poeta chamado Homero, o qual deixou à posteridade a *Ilíada* e a *Odisseia*, onde são narrados o último ano da Guerra de Troia e o retorno de Ulisses para seu reino após a eclosão da guerra.

Até a segunda metade do século XVIII, a cidade de Troia não passava de uma lenda supostamente criada por Homero, que a escreveu 400 anos depois da guerra, e relatada num poema com base na tradição oral, transmitida durante séculos pelos povos que habitavam a Hélade (como era conhecida a Grécia).

Segundo Homero, as desavenças entre os gregos e troianos tiveram início quando Helena, esposa do rei espartano Menelau, foi raptada por Páris, filho do soberano de Troia, Príamo. Menelau e seu irmão Agamênon, rei de Micenas, reuniram os guerreiros espartanos e micênicos e partiram em direção a Troia para resgatar Helena.

Segundo os relatos de Homero, na Odisseia, os gregos construíram um enorme cavalo de madeira e o deixaram às portas da cidade. Os troianos aceitaram o presente, achando que se tratava de uma proposta de paz dos gregos. Os troianos colocaram o artefato dentro da cidade. Porém, não sabiam que, em seu interior, estavam escondidos soldados gregos.

Acreditando que deveriam comemorar aquele momento de paz, os troianos festejaram e beberam bastante. Durante o sono reconfortante dos habitantes de Troia, os soldados gregos saíram do interior do cavalo de madeira e abriram os portões da cidade para o exército grego, que invadiu, saqueou e dominou a cidade, decretando o fim de mais de dez anos de guerra.

Essa história, relatando o célebre presente de um cavalo de madeira, contendo, em seu interior, soldados gregos, deu origem ao dito popular "presente de grego", para definir situações típicas, quando alguém é agraciado por um presente não desejado, movido por segundas intenções, significando uma falsa oferta.

Interessante frisar que, assim como Champollion, que desde criança sabia que decifraria os hieróglifos, o alemão Heinrich Schliemann, aos 7 anos de idade, vendo uma gravura a respeito da guerra de Troia, foi cientificado pelo seu genitor a respeito da incerteza de realmente ter existido o fato, como igualmente havia dúvidas da veracidade da existência de Homero, acreditando-se que tudo não passara de uma ficção. Pois bem! O fenômeno anímico da intuição surgiu, naquele momento, fazendo com que o menino, circunspecto, exclamasse que descobriria a cidade de Páris e Príamo.

Após três anos decorridos do fato citado acima, exatamente com 10 anos de vida, Schliemann ofereceu ao seu genitor uma redação, versando a respeito da guerra de Troia, extasiado com as aventuras de Ulisses e Agamênon.

Com 14 anos, trabalhando em uma loja de secos e molhados, teve a oportunidade de ouvir um estranho, recitando versos, os quais sacudiram as entranhas de Schliemann. Quando soube que se tratava da *Ilíada* de Homero, pagou ao homem para que repetisse a declamação. Em verdade, tudo o que se relacionasse com a Grécia Antiga chamava a atenção do idealista alemão.

Com 22 anos de idade, inicia o estudo da língua russa e tem a oportunidade de ter em suas mãos um exemplar, escrito nesse idioma, da história de Telêmaco, filho de Ulisses e Penélope, encontrando, em Ítaca, o pai que se encontrava desaparecido desde o cerco de Troia. Mais uma vez, Schliemann, se emocionava. Foi um momento de intensa comoção, desde que sabia que verdadeiramente a cidade descrita por Homero tinha sido uma realidade e que não podia ser creditada a uma fantasia mitológica ou lendária.

Já portador de grande fortuna, devido ao sucesso em seus empreendimentos comerciais e revelando-se exuberante poliglota, falando várias línguas, abandona seus negócios e com 46 anos de vida, em 1868, parte para Ítaca, a ilha onde nascera Ulisses, o herói mitológico da Odisseia de Homero.

Lá, assim como aconteceu ao decifrador dos hieróglifos, Champollion, no Egito, parecia um nativo, dominando com fluência o idioma grego e, à vontade, se comportava como se fosse um helênico.

Certa feita, comovido, com as lágrimas caindo abundantemente, declamou, na própria língua grega, o Canto 23 da Odisseia. Enquanto lia os poemas de Homero, assim como ele, todos choravam! Tal acontecimento somente pode ser explicado de forma global, tendo como referencial a doutrina da reencarnação.

Em verdade, naquele momento, algo de especial e excepcional estava acontecendo, porquanto o arqueólogo alemão certamente relembrava de uma vivência pretérita, fácil de ser determinada a sua localização, desde que Schliemann, no decorrer de sua existência, revelou uma atração muito especial por tudo que se relacionasse com Troia e pelos personagens presentes nos poemas de Homero.

Disposto a encontrar, não somente Troia, como igualmente achar os restos da cidade de Micenas, o rico reino de Pelópidas, iniciou a tão esperada empreitada. De início, não acreditou na possibilidade de Troia estar situada na aldeia de Bunarbashi, pois, intuitivamente, sabia que não era o esperado lugar e, inclusive, não estava de acordo com o que já conhecia pela leitura da *Ilíada*.

Quando se deparou com a colina de Hissarlik, ao norte de Bunarbashi, não teve dúvidas. Certamente, naquele local, estaria soterrada a cidade que tinha certeza de encontrar desde criança.

Em 1870, iniciou a escavação nesse monte e descobriu nove cidades subterrâneas, estando Troia antiga situada nas ruínas de uma delas. O que se pensava ser ficção era realidade. Naquele momento, Homero se consagrava como um verdadeiro historiador. Schliemann, com seu idealismo, arrancava das profundezas do solo a verdade a respeito do poeta grego.

Com sua pá, impulsionada pela vontade férrea de provar algo que trazia nos refolhos mais íntimos do seu espírito, o idealista alemão permite legitimizar muitas das descrições de locais, casas e palácios, citados nos poemas homéricos.

Em 1890, com 68 anos de idade, o afamado arqueólogo retorna à Pátria Espiritual, tendo cumprido tudo que propusera realizar antes de reencarnar. Através do arqueólogo alemão, a *Ilíada* e a *Odisseia* reviveram. Somente a reencarnação permite esclarecer o mistério em torno de Homero e fazer conhecidos os enigmas dos textos antigos.

Certamente, o espírito Schliemann vivenciou com muita intensidade as emoções verificadas na Grécia Antiga, quando vivificara algum personagem homérico.

Capítulo XVI

JESUS ENSINOU A DOUTRINA DA REENCARNAÇÃO

MILÊNIOS ANTES DA ERA cristã, a doutrina da reencarnação, chamada palingênese, já era aceita como prova da amorosa e imparcial justiça divina. No Antigo Egito, na Índia (livro *Os Vedas*), filósofos da Grécia Antiga, como Pitágoras, Sócrates, Platão e Plotino, também acreditavam na sobrevivência do espírito humano à morte do corpo somático e seu retorno, em nova roupagem, na dimensão física.

Na cultura judaico-cristã, a reencarnação era apontada como ressurreição do espírito na dimensão extrafísica, após o fenecimento do seu corpo, como relata a doutrina espírita: "No instante da morte, a alma volta a ser espírito, isto é, volve ao mundo dos espíritos, donde se apartara momentaneamente" (LE – questão 149). Igualmente existe o "nascer de novo", a ressurreição do espírito, na carne, em outra vestimenta física, vivenciando muitas existências sucessivas (LE – questão 171).

A palavra reencarnação foi criada por Allan Kardec, em meados do século 19. O dogmatismo, equivocadamente, prega a ressurreição da carne, a volta do espírito à arena física, no mesmo corpo já desintegrado e contribuindo para a formação de outros corpos, fazendo parte dos seus grupamentos moleculares ou atômicos.

Preso à letra que mata, o dogmatismo desrespeita a própria ciência, que demonstra a impossibilidade de trazer à vida o mesmo corpo que entrou em decomposição e os elementos que o constituíam foram reabsorvidos em a Natureza.

O desmerecimento da ciência pelo religioso dogmático se revela intenso, quando diz que nada há impossível a Deus e que se Ele fez os céus, a terra e tudo o que neles há, pode ressuscitar quem assim desejar. E se alguém discordar, ainda é tachado de herege ou não portador da fé. Infelizmente, essa opinião espelha a fé não raciocinada, o culto ao *credo quia absurdum* (creio, mesmo que absurdo).

A doutrina espírita, como crença alicerçada na razão, ensina que Deus é o autor de todas as coisas e é o excelso artífice de leis naturais, abrangendo os preceitos que regem a matéria e as leis da alma (LE – questão 617).

"[...] As leis de Deus são perfeitas. A harmonia que regula o universo material e o universo moral se funda nas leis que Deus estabeleceu por toda a eternidade" (LE – questão 616). Portanto, Deus não iria revogar Sua sublime legislação, dando vida a um morto. Então, por que lhe deixou morrer?

Ao mesmo tempo, a lei divina, regendo a Natureza, permite que um corpo em decomposição revele um exuberante e voraz ecossistema cadavérico, com a presença de micróbios e insetos, fazendo com que, em um período de 20 a 50 dias, a carne seja toda devorada e o corpo se resseque. Após tudo isso, o que restará do corpo para o espírito ressuscitar?

A respeito da derrogação da legislatura divina, Léon Denis (1846-1927) enfatiza que "o milagre é uma postergação das leis eternas fixadas por Deus, obras que são da sua vontade, e seria pouco digno da Suprema Potência exorbitar da sua própria natureza e variar em seus decretos" (*Cristianismo e espiritismo*, cap. 5).

Allan Kardec diz que:

[...] foram fecundos em milagres os séculos de ignorância, porque se considerava sobrenatural tudo aquilo cuja causa não se conhecia. À proporção que a ciência revelou novas leis, o círculo do maravilhoso se foi restringindo; mas, como a ciência ainda não explorara todo o vasto campo da Natureza, larga parte dele ficou reservada para o maravilhoso.

Continua o codificador:

[...] O espiritismo, pois, vem, a seu turno, fazer o que cada ciência fez no seu advento: revelar novas leis e explicar, conseguintemente, os fenômenos compreendidos na alçada dessas leis. Esses fenômenos, é certo, se prendem à existência dos espíritos e à intervenção deles no mundo material (*A Gênese*, cap. 13).

A VOLTA DE ELIAS COMO JOÃO BATISTA

No cristianismo primitivo, a doutrina das vivências sucessivas se apresentava refulgente, desde que o excelso Jesus a ensinou explicitamente. Compulsando o *Evangelho de Mateus*, precisamente no capítulo 17, versículos 12 e 13, verifica-se que o Mestre alude à reencarnação do profeta Elias, retornando ao meio físico, vivificando a personalidade de João Batista, dizendo:

Mas eu vos digo que *Elias já veio*, mas não o conheceram; antes, fizeram com ele quanto quiseram. Do mesmo modo farão sofrer o Filho do Homem. Os discípulos compreenderam, então, que ele lhes falava de João Batista (grifo do autor).

Essa enfática afirmativa do Cristo não deixa dúvidas a respeito do retorno de Elias como João Batista, insofismável, em que pese a negação dos dogmáticos, defendendo a tese de que o profeta Elias não tinha retornado à Terra.

Em quem acreditar: naquele que diz com autoridade incontestável ou nos religiosos conservadores e suas pregações discutíveis?

O dogmatismo, exprimindo suas opiniões ingênuas de forma categórica, fundada em princípios exteriorizados dos concílios eclesiásticos de antanho, foi o mesmo que condenou o sábio Galileu, acusado de heresia por ter afirmado que a Terra girava em torno do Sol.

Os religiosos, adeptos da fé não raciocinada, ainda hoje, pregam, subjugados ao literalismo bíblico, que o mundo foi criado em seis dias. E que Deus, no sétimo dia, descansou, reforçando a máxima do famoso escritor francês Jean de La Bruyère (1645-1696): "É a profunda ignorância que inspira o tom dogmático".

Infelizmente o apego, a subordinação incondicional à letra, faz com que a descrença cada vez mais vigore no coração humano, sendo fator de grande influência para o aumento significativo do materialismo no mundo.

Assim, como afirmou o insigne codificador:

> [...] o espiritismo se dirige aos que não creem ou que duvidam. E não aos que têm uma fé, e a quem essa fé basta; não diz a ninguém que renuncie às suas crenças para adotar a nossa (*Revista Espírita*, dezembro de 1863, "Elias e João Batista").

Os discípulos por certo aceitavam de modo pleno a palingênese ou reencarnação, tanto que não houve por parte deles qualquer questionamento diante da revelação feita pelo Mestre a respeito do retorno às paragens físicas do antigo profeta.

Digno de registro que o "nascer de novo" de Elias já tinha sido predito, no Antigo Testamento, pelo profeta Malaquias, o qual afirmou ser esse renascimento revestido de uma excelsa missão, a de preparar o caminho do Cristo, sendo seu antecessor e, igualmente, cumprir a tarefa espiritual de "converter o coração dos pais aos filhos, e o coração dos filhos a seus pais".

O profeta Isaías, no século VIII a.C., já tinha conhecimento da vinda de João Batista, antecedendo o trabalho majestoso de Jesus, escrevendo: "Voz do que clama no deserto: Preparai o caminho do Senhor; endireitai no ermo vereda ao nosso Deus".

Sabe-se por intermédio do profeta Malaquias que Elias teria de voltar à arena física, antes de Jesus:

> Disse o Senhor: – Eis que vos enviarei o profeta Elias, antes que venha o grande e terrível dia do Senhor; ele converterá o coração dos pais aos filhos... (Malaquias 4:5-6).

Portanto, João Batista é uma personalidade vivificada por um espírito que, em existência anterior, encarnou como o profeta Elias. Um ser que já vivera antes e foi enviado à Terra em nova missão, como precursor do Cristo.

Realmente, João Batista preparou o terreno para a obra magnânima que Jesus descera a fazer, o que foi confirmado pelo próprio Cristo, exclamando: "E, se o quereis reconhecer, ele mesmo é o Elias que estava para vir" (Mateus 11:14).

Essa revelação foi tão sublime, importante e insofismável que Jesus arremata, exclamando: "Quem tem ouvidos para ouvir, ouça", isto é, nem todos podem, ainda, entender essa doutrina, porquanto os homens se encontram em estágios diferentes de evolução espiritual, o que explica o fato de o Mestre ter ensinado, inúmeras vezes por meio de parábolas.

O próprio Cristo profetizou que todas essas instruções, no futuro, seriam administradas com o advento do consolador prometido, a doutrina espírita, enfatizando: "Estas coisas vos tenho dito por meio de figuras; vem a hora quando não vos falarei por meio de comparações, mas vos falarei claramente a respeito do Pai" (João 16:25). O Cristo, igualmente, afirmou: "A vós outros é dado conhecer os mistérios dos reinos dos céus, mas àqueles não lhes é isso concedido" (Mateus 13:11).

Realmente, sem a presença magnânima do espiritismo e da doutrina reencarnacionista, esses ensinos estampariam grande injustiça, porquanto poucos teriam chance de amealhar informações espirituais tão sublimes.

Ao mesmo tempo, tendo a chance da reencarnação, vivenciando várias existências físicas, todos poderão obter a verdade que liberta, clamada por Jesus.

No *Evangelho de Mateus*, o Mestre mais uma vez alude ao retorno do espírito do profeta Elias reencarnando como filho de Zacarias e Isabel, dizendo às multidões:

> [...] Que saístes a ver no deserto? Um caniço agitado pelo vento? Mas que saístes a ver? Um homem trajado de vestes luxuosas? Eis que aqueles que trajam vestes luxuosas estão nas casas dos reis. Mas por que saístes? Para ver um profeta? Sim, vos digo, e muito mais do que profeta.

Continua o Cristo, enfatizando:

> Este é aquele de quem está escrito: Eis aí ante a tua face o meu mensageiro, que há de preparar adiante de ti o teu caminho. Em verdade vos digo que, entre os nascidos de mulher, não surgiu outro maior do que João, o Batista; mas aquele que é o menor no reino dos céus é maior do que ele. E desde os dias de João, o Batista, até agora, o reino dos céus é tomado a força, e os violentos o tomam de assalto. Pois todos os profetas e a lei profetizaram até João. E, se quereis

dar crédito, é este o Elias que havia de vir. Quem tem ouvidos, ouça (Mateus 11:8-15).

Kardec esclarece:

> Aqui não há equívoco. Os termos são claros e categóricos, e para não entender é preciso não ter ouvidos, ou querer fechá-los. Sendo essas palavras uma afirmação positiva, de duas uma: Jesus disse a verdade, ou enganou-se. Na primeira hipótese, a reencarnação é por ele atestada; na segunda, a dúvida é lançada sobre todos os seus ensinos, pois, se ele se enganou num ponto, pode ter-se enganado sobre os outros (*Revista Espírita*, dezembro de 1863, "Elias e João Batista").

Realmente, os religiosos dogmáticos se revelam surdos espirituais, necessitando de inúmeras vivências reencarnatórias para poderem expandir suas consciências e possuírem ouvidos para ouvir, pois que, no texto "E desde os dias de João, o Batista, até agora, o reino dos céus é tomado pela força, e os violentos o tomam de assalto", Jesus alude, certamente, ao tempo em que o precursor vivia como Elias, sob o império rigoroso da lei mosaica ("Reino dos céus é tomado pela força").

É concludente e irrefutável a volta à dimensão física de Elias, a qual, também, foi provada, em outra passagem de *O Novo Testamento*, especificamente no 1º capítulo do *Evangelho de Lucas*, versículos 13 a 17.

Zacarias, sacerdote da ordem de Abias, exercendo seu trabalho no Templo de Jerusalém, vê um mensageiro espiritual, o qual se identificou com o nome de Gabriel e lhe diz:

> Zacarias, não temas, porque a tua oração foi ouvida, e Isabel, tua mulher, dará à luz um filho, e lhe porás o nome de João. E terás prazer e alegria, e muitos se alegrarão no seu

nascimento, porque será grande diante do Senhor, e não beberá vinho, nem bebida forte, e já desde o ventre de sua mãe será cheio de *um santo espírito*. E haverá de converter muitos dos filhos de Israel ao Senhor seu Deus, e irá adiante dele no espírito e virtude de Elias, *para converter os corações dos pais aos filhos* (Grifos do autor).

Digno de nota o fato de o espírito Gabriel confirmar a profecia de Malaquias, chegando a ponto de repetir as mesmas palavras do profeta: *para converter os corações dos pais aos filhos*, selando, realmente, a volta de Elias como filho de Zacarias, o precursor João Batista: "Você, menino, será chamado profeta do Altíssimo, pois irá adiante do Senhor, para lhe preparar o caminho" (Lucas 1:76).

Na obra *Sabedoria do evangelho*, em que o erudito Dr. Carlos Torres Pastorino traduziu os textos evangélicos do original grego, há a afirmativa de Gabriel de que João é um espírito já santificado, mesmo antes de nascer:

Após dar-se a concepção, ainda no ventre materno, ele (o homem) está cheio (vivificado) por um espírito que é santo. Note-se que no original grego temos o artigo indefinido: um espírito santo, e não "o espírito santo".

SEMELHANÇAS ENTRE ELIAS E JOÃO BATISTA

Interessante destacar que a Bíblia relata algumas semelhanças entre Elias e João Batista (2 – Reis 1:8 e Mt. 3:4). Além de se vestirem com os mesmos trajes e viverem do mesmo modo (vestes de pelos de camelos, cinto de couro), apresentavam idêntico temperamento, com Elias combatendo com violência os profetas de Baal, e João Batista criticando com veemência os abusos do administrador da Judeia, Herodes Antipas.

Nas duas personalidades, temos o mesmo homem simples, com hábitos próprios das pessoas que viviam no deserto. O Mestre se referiu ao modo de vestir-se de João: "Que saístes a ver? Um homem vestido de roupas finas? Ora, os que vestem roupas finas assistem nos palácios reais" (Mateus 11:8). O tesbita Elias mata a espada; o precursor João Batista morre a espada.

A NEGATIVA DO BATISTA

Apesar de tantas provas irrefutáveis, relatando ser João Batista a reencarnação de Elias, inclusive provindas até de Jesus, os que a negam citam a negativa do Batista de ter sido Elias reencarnado, conforme está descrito, no *Evangelho de João*, cap. 1, vers. 21.

Realmente, questionado pelos sacerdotes e levitas, João Batista negou ser Elias, o que é perfeitamente entendido, desde que o espírito é o mesmo, contudo as personalidades são distintas. Os neurônios e demais células que compunham o corpo do precursor de Jesus não eram os mesmos do corpo de Elias. O ser reencarnado não pode lembrar-se de sua outra existência, embora o espírito seja o mesmo. Em verdade, João não era Elias; ele fora Elias em outra época, mas, naquela vivência, ele era somente o Batista, precursor do Cristo. Não existe a chamada ressurreição dos corpos; o corpo de João não era o mesmo do profeta do *Antigo Testamento*.

A doutrina espírita, além de tudo, ensina que há esquecimento por parte do espírito, quando encarnado, de suas anteriores vivências. Esse olvido só se verifica durante o seu estágio obrigatório na matéria; cessando esta, o espírito recobra a lembrança do seu pretérito, podendo analisar o seu presente e seu passado, planejando o que fazer no futuro.

Deus, nosso Pai, em Sua infinita bondade e incomensurável amor, permite esse esquecimento temporário do que se passou, no pretérito, em transatas vivências reencarnatórias. Seria muito difícil a convivência social, sabendo, por exemplo, que na presente experiência física nossos familiares ou amigos foram nossos inimigos de antanho, havendo recordação das coisas desagradáveis pelas quais passamos através deles. Certamente, experimentaríamos intenso sofrimento e aumento das angústias. Se as agonias vivenciadas na presente reencarnação podem se tornar insuportáveis, imagine-se se fossem, em concomitância, recordados os do pretérito!

Felizmente, o Pai amado permite que o ser espiritual esqueça, quando encarnado, o seu passado, não obstante trazer com ele, por intuição ou por ideias inatas, o seu patrimônio evolutivo de outrora, tanto do ponto de vista moral como do ponto de vista intelectual.

Em verdade, é normal o indivíduo não se lembrar de outra vivência na carne, o que aconteceu com o precursor. O que é injustificável e insofismável é alguém negar ou desmentir a afirmação que saiu da boca do próprio Cristo, o qual sabia do que estava falando, quando se referiu ao Batista: "Se o quereis reconhecer, ele mesmo é Elias que estava para vir. Quem tem ouvidos para ouvir, ouça" (Mateus 11:14-15).

Felizmente, através dos renascimentos no veículo de carne, chegará o tempo de renovação espiritual para os profitentes das crenças dogmáticas, quando estarão prontos na evolução para apreenderem aquilo que é oculto das massas, já que estarão preparados para receber as "coisas santas" e pegar as "pérolas arremessadas".

A TEORIA DE QUE ELIAS NÃO HAVIA MORRIDO

É lamentável que alguém possa estar tão preso nas teias do literalismo bíblico e professe uma fé, indiscutivelmente, não raciocinada. Felizmente, o consolador prometido por Jesus já está na Terra amparando, indiscutivelmente, a humanidade e ensejando a fé alicerçada na lógica e no bom-senso. Impossível que seja dito que Elias retornou à dimensão extrafísica com o mesmo corpo utilizado em sua romagem terrena, quando Paulo já alerta que "a carne e o sangue não podem herdar o reino de Deus, nem a corrupção herdar a incorrupção" (1-Corintios 15:50). Ao mesmo tempo, Elias, segundo essa teoria malsã, não passou pela morte, o que, absurdamente, o torna mais superior que o próprio Cristo. A mesma equivocada assertiva, baseada na "letra que mata", foi apontada para outro profeta, Enoque, sendo dito que ascendeu à dimensão extrafísica sem ocorrer o decesso do corpo físico.

O *Antigo Testamento* relata que "Elias subiu ao céu num redemoinho" (2 Reis 2:11) e, algum tempo depois, já vigorando o reinado de Jeorão, mesmo estando nas paragens celestiais, conforme pregam os exegetas ligados ao literalismo bíblico, escreve uma carta ao infeliz soberano, advertindo-lhe sobre sua conduta corrupta e prevendo sua iminente derrocada (2 Crônicas 21:12).

Baseado no consolador enviado por Jesus é possível admitir que o fenômeno da levitação tenha ocorrido, tendo como protagonistas tanto Elias como Enoque. Em verdade, ocorreu um inequívoco arrebatamento ou deslocamento físico de um lugar para outro.

Afinal, a lei divina não pode ser derrogada por Elias, pois que todos têm que morrer, assim como afirma o escritor de *Hebreus*:

> Aos homens está ordenado morrerem uma só vez e, depois disto, o juízo (9:27), isto é, a personalidade, o corpo, servindo de morada à individualidade ou espírito e constituído por células e substâncias intracelulares líquidas, tem uma existência limitada e voltará à terra, pois dela foi formada: Tu és pó e ao pó tornarás.

Esse versículo revela que Elias, assim como todos os mortais, tem que voltar ao pó, porquanto "para com Deus, não há acepção de pessoas" (Carta de Paulo aos Romanos 2:11).

Importante ressaltar que o texto de *Hebreus* não contraria absolutamente a tese reencarnacionista, mesmo que estivesse escrito: "Aos homens está ordenado nascerem uma só vez" [...], desde que em cada vivência física são imprescindíveis nascimento e morte.

Como Elias entraria no "céu" com o seu corpo físico? A organização somática é perecível; contudo, o espírito que a vivifica é imortal e retorna às paragens espirituais, ostentando sua vestimenta perispirítica ou corpo espiritual.

Jesus enfatizou que "o espírito é o que vivifica; a carne para nada aproveita..." (João 6:63). Na Primeira Carta de Paulo aos Coríntios, é enfatizado que indestrutível é o espírito: "Semeia-se corpo animal, ressuscitará corpo espiritual. Se há corpo animal, há também corpo espiritual" (15:44). Portanto, não tem base bíblica esta proposição de que Elias teria penetrado as paragens extrafísicas com o seu corpo físico e sem ter morrido.

Quanto aos "carros de fogo", pode-se compará-los às chamadas "línguas de fogo" descritas no fenômeno do Pentecostes, em Jerusalém, no século I. A experiência vivida pelos profetas do *Antigo Testamento* e pelos apóstolos de Jesus não foi apenas anímica, isto é, produzida pelo próprio sensitivo, pois a presença dos espíritos, indubitavelmente, é apontada através de simbolismos, de elementos emblemáticos, como o fogo, vento forte e ruídos intensos (Atos 2:3). A descrição de "línguas de fogo que se separaram e pousaram sobre cada um dos apóstolos" e os cavalos de fogo, afastando Elias de Eliseu, antecederam e prepararam os importantes fenômenos que aconteceriam posteriormente (2 Reis 2:11).

Em *Atos dos Apóstolos*, capítulo 8, versículos 39 e 40, há o relato de que Filipe fora arrebatado, isto é, pelo fenômeno da levitação, tendo saído, de onde estava, parando em Azoto, cidade situada às margens do Mar Mediterrâneo.

Evolução espiritual de João Batista

No *Evangelho de João* se encontra a revelação de que o precursor "foi encaminhado por Deus e veio para testemunho, para que testificasse da luz". Se Batista foi enviado, esse espírito certamente se encontrava em outro lugar e não criado junto com o corpo. Portanto, à luz do esclarecimento espírita, o ser reencarnado já existia antes da época do nascimento de João, e se veio como testemunha da luz era conhecedor de algo que ia declarar, já visto, ouvido ou conhecido. De dentro do contexto, a doutrina da reencarnação surge cristalina.

Jesus se referiu a João Batista como o maior dentre os "nascidos ou filhos de mulher", expressão dada aos espíritos que ainda necessitam reencarnar; contudo, na escala evolutiva espiritual, encontrava-se em situação hierárquica inferior, diante dos chamados "Filhos do homem", qualificação dos seres já desmaterializados, não mais sujeitos à reencarnação na Terra, o que foi testemunhado pelo Cristo, dizendo que "o menor nos reinos dos céus era maior que o Batista".

Para deixar de ser "nascido de mulher", embora fosse o maior no tempo de Jesus, deveria resgatar os débitos assumidos por ele, quando em sua última encarnação como Elias.

Mais uma prova, na Bíblia, de um princípio básico espírita, a evolução espiritual, na qual se verifica a ascensão dos espíritos que, em se melhorando, passam de uma ordem inferior para outra mais elevada (*O Livro dos Espíritos*, item 114).

João Batista, testificando a grandeza espiritual de Jesus e comparando-a com o próprio grau evolutivo espiritual, afirmou: "Aquele que vem de cima é sobre todos; aquele que vem da terra é da terra e fala da terra. Aquele que vem do céu é sobre todos" (João 3:31).

Portanto, o Mestre atingiu grande elevação espiritual ("veio das alturas") e, segundo o espiritismo (*A Gênese*), foi definido como:

> [...] um espírito superior da ordem mais elevada, colocado por suas virtudes bem acima da humanidade terrestre. Sua missão, pelos inúmeros resultados que produziu, foi daquelas que somente são confiadas aos mensageiros diretos da

divindade. Jesus não foi o próprio Deus, foi um enviado de Deus; um messias divino.

Ainda mais:

> De todas as faculdades que se revelaram em Jesus nenhuma estava fora das condições da humanidade e podia ser encontrada também no comum dos homens, pois estão em a Natureza. Mas, pela superioridade de sua essência moral e de suas qualidades fluídicas, elas atingiam em Jesus proporções acima das do vulgo. São as qualidades que caracterizam o estado dos espíritos puros. Aquilo que Jesus fazia era demasiado simples e não se afastava das leis da Natureza.

Para o precursor, João Batista, ainda era obrigatório o renascer na carne, achando-se no nível espiritual dos chamados "filhos de mulher" ("vem da terra, é da terra e fala da terra"), conquanto se encontrasse no derradeiro degrau dessa faixa evolutiva ("o maior de todos os nascidos de mulher").

POR QUE JOÃO BATISTA FOI DEGOLADO?

A resposta surge cristalina, através do que ensina o consolador prometido, tendo por base a pluralidade das existências. Elias, no Monte Carmelo, acirrou os malsinados sacerdotes de Baal e, sendo vitorioso no desafio, assassinou a todos à espada, no ribeiro de Quisom (1-Livro de Reis 18:40 e 19:1).

O profeta utilizou a lâmina de uma espada como instrumento de justiça, empregando a violência. Pela lei de ação e reação, tão sabiamente ensinada pelo Cristo, sabemos que Elias, o tesbita, ao tocar criminosamente nos sacerdotes idólatras, assumiu um débito espiritual, o qual foi resgatado quando reencarnado como o precursor. Passou pelo mesmo sofrimento físico, ao ser decapitado também à espada.

As vítimas faziam parte de uma seita idólatra que adorava o deus Sol e praticavam um culto, cujos ritos consistiam em atos libidinosos e prática de holocaustos em crianças. Além de queimarem os infantes, como sacrifício ao deus Baal, eram afeitos à prática de adivinhações e agouros (2-Reis 17:17).

Elias, no Monte Carmelo, propôs um desafio aos sanguinários sacerdotes, consistindo na possibilidade da combustão espontânea de dois novilhos após a invocação dos deuses de Baal e do Deus do profeta.

Os idólatras, em não conseguindo fazer cair fogo dos céus, sem resposta de Baal, começaram a se retalhar com facas e lancetas até derramarem sangue, porém não houve resposta. Com Elias, ocorreu o contrário: após rogar ao Senhor, aconteceu a combustão automática dos animais, deixando os sacerdotes atemorizados e enfraquecidos.

Em verdade, como clamou Kardec, o querido codificador da doutrina consoladora de Jesus, em *A Gênese*: "O mal é ausência do bem, como o frio é falta de calor. Onde o bem não existe, forçosamente existe o mal" (Cap. III: "O bem e o mal").

Em uma reunião mediúnica, um benfeitor espiritual disse o seguinte:

> – Mesmo estando em um ambiente inteiramente escuro, se acendermos um pequenino fósforo, a obscuridade se dissipa. Trevas correspondem à falta de luz. Basta pequenina chama luminosa para afastar a escuridão que nos assedia.

O clamoroso erro cometido pelo profeta foi o de prender e matar todos os sacerdotes ao fio da espada, às margens do ribeiro de Quisom. Utilizou Elias a espada como instrumento de justiça e empregou a violência para defender suas ideias.

Portanto, a degolação de João Batista foi consequência da dívida contraída quando viveu na Terra como Elias.

Enfatizou Jesus que "o escândalo é inevitável, mas ai daquele homem por quem o escândalo vem!". O rei Davi, no Salmo 28, versículo 4, exclama: "Paga-lhe segundo as suas obras" [...] Paulo, na *Epístola aos Romanos*: "[...] que retribuirá a cada um segundo o seu procedimento".

Realmente, o que o homem semeou na carne (reencarnado), da carne (reencarnado novamente) ceifará a corrupção (Carta aos Gálatas 6:7). "Com o juízo com que julgardes, sereis julgados, e, com a medida com que tiverdes medido vos hão de medir a vós".

Elias, ao atingir criminosamente os sacerdotes de Baal, adquiriu um débito espiritual e teria de expurgá-lo. E assim o fez, quando, reencarnado como João Batista, o precursor do Cristo, passou pela mesma aflição de ter sido decapitado à espada, necessitando "nascer de novo" para purificar o seu espírito, com a mesma experiência dolorosa sentida pelos idólatras de Baal por sua vontade.

Jesus não mencionou o Batista como "filho do Homem", qualificação do indivíduo que não está mais sujeito à reencarnação na Terra, só o fazendo por missão. Ao contrário: qualificou-o como aquele que deveria resgatar o débito contraído como Elias, no ribeiro de Quisom. Por ter assassinado os profetas de Baal, necessitava ainda passar pelos ciclos reencarnatórios ("filho de mulher").

ELIAS E MOISÉS, CONVERSANDO COM JESUS

Os dogmáticos religiosos, igualmente, acreditam, infantilmente, que essa prova de reencarnação não existe, porque, no fenômeno de efeitos físicos, no Alto Monte, quem apareceu materializado foi Elias e não João Batista, desde que o espiritismo prega que o precursor é o profeta do *Antigo Testamento* reencarnado. Pela dedução infeliz dos que desconhecem a verdade que liberta, quem deveria estar ao lado do Mestre seria o espírito materializado de João Batista, se João Batista fosse realmente Elias reencarnado.

Parafraseando Jan Huss, um dos grandes reformadores religiosos, os espiritistas, de início, na réplica, clamariam: "Santa Ignorância!", argumentando depois, baseados na doutrina consoladora, que o ser desencarnado pode assumir a forma espiritual que desejar, porquanto, através do pensamento e da vontade, age sobre o meio extrafísico.

Diz Kardec:

> [...] Para os espíritos, o pensamento e a vontade são o que é a mão para o homem. Pelo pensamento, eles imprimem, àqueles fluidos, tal ou qual direção, aglomerando-os, combinando-os ou dispersando; eles organizam, com esses fluidos, conjuntos que apresentam uma aparência, uma forma, uma coloração determinada; mudam-lhes as propriedades, como um químico muda a dos gases ou de outros corpos, combinando-os segundo certas leis.

O codificador arremata:

> É a grande oficina ou laboratório da vida espiritual. Algumas vezes, essas transformações resultam de uma intenção; doutras, são produto de um pensamento inconsciente. Basta que o espírito pense uma coisa, para que esta se produza, como basta que modele uma ária, para que esta repercuta na atmosfera (*A Gênese*, cap. XIV-14).

Assim sendo, o ser espiritual se exibiu com a aparência de Elias, de acordo com sua vontade, mesmo tendo sido o precursor em sua última vivência terrena.

O fato de o espírito aparecer e se comunicar com os encarnados é explicado pela doutrina espírita, quando aborda o fenômeno mediúnico de efeitos físicos. Alguns textos dos evangelhos podem ser revelados: 1- "Apareceram-lhes Moisés e Elias, conversando com ele" (Mateus 3:17). Dois ilustres desencarnados, completamente materializados, dialogando com o Cristo. Logo após, os discípulos presentes tiveram o ensejo de ver outro evento tangível de ectoplasmia ("uma nuvem luminosa os encobriu") e o fenômeno de voz direta ("uma voz vinda da nuvem"), descritos em Mateus 3:5.

É digno ressaltar que Pedro e seus companheiros "achavam-se premidos de sono" (Lucas 9:32). Apesar da presença do Mestre, que, por si só seria suficiente para causar o singular acontecimento, os apóstolos ali presentes estavam efetivamente cedendo ectoplasma, desde que, em sua grande maioria, os médiuns de materialização ficam profundamente adormecidos durante as sessões.

Assim como foi verificado nas pesquisas científicas com Florence Cook e Mme. D'Espérance, em que as médiuns, despertas e lúcidas, viram as entidades materializadas, Pedro, Tiago e João, já acordados, observaram os profetas do *Antigo Testamento* com tanta lucidez, que Pedro manifestou a vontade de armar tenda para eles.

Os religiosos dogmáticos, não sabendo explicar tão marcantes fenômenos mediúnicos, tentam negá-los, relatando que os mesmos foram irreais, tratando-se de uma ilusão ou fantasia. Diante de tal postura, brevemente afirmarão que a materialização de Jesus igualmente foi fruto de uma alucinação coletiva, quando, na realidade, a aparição tangível do Mestre obedeceu às mesmas leis observadas no alto monte (naturais e não sobrenaturais).

A única e sublime diferença é que o fenômeno da ectoplasmia de Jesus transformou o mundo, ressaltando acentuadamente a sobrevivência do ser, constituindo-se em pedra basilar do cristianismo.

Presenciando a materialização do Mestre, os discípulos revigoraram-se e, firmes e resolutos, constituíram-se na mola motriz responsável pela expansão da doutrina cristã. A aparição do Cristo foi pioneira, dentre todos os fenômenos de ordem física descritos na Bíblia, em "anunciar Luz" a todos os povos, conforme se verifica em *Atos dos Apóstolos* (26:23).

Repudiando a fé cega, que obscurece o pensamento do homem que crê sem saber e onde se acredita que a sorte do espírito já está selada após o decesso físico, o Mestre descerra os véus da ignorância, voltando do Além e revelando-nos a morte da morte.

Como acontece habitualmente nas reuniões de ectoplasmia, onde se verifica o aparecimento de luz intensa e materialização de objetos, Mateus descreve uma "nuvem luminosa" envolvendo a todos que se achavam no "monte da transfiguração". Vinda da nuvem uma voz se fez audível: "Este é meu filho amado, em quem comprazo: a ele ouvi".

Para os estudiosos da fenomenologia mediúnica, o fenômeno referido denomina-se voz direta ou pneumatofonia, que, segundo Allan Kardec, em *O Livro dos Médiuns* (Capítulo XII-150), consiste de sons vocais, provindos do mundo espiritual, que imitam a voz humana e ocorrem quase sempre espontaneamente.

Curioso é que exatamente o legislador que, segundo o literalismo bíblico, proibira o contato com os mortos, surge materializado, ressurgindo do Além. O fato de não sancionar a comunicação mediúnica já revela sua veracidade, pois que só se pode opor veto ao que realmente existe.

Em verdade, assim como a doutrina espírita, Moisés não aceitava a mediunidade canalizada para coisas pessoais, visando proveito próprio. A oposição era para o intercâmbio mediúnico com entidades não esclarecidas, exercido principalmente para fins divinatórios, porquanto necromancia é a invocação dos mortos para adivinhações.

O contato com os mortos praticado pelos sinceros adeptos do monoteísmo não era condenado, como se verifica em 2 *Crônicas* 33:18:

Os demais acontecimentos do reinado de Manassés, inclusive sua oração a seu Deus e as palavras que os videntes lhe falaram em nome do Senhor, o Deus de Israel, estão escritos nos registros históricos dos reis de Israel.

Em *Números* (11:26):

Dois homens haviam permanecido no acampamento: um deles se chamava Eldade, e o outro, Medade. O espírito também os alcançou e pousou sobre eles; ainda que não tivessem vindo à Tenda, embora estivessem entre os escolhidos. E assim, puseram-se a profetizar no acampamento.

Moisés, sendo chamado, não proibiu o intercâmbio mediúnico e ainda exclamou: "Tens tu ciúmes por mim? Quem dera que todo o povo do Senhor fosse profeta, e que o Senhor pusesse o seu espírito sobre ele!" (*Números* 11:29).

Na *1ª Epístola de João* (4:1), há a seguinte orientação: "Amados! Não deis crédito a qualquer espírito: antes, provai os espíritos se procedem de Deus". O texto, realmente, sela a veracidade do intercâmbio mediúnico, não havendo a proibição geral de consultar os mortos.

O Mestre aproveitou a ocasião para solicitar dos discípulos discrição a respeito do fenômeno observado, envolvendo a materialização dos luminares do *Antigo Testamento*, Moisés e Elias, desde que, a partir da faculdade exercida por si própria, após o decesso físico, o acontecimento ectoplasmático seria revestido de maior fidedignidade e divulgação, e, então, todos os discípulos e seguidores aceitariam normalmente a possibilidade de intercâmbio com os mortos.

Narra o livro *Atos* (1:3):

Ainda a eles, apresentou-se vivo depois de sua paixão, com muitas provas incontestáveis: durante quarenta dias apareceu-lhes e lhes falou do que concerne ao Reino de Deus.

Afinal, Jesus, assim como Moisés e Elias, ressurgiu dos mortos naturalmente, comprovando um dos princípios básicos do espiritismo: a existência da comunicação dos espíritos com os vivos.

Outro pormenor importante pode ser apontado: o Mestre não repudiou o contato com os mortos. Muito pelo contrário! Incrementou-o, tratou de lhe dar força, como se deu diante dos apóstolos, deixando-se tocar pelo incrédulo Tomé, confirmando a utilidade e a importância da manifestação mediúnica.

Ao mesmo tempo, a realidade da pluralidade das existências tem como corolário a certeza da sobrevivência da individualidade após o fenômeno da morte, desde que reencarnar significa nascer novamente em outro corpo. Quem "nasce de novo" é o espírito, revestido de um envoltório semimaterial, energético, denominado perispírito ou corpo espiritual.

Conforme foi apontado nesta obra, nos capítulos II, XII e XVIII, os mortos vivem, e muitos cientistas famosos e conceituados comprovaram e continuam a atestar a realidade da existência da dimensão espiritual e do retorno do espírito à carne pela reencarnação.

Uma questão poderia ser feita aos exegetas dogmáticos, parafraseando o Cristo: "São mestres de Israel e não sabem disto" (João 3:10).

E para vocês, leitores amigos: – "Quereis reconhecer que João Batista é mesmo Elias que estava para vir?" (Mateus 11:14).

> Depois de ter bradado novamente em alta voz, Jesus entregou o espírito. Naquele momento, o véu do santuário rasgou-se em duas partes, de alto a baixo. A terra tremeu, e as rochas se partiram. Os sepulcros se abriram, e os corpos de muitos santos que tinham morrido foram ressuscitados.

E saindo dos sepulcros, depois da ressurreição de Jesus, entraram na cidade santa e apareceram a muitos (Mateus 27:50-53).

O espiritismo explica todos esses acontecimentos de forma racional, sem tachá-los de sobrenaturais. No momento glorioso de seu desenlace, o Mestre, certamente, exteriorizou grande quantidade de ectoplasma, o que foi o veículo da ocorrência dos fenômenos de efeitos físicos ocorridos, inclusive as materializações de entidades boas, espiritualmente evoluídas ("santos").

Interessante a didática do evangelista Mateus, deixando bem clara a afirmação de que eram espíritos desencarnados e conhecidos em Jerusalém: "saindo dos sepulcros".

[...] "Aquele que não nascer de novo não pode ver o Reino de Deus" (João 3:3).

Jesus, igualmente, enfatizou a existência da doutrina da reencarnação, no diálogo com o erudito judeu, membro do tribunal supremo da Judeia (Sinédrio), chamado Nicodemos, o qual procurou o Cristo, na calada da noite, e, prontamente, considerou-o um mestre, vindo da parte de Deus.

O meigo nazareno, diante de um sábio, aproveitou a ocasião para lhe falar de uma doutrina que oferece argumentações conformes à razão: "Na verdade, na verdade te digo que aquele que não nascer de novo não pode ver o reino de Deus". Disse-lhe Nicodemos: "Como pode um homem nascer, sendo velho? Porventura pode tornar a entrar no ventre de sua mãe, e nascer?" (João 3:3-4).

Está bem claro que Nicodemos entendeu que Jesus falava de um renascimento na carne, porém desconhecia inteiramente como esse surgimento se verifica, mesmo sendo um sábio e mestre em Israel.

Então, o Cristo respondeu: "Na verdade, na verdade te digo que aquele que não nascer da (de) água e do (de) espírito não pode entrar no reino de Deus" (João 3:5).

Segundo o professor Pastorino, no original grego, não há artigo antes das palavras água e espírito, estando certa a tradução como: "nascer de água" (nascer em água) e "nascer de espírito" (pela reencarnação do espírito). Ficaria, então, o texto: "Em verdade, em verdade te digo: quem não nasceu em água e em espírito, não pode entrar no reino de Deus".

O Mestre, de fato, como um ser de escol, extremamente sábio, já na condição de espírito puro, quando foi o artífice da formação do orbe terráqueo, há bilhões de anos, ministrou a Nicodemos o que hodiernamente seria uma aula de Biologia.

A célula embrionária é constituída de 95% de água, formada pelo encontro do espermatozoide com o óvulo. Os dois quase compostos de 100% de água. Ao mesmo tempo, o pequenino ser se desenvolve na chamada bolsa d'água, o líquido amniótico.

A água representa o grande elemento gerador da vida física, sendo também o constituinte essencial de todas as criaturas vivas. A formação de um corpo físico é, então, resultante de outro corpo físico, ou seja, carne gerando carne: "O que é nascido da carne é carne..." (João 3:6).

Contudo, o excelso Mestre vai mais além, aprofundando-se ainda mais, revelando um fato transcendental que é a presença do ser espiritual, preexistente, dotado da imortalidade, unindo-se à vestimenta somática, necessitando de uma vibração mais densa para a sua ascensão evolutiva.

O espírito, centelha divina aprimorada e individualizada, necessita da arena física, com sua resistência própria, para despertar e exteriorizar suas potencialidades ("O reino de Deus dentro de si"): "O que é nascido do espírito é espírito" (João 3:6).

Tentando negar o processo reencarnatório, constituindo uma lei natural para a humanidade, as religiões tradicionais desvirtuam o sublime ensinamento crístico, transmitido a Nicodemos, tentando passar a imagem de um renascimento moral, dizendo que Jesus estaria falando da nova vida ("nascer de novo"), a qual a criatura possa experimentar quando aceita o Cristo como Salvador.

Infelizmente, a história das religiões revela que essa renovação espiritual não é acompanhada de uma transformação profunda de atitudes e comportamentos morais. Que adianta o ser penetrar e sair dos locais de culto religioso, considerando-se salvo, sem uma transformação radical e intensa no seu íntimo?

Não basta apenas possuir a fé e entender o Mestre como o Salvador da humanidade; o que importa é a modificação interior, que não é forçada, nem exercida com muita dificuldade e angústia; porém flui normalmente e se exterioriza por meio de obras e atitudes espontâneas para o bem.

Assim ressaltou o discípulo Tiago, corroborando que a fé não pode estar distanciada do esforço individual do ser, traduzida na prática do bem: "[...] foi pelas obras que a fé se consumou" (2:2), e conclui, mais adiante: "Porque, assim como o corpo sem espírito é morto, assim também a fé sem obras é morta" (2:26).

"Crer no Senhor e ser salvo" importa – à custa de renúncia, sacrifício, abnegação – saber perdoar, dar-se enfim. Aquele que crê em Jesus segue incondicionalmente suas pegadas e se esforça para retificar todas as imperfeições criadas e incrustadas no interior da criatura e deixar que a essência divina se exteriorize e possa ser observada por todos, através do exemplo e da prática de boas obras.

Mais uma vez, Tiago enfatiza: "Qual é o proveito, se alguém disser que tem fé, mas não tiver obras? Pode, acaso, semelhante fé salvá-lo?" (2:14). "Mostra-me essa tua fé sem as obras, e eu, com as obras, te mostrarei a minha fé" (2:18).

No *Apocalipse*:

> Bem-aventurados os mortos que desde agora morrem no Senhor. Sim, diz o espírito, para que descansem das suas fadigas, pois as suas obras os acompanham (14:13). Aquele

que diz: Eu o conheço, e não guarda os seus mandamentos, é mentiroso, e nele não está a verdade (1-João 2:4). Então o Rei dirá aos que estiverem à sua direita: 'Venham, benditos de meu Pai! Recebam como herança o Reino que lhes foi preparado desde a criação do mundo. Pois eu tive fome, e vocês me deram de comer; tive sede, e vocês me deram de beber; fui estrangeiro, e vocês me acolheram; necessitei de roupas, e vocês me vestiram; estive enfermo, e vocês cuidaram de mim; estive preso, e vocês me visitaram (Mateus 25:34-36).

Importante ressaltar que, em momento tão importante, onde há referência da salvação, da separação do joio do trigo. Não foi feito qualquer registro a respeito de se crer em Jesus e do seu sacrifício na cruz. Sequer alusão aos sacramentos, liturgias, locais de cultos ou menção ao rótulo de cristão. São declarados eleitos os que amam o próximo. O magnânimo codificador, com muito acerto, asseverou: "Fora da caridade não há salvação" (*O Evangelho segundo o Espiritismo*).

Como já foi mencionado no cap. I deste livro, no final do encontro memorável com Nicodemos, Jesus, guia e modelo da humanidade (LE – questão 625) o qual mandava o seu recado à humanidade, utilizando-se da segunda pessoa do singular, repentinamente fala a todos os homens da Terra, conjugando o verbo na segunda pessoa do plural, enfaticamente revelando uma grande verdade: "Não te maravilhes de te ter dito: Necessário vos é nascer de novo" (João 3:7).

A doutrina espírita assevera que a encarnação humana é primordial, ensinando que "a união do espírito e da matéria é necessária" (LE, questão 25) e que "os espíritos têm que sofrer todas as vicissitudes da existência corporal" (LE – questão 132), como igualmente "criados simples e ignorantes se instruem nas lutas e tribulações da vida corporal" (LE – questão 133).

Os bons espíritos, segundo a codificação kardequiana, são os que conseguiram "predominância sobre a matéria" (questão 107). Bem clara, também, a afirmativa doutrinária de que "os espíritos puros percorreram todos os graus da escala e se despojaram de todas as impurezas da matéria" (questão 113) e que, "para ganhar experiência, é preciso que o ser espiritual conheça o bem e o mal. Eis por que se une ao corpo" (questão 634).

SALDAR DÉBITOS ASSUMIDOS ATRAVÉS DA REENCARNAÇÃO

Consequentemente às faltas praticadas em vivências transatas, a reencarnação serve, igualmente, de porta aberta para o ser extrafísico se libertar do complexo de culpa e do império do remorso que infernizam sua consciência.

Sendo imortal e cidadão da eternidade, apresentando-se lesado, em sua vestimenta perispirítica, o espírito é impelido pela misericórdia divina a uma existência retificadora. Sob as bênçãos do "nascer de novo", a individualidade extrafísica recebe a cura espiritual tão ansiada, desde que exterioriza e vinca na vestimenta orgânica, a desarmonia imperante alhures no corpo espiritual.

Relata o mestre Jesus que o sofrimento, vivenciado pelo espírito, é transitório e existem meios de expurgá-lo – "resgatando o último ceitil" (Mateus 5:25-26).

O *Novo Testamento* enfatiza, também, que "o Cristo visitou e pregou aos que estavam na prisão" (Pedro 3:19), revelando a possibilidade de saldar os débitos assumidos, reencarnando em um novo corpo, já que o ato de pregar indica-nos a chance da retificação, fazendo com que o indivíduo desperte para uma nova realidade, saindo do cipoal da culpa e do remorso, em decorrência do arrependimento, compreendendo verdadeiramente que há um novo sentido para a vida e poder desenvolver suas qualidades. As fases seguintes da regeneração do ser que lesou o próximo serão a expiação e a reparação de suas infrações.

Na impossibilidade do resgate expiatório de suas faltas, as quais poderiam ser até amenizadas ou excluídas, através do "amor que cobre multidão de erros" (Pedro 4:8), ou devido ao fato de repetir, em diversas oportunidades reencarnatórias, os mesmos condicionamentos malsãos, enfatizou, Jesus, da possibilidade emergencial da remissão, por meio das lesões congênitas, proporcionando o nascimento ("entrar na vida") de mancos, aleijados ou cegos, no sentido de ser alcançada a redenção espiritual (Mateus 18:7).

As malformações, as agenesias, as doenças degenerativas, verificadas já na fase embrionária ou fetal, indicam uma necessidade premente de a entidade reencarnante conquistar a retificação curadora, pois que Deus é amor (l João 4:8) e nenhuma ovelha se perderá (Lucas 15:3-6).

Perante o Universo, em alguma morada na Casa do Pai, a individualidade imortal terá a oportunidade de tornar-se um "filho pródigo", ouvindo em seu íntimo as palavras bondosas da paternidade divina, dizendo: "... Este meu filho estava morto e reviveu; estava perdido e foi achado..." (Lucas 15:24).

Os religiosos dogmáticos, em detrimento de muitos versículos das Escrituras, onde a verdade reencarnacionista é inquestionável, citam infantilmente uma passagem, no livro de Hebreus, onde está escrito: "Aos homens está ordenado morrerem uma só vez e, depois disso, o juízo".

O texto está referindo-se à personalidade, ao corpo que dá oportunidade de crescimento evolutivo à individualidade, o espírito imortal. O corpo físico é composto por água e minerais e tem, naturalmente, uma existência limitada.

A alusão pelos literalistas bíblicos de que Lázaro tinha morrido e Jesus o trouxe de volta à vivência física está em desacordo com esse texto de *Hebreus,* o qual esses exegetas tanto valorizam, achando que ao citá-lo estariam dando um piparote no espiritismo.

O homem, personalidade terrena, está destinado à morte; contudo, a entidade espiritual nunca fenece e reencarnará tantas vezes quantas se fizerem necessárias. Após o decesso da vestimenta somática (morte), a individualidade espiritual alça o voo da libertação; sujeito, contudo, ao juízo que se processa nos refolhos mais íntimos do seu ser, muitas vezes amargurado pelo remorso que parece lhe consumir como chamas ardentes de uma fornalha.

A doutrina da reencarnação explica, com sensatez e lógica, as adversidades do caminho e os golpes do destino. Assim como o mestre Jesus questionou a Nicodemos, o mesmo faria aos exegetas adversários e negadores do "nascer de novo": Vocês são mestres de Israel, e não sabem disso?

Capítulo XVII

Odisseia de um ser que foi escravo

A OBRA KARDEQUIANA É um manancial de informações e ensinamentos a respeito da doutrina do "nascer de novo". Temos a certeza de que o mundo científico, já dando os seus primeiros passos, atestará, em futuro não muito distante, em definitivo, sua suprema realidade.

A despeito da vontade ou opinião de quem quer que seja, a reencarnação existe, conciliando e explicando as leis de justiça e equidade, ressaltando, em sua clara evidência, um determinismo providencial.

O homem, então, defrontando-se com o clarão da realidade palingenésica, descortinará, pela ótica da imortalidade, que é hoje consequência do ontem e, na próxima vivência na carne, colherá o que está semeando no presente.

Afinal, a humanidade é constituída de uma só família, irmã de Jesus e filha da Grande Consciência Cósmica ou Deus, definido, no evangelho do Cristo, como amor.

Graças à Sua infinita e misericordiosa tolerância, o excelso Criador concede a cada um de Seus filhos o que merece e o que necessita na sua ascensão evolutiva espiritual.

Quem prejudica seu semelhante vinca em sua vestimenta espiritual os mesmos desequilíbrios e miasmas produzidos, sendo causa de sofrimento intenso, o qual terá seu fim, no momento certo, quando puder desabrochar, no corpo somático, sua distonia ou deficiência, conseguindo expurgar as intrínsecas mazelas.

Pela bendita e oportuna reencarnação, não tendo condições de se erguer, através do amor, expurgará seus erros, passando por experiências expiatórias semelhantes às que causou, sendo esse o instrumento pedagógico necessário para o seu progresso, auferindo a chance de avaliar bem o que causou e aproveitar a bendita e misericordiosa oportunidade de sair da condição de verdugo, vivenciando a reconfortante posição de vítima. Depois, partir para a reparação, saldando seus débitos assumidos com seus adversários de antanho.

Não existe o acaso, as dessemelhanças da vida humana são esclarecidas e justificadas pelo espiritismo. Se a reencarnação não fosse uma realidade, certamente teria que ser recriada, porquanto nenhuma outra doutrina se revela tão convincente e conforme à razão, oferecendo argumentação firme e consonante com os princípios da justiça divina, sendo consequência da lei do progresso, inerente a todas as criaturas.

UM SER COMPROMETIDO COM A LEI DIVINA

Em uma reunião mediúnica, a mensagem de um irmão espiritual foi assaz importante para a explicação e comprovação, na prática, da odisseia de um ser envolvido com a lei divina. Através da psicofonia, deixou-nos a seguinte informação:

> Em minha última existência reencarnei no solo árido da África, cercado de muita pompa e riqueza. Nasci em uma família nobre. Por força das circunstâncias, já que era o úni-

co filho do monarca que governava a região, seria muito em breve levado ao trono.

Era assaz vaidoso, tinha um orgulho bem exaltado, gostava da reverência e do agrado que todos me manifestavam. Contudo, sentia algo que remoía todo o meu ser, trazendo-me muita tristeza. Tinha tudo que um homem terreno poderia almejar; menos a felicidade. Intuitivamente pressentia que alguma coisa trágica e horrível ainda iria acontecer.

De súbito, o terror e o pavor assenhorearam-se de minha tribo, uma vez que homens brancos, bem armados e dispostos a tudo, invadiram nossos domínios, abusaram de nossas mulheres, maltrataram nossas crianças, mataram nossos velhos e nos fizeram, a todos os jovens, prisioneiros.

Minha premonição concretizou-se. Realmente, intensa depressão tomou conta de mim. Reconheci-me como animal aprisionado, visto que me colocaram em uma jaula. Amarraram minhas mãos e pés. Observavam-me como um caçador olha sua presa. Não entendia o que falavam, entretanto, sabia que eu era importante para eles, porque me alimentavam bem e deixavam-me saciar a sede profusamente. Não imaginava, até então, que esses homens, tão brutos e tão selvagens, estariam sequestrando-me, juntamente com todos os jovens da minha raça, e levando-me de navio para outras paragens.

Quanta tristeza! Que dor imensa me consumia! Ao observar, com os olhos da visão terrena, pela última vez, a minha terra, pensava, então: Por que tanta maldade? Por que passava por tudo aquilo?

Orava aos deuses e eles não me respondiam.

Dentro da embarcação, passei por muitas atribulações. Além do pânico, angústia, terror e medo que me assolavam ininterruptamente, eu não era mais suprido satisfatoriamente de alimentos e de água. Muitos jovens guerreiros morreram sem nenhum cuidado, completamente ignorados por nossos algozes. Foram jogados alguns, com tênue vida, aos tubarões.

Ao término da viagem a população aprisionada era bem menor.

Para minha surpresa, aportamos em terras também quentes, como se tivesse dado uma volta bem longa e retornado à África. Logo me certifiquei de uma nova realidade: muitos homens brancos estavam a nossa espera, e nos olhavam com grande interesse, semelhante à observação de uma pedra preciosa por um garimpeiro. Tocavam nossos corpos, perscrutando-os demoradamente. Observei que os mais fortes eram logo separados do grupo, enquanto os interessados discutiam entre si, quem dentre eles seria detentor das melhores presas.

Surgimento do diabólico feitor

Nossos capturadores foram regiamente pagos e pulavam de alegria, exultando-se com a nossa desgraça. Continuamos acorrentados. Um homem de feições diabólicas, com os músculos da face enrijecidos, portando um chicote, olhava-me com ódio. Era um feitor, alguém que tomava conta dos escravos, vigiando-os, para que não fugissem, e surrando-os, para que aprendessem bem as lições. Esse homem, de nome Anastácio, tornou-se, a partir de então, um carrasco para mim. Não tinha conhecimento do motivo de tanta violência, engendrada por ele contra mim, pois que era inocente, nunca tendo feito mal para ele nem para sua família. Constantemente, era espancado sem motivo nenhum, colocando-me no tronco, e divertia-se a valer, açoitando-me à vista de todos.

Não tinha direito a nada, minha liberdade só existia aparentemente em sonhos. Algumas vezes ele se deliciava, ao desnudar parcialmente algumas escravas, para tentar atormentar-me através do sexo. Ele me forçou a viver uma vida casta, embora não fosse essa a minha vontade, porquanto possuía desejos como qualquer jovem. Contudo, foram-me reprimidos através da subjugação física, isto é, Anastácio não me largava, era um autêntico obsessor encarnado!

Mantinha-me preso constantemente. Lembro-me que, muitas vezes, tinha a minha concentração voltada, dentro da cela habitual, para uma pequenina réstia de luz que, persistente e amiga, se introduzia por um pequeno orifício do teto onde me encontrava, a iluminar-me, como se naquele momento estivesse reverenciando-me. Passava muitos dias abandonado, completamente jogado e largado na escuridão, onde roedores e insetos repelentes chamavam, satisfatoriamente, a minha atenção.

Não entendia o porquê de tanta perseguição. Afinal, trouxeram-me para trabalhar arduamente no campo, mas, pouquíssimas vezes, era levado para a lavoura. Meu inimigo mantinha-me sempre como refém. Apesar dos maus-tratos, da alimentação precária e do lugar fétido onde estava aprisionado, vivi muitos anos.

Momento da desencarnação

Um dia, a porta da minha prisão abriu-se, subitamente, e ouvi uma voz grave, dizendo:

– O que está fazendo este velho acorrentado? O que fez ele?

Eram duas as pessoas a olhar-me com desprezo. E a resposta veio imediata:

– O falecido Anastácio mantinha-o preso. Pouco produziu até agora e, com suas forças físicas quebrantadas, nenhuma valia tem para o serviço. Joguem-no ao mar!

Colocaram-me em um pequeno barco a remo que, prontamente, se dirigiu ao mar alto. Amarraram uma corda com um peso em um dos pés. E o outro pé foi preso com arame, junto às mãos. E assim, jogaram-me n'água. Em minutos que me pareceram séculos, a asfixia, devido aos pulmões encharcados, fez-se presente. Que sensação horrível! Minha cabeça parecia um redemoinho, girando de frente para trás, isto é, lembrava-me com rapidez de todo o meu passado. Via cenas de minha infância com muita nitidez.

De repente, senti-me duplo. Via meu corpo físico inerte, subjugado pelo mar, sofrendo o assédio de peixes vorazes e, ao mesmo tempo, me sentia livre, sem nenhum impedimento. Observava facilidade em mover-me e experimentava grande vigor mental. Surpreendia-me estar dentro d'água e poder respirar com grande facilidade, embora não compreendesse o que se passava.

Socorro espiritual

Surgiu, então, ao meu redor, um ser resplandecente, que, sorrindo e afagando minha fronte, logo se identificou:

– Sou um enviado do Cristo. Vim socorrer-te e trazer-te alívio.

Ao mesmo tempo em que me sentia grato, manifestava-se em mim o retorno da insatisfação. O emissário do Alto, olhando-me com carinho, manifestando-me grande amor, exclamou:

– Querido irmão, não te revoltes. Abre teu coração. Não julgues os desígnios divinos, porquanto o mal existe dentro de nós. O Pai, em Sua infinita bondade, eternamente, nos concede a possibilidade da reparação.

Reminiscências

Colocou sua destra à minha frente e orou fervorosamente. Estava sendo acometido por um sono irresistível e, imediatamente, **comecei** a sonhar. Encontrava-me vendo muitas pessoas vestidas dos pés à cabeça com muitos panos. Algumas gritavam com ardor. Via, também, animais estranhos ao redor e, subitamente, deparei-me com um homem de longas barbas brancas, de pequena estatura, gordo, e que aparentava estar em plena felicidade, já que pensava nas inúmeras moedas de ouro que breve teria em seu poder. Que estranho! Eu sabia que ele era eu!

Ouvi gritos, lamentos, choros intensos, pedidos de súplica e, então, me achava diante de belas, porém infelizes mulheres, que se apresentavam amarradas por cordas e despertavam um grande frenesi na plateia.

Logo entendi o que se passava. Aquele homem, que era eu, se apresentava feliz, uma vez que parecia ouvir os ruídos metálicos das moedas, que cada vez mais perto estavam do seu poder. Não se preocupava com o sofrimento das moças. Trazia-as subjugadas, para revendê-las como mercadoria de grande valor.

Acordei e, novamente, encontrava-me diante daquele ser angelical. Ele, percebendo minha admiração, disse-me:

– Não existem seres criados à parte por Deus. O que pensas ser anjos, estes são criaturas humanas desencarnadas que já cresceram espiritualmente, que se reencontraram com sua própria identidade divina. Nós todos albergamos a centelha do Criador que nos dá a vida. Quando nós todos nos conscientizarmos de que somos deuses e que o reino de Deus vive, em verdade, dentro de nós, aí então nos sentiremos como "anjos". Amado irmão... Muito sofreste na erraticidade porque o remorso tomou conta de ti. Teu perispírito apresentava-se maculado, exigindo mergulho na carne. Com tanto sofrimento remoendo o teu interior, dificilmente limparias a tua vestimenta espiritual através do "amor que cobre multidão de erros". Daí a agonia ter-te acompanhado por quase toda a vivência física. É necessário frisar que a intensidade da tua dor foi diretamente proporcional à que criaste dentro de ti, praticando o mal.

– Divino ser, como explicar semelhante ódio daquele que foi meu torturador?

– Esse irmão foi utilizado por muitos de teus adversários do passado que encontraram nele o ideal receptáculo para a desforra. O irmão Anastácio teve suas faculdades medianímicas aproveitadas pelos malfeitores do Além.

– Teve, Anastácio, alguma participação em minha infeliz experiência como mercador de escravas brancas?

– Não. Porém, estamos todos ligados vibratoriamente. Quando alguém acena para o mal, produz uma desarmonia energética que será captada por todos os seres viventes do Universo. Um pequeno deslize, perante as leis divinas, repercute mais além. O amor, ensinado pelo Cristo, é a síntese da harmonia espiritual e rege todo o equilíbrio do Cosmos. Foste abençoado pela lei de ação e reação, e a revolta não deve mais persistir em teu espírito. Antes que viesses ao mundo, o remorso te acompanhava, assim como a figura simbólica do "inferno que seguia o cavaleiro no seu cavalo amarelo", citado no Apocalipse. Vai com o pensamento sempre voltado para o Cristo amoroso e leva a todas as criaturas necessitadas, doentes da alma e do corpo, o remédio salutar. Trabalha incessantemente para que seja semeada, no coração humano, a chama ardente da fraternidade. Dá tudo de ti para espargir, sobremaneira, a concórdia entre todos os homens; caminha na terra com os olhos voltados para as estrelas, sendo capaz de refletir suas luzes sobre todos aqueles que cruzarem o teu caminho. Sê, em verdade, o discípulo do Mestre que acenderá no coração dos homens a chama imperecível do amor, afastando com seus clarões indistintos as trevas, fazendo com que nasça a alvorada, sempre e cada vez mais, diante da eternidade.

Encerrando a comunicação, a entidade protagonista do relato, assim se expressou:

> Agradeço de coração a receptividade desse testemunho e que possa ter sido útil aqui e alhures. Na verdade, o meu objetivo é fazer-lhes pensar, meditar muito no que aqui expus. Lembrem-se de que a história existe para ser contada cada vez mais, como também servir de exemplo para que os erros aí contidos não mais se repitam.

Capítulo XVIII

Reencarnação na Bíblia

Inquestionavelmente, a doutrina da reencarnação está contida nos textos bíblicos, conforme atestam o espiritismo e muitos honestos e sábios exegetas.

Significante registrar o testemunho do saudoso pastor Nehemias Marien, da Igreja Presbiteriana Bethesda, de Copacabana, cidade do Rio de Janeiro, autor do livro *Transcendência e espiritualidade*.

Nehemias, em entrevista concedida à repórter Fátima Farias, publicada no jornal Tribuna Espírita, da Paraíba, faz importantes afirmações a respeito da presença da palingênese nos textos escriturísticos antigos.

Foi apresentado pela jornalista como:

> Nehemias é um pastor sensível, que transmite muito carisma, e afirma ter uma mentalidade holística. Assume sua mediunidade, fala sobre as evidências da reencarnação, em várias passagens bíblicas, e abre espaço para pregação da doutrina espírita em sua igreja. É que, para ele, o espiritismo é o mais caudaloso afluente do cristianismo; a Bíblia, o mais antigo livro de psicografia e mediunidade; Cristo, o

médium perfeito. E diz que a mentalidade kardecista, todos nós a temos.

Realmente, as evidências da doutrina das vivências sucessivas ou reencarnação, na Bíblia, são marcantes, e o exegeta estudioso, compromissado com a verdade que liberta, descortina-a e divulga--a com denodo e coragem.

Em *A Gênese*, capítulo 4, item 6, Kardec diz que:

> [...] a Bíblia, evidentemente, encerra fatos que a razão, desenvolvida pela ciência, não poderia hoje aceitar e outros que parecem estranhos e derivam de costumes que já não são os nossos. Mas, a par disso, haveria parcialidade em se não reconhecer que ela guarda grandes e belas coisas. A alegoria ocupa ali considerável espaço, ocultando sob o seu véu sublimes verdades, que se patenteiam, desde que se desça ao âmago do pensamento, pois que logo desaparece o absurdo.
>
> Por que então não se lhe ergueu mais cedo o véu? De um lado, por falta de luzes que só a ciência e uma sã filosofia podiam fornecer e, de outro lado, por efeito do princípio da imutabilidade absoluta da fé, consequência de um respeito ultracego à letra, e, assim, pelo temor de comprometer a estrutura das crenças, erguida sobre o sentido literal.

Na obra *Visão Espírita da Bíblia*, o saudoso filósofo, parapsicólogo e escritor espírita, Herculano Pires, afirma que "a Bíblia é muito valiosa para os espiritistas estudiosos porque é o maior e o mais vigoroso testemunho da verdade espírita na antiguidade".

A reencarnação é denominada também palingenesia ou palingênese, onde *palin* significa "novo" e *genese*, nascimento. Etimologicamente, as palavras provêm do grego: *palin*, de novo, e *gignomai*, que significa "gerar'. Foi ensinada e divulgada desde os tempos antigos, milênios antes da vinda do Cristo.

Na Índia antiga, os *Vedas* (escrituras sagradas de várias religiões) afirmavam:

> Da mesma forma que nos desfazemos de uma roupa usada para pegar uma nova, assim a alma se descarta de um corpo usado para se revestir de novos corpos. Eu e vós tivemos vários nascimentos. Os meus só são conhecidos de mim; vós não conheceis os vossos; Eu tive muitos nascimentos e tu também...
>
> A alma é a semente de todos os seres e pela alma é que as criaturas existem. [...] Tudo quanto foi feito num corpo anterior deve, sem dúvida, ser gozado ou sofrido (Krishna, no *Bhagavad Gita*).

No Egito antigo e, igualmente, na velha Grécia, o "nascer de novo" já era conhecido, principalmente pelos iniciados.

> O homem retorna à vida várias vezes, mas não se recorda das suas pretéritas existências exceto algumas vezes em sonho. No fim, todas essas vidas lhe serão reveladas (Texto egípcio, em 1320 a.C).
>
> Ninguém pode ser salvo sem renascer e sem livrar-se das paixões que entraram no último nascimento espiritual. (Hermes Trimegisto, ano 1250 a.C.).
>
> Antes de nascer, a criança já viveu, e a morte não é o fim. (Papiro egípcio, 3000 a.C.).

Em 1320 a.C., o papiro Anana: "O homem volta à vida várias vezes, disso se recorda em sonho ou por algum acontecimento relacionado com outra vida".

O Livro dos Mortos do Antigo Egito, 2000 a.C.:

> Honra a ti, Osíris, Ó Governador dos que se encontram no paraíso, tu que fazes renascer os mortais, que renovas sua juventude...

Zaratustra ou Zoroastro, profeta e poeta nascido na Pérsia (atual Irã):

> Aquele que retorna à Terra e faz o bem, segundo o seu conhecimento, segundo suas palavras, ações e intenções, este recebe um dia uma recompensa que convenha aos seus méritos... Aquele que durante o período de vida na Terra vive na dor e no desgosto, sofre por causa de suas palavras mesquinhas ou de suas más ações num corpo anterior, pelo que é punido no presente.

Sócrates e Platão atestaram a reencarnação, introduzida na Grécia por Pitágoras, o qual, depois de passar 30 anos no Egito, relatou que:

> [...] a alma nunca morre, mas recomeça uma nova vida, muda de domicílio, tomando outra forma. Quanto a mim, já fui Euforbes, no tempo da guerra de Troia, e lembro-me perfeitamente bem do meu nome e dos meus pais, bem como fui morto em combate com o rei de Esparta [...], mas, embora vivendo em vários corpos, a alma é sempre a mesma, pois só muda a forma. (572-492 a.C.)

Sócrates afirmou:

> Estou convencido de que vivemos novamente e que os vivos emergem dos que morreram, e que as almas dos que morreram estão vivas. As almas, depois de haverem estado no Hades o tempo necessário, são reconduzidas a esta vida em múltiplos e longos períodos.

Platão (427-347 a.C.) dizia que "aprender é recordar". Certa feita, assim se expressou:

> Ó tu, moço ou jovem que te julgas abandonado pelos deuses, sabe que, se te tornares pior, tu irás ter com as piores almas, ou, se melhor, irás se juntar às melhores almas, e em toda sucessão de vida e morte farás e sofrerás o que um igual pode sofrer, merecidamente, nas mãos de iguais. É esta a justiça dos céus.

Disse Buda:

> Os seres humanos que se apegam demasiado aos valores materiais, são obrigados a reencarnar incessantemente, até compreenderem que *ser* é mais importante que *ter*. Que julgais ser maior: a água do vasto oceano ou as lágrimas que vertestes, quando, na longa caminhada, tu errastes de renascimento em renascimento?

Cícero:

> Outro forte indício de que os homens sabem a maioria das coisas antes do nascimento é que, quando crianças, aprendem fatos com enorme rapidez, o que demonstra que não os estão aprendendo pela primeira vez, e sim os relembrando.

Diógenes Laércio, século I, historiador e biógrafo dos antigos filósofos gregos:

> A alma veste vários corpos em tempos diferentes, e a alma, presa ora nesta criatura, ora naquela, assim percorre uma ronda ordenada pela necessidade.

O historiador judeu Flávio Josefo, na obra *História dos hebreus*, pág. 416, relata que os fariseus, grupo religioso do qual fazia parte, acreditavam peremptoriamente que:

> [...] as almas são imortais e que são julgadas em outro mundo e recompensadas ou castigadas segundo foram neste, viciosas ou virtuosas; que umas são eternamente retidas prisioneiras nessa outra vida e que outras voltam a esta.

Os hebreus possuíam uma doutrina secreta, a Cabala, e um de seus postulados é a *palingenesia*.

Os judeus contemporâneos de Jesus acreditavam na possibilidade das vivências reencarnatórias, desde que, em alguns textos de *O Novo Testamento*, fizeram menção do Mestre ter sido algum profeta que tinha reencarnado (Lucas 9:8; Marcos 6:15). Os próprios discípulos tinham algum conhecimento do "nascer de novo na carne", desde que suas perguntas a Jesus traziam, com muita propriedade, fundamentos reencarnatórios, como, por exemplo, no episódio do cego de nascença, quando o Cristo foi questionado a respeito da causa espiritual da cegueira.

Se a reencarnação não fosse uma doutrina calcada na verdade, Jesus, certamente, aproveitaria a ocasião para negá-la e chamar a atenção dos seus seguidores a respeito do assunto. A propósito, o homem não vidente, reencarnou privado do sentido da visão, sem conotação expiatória, tratando-se de condição missionária ("nem ele, nem seus pais erraram").

Kardec, em *O Evangelho segundo o Espiritismo*, fez a seguinte afirmativa: "A reencarnação fazia parte dos dogmas dos judeus, sob o nome de ressurreição" (Capítulo 4: item 4). O saudoso professor Carlos Juliano Torres Pastorino, catedrático da Universidade Federal de Brasília, autor da excelente obra *Sabedoria do evangelho*, enfatiza que os verbos gregos *egeírô* (estar acordado, despertar) e *anístêmi* (tornar a ficar de pé, regressar) são comumente traduzidos por "ressuscitar", indicando erroneamente haver a chamada "ressurreição dos corpos ou da carne", a qual se apresenta como aberração científica, desde que, depois do falecimento do corpo, o mesmo se desintegra em a Natureza e suas moléculas ou átomos passam a fazer parte da constituição de novos veículos físicos ("o pó volta à terra, como o era...", em *Eclesiastes* 12:7).

A não existência da ressurreição do corpo, em desacordo com o dogmatismo, é ensinada por Paulo: "A carne e o sangue não podem herdar o reino dos céus"; e "Semeia-se corpo natural, ressuscitará corpo espiritual".

Digno ressaltar que o codificador recebeu de um profitente espírita uma carta, na qual é solicitada a resposta da pergunta de um sacerdote a respeito de qual dos corpos tomará o espírito Elias no juízo final, anunciado pela Igreja, para se apresentar ante Jesus Cristo: "Será o primeiro ou o segundo?"

Kardec, de início, menciona que a questão formulada pode ser remetida à que foi proposta a Jesus pelos saduceus:

> – Mestre, Moisés ordenou que se alguém morresse sem filhos, seu irmão desposasse sua mulher, e suscitasse filhos a seu irmão morto. Ora, havia entre nós sete irmãos, dos quais o primeiro, tendo desposado uma mulher, morreu, e, não tendo deixado filhos, deixou a mulher a seu irmão. A mesma coisa aconteceu ao segundo, ao terceiro e a todos os outros, até o sétimo. Enfim, a mulher morreu depois de todos eles. Assim, quando vier a ressurreição, de qual dos sete ela será esposa, tendo sido esposa de todos?
>
> Jesus lhes respondeu:
>
> – Estais em erro, pois não compreendeis as Escrituras nem o poder de Deus, porque, depois da ressurreição, os homens não terão esposa, nem as mulheres marido, mas serão como

os anjos de Deus no céu. E no que concerne à ressurreição dos mortos, não lestes estas palavras que Deus vos disse: Eu sou o Deus de Abraão, o Deus de Isaac e o Deus de Jacob? Ora, Deus não é o deus dos mortos; mas dos vivos. (Mateus XXII:23-32).

O codificador, com o mesmo brilhantismo de sempre, afirma:

> Já que depois da ressurreição os homens serão como os anjos do céu, e que os anjos não têm corpo carnal, mas um corpo etéreo e fluídico, então os homens não ressuscitarão em carne e osso. Se João Batista foi Elias, não é senão uma mesma alma, tendo tido duas vestimentas deixadas em duas épocas diferentes na Terra, e não se apresentará nem com uma nem com a outra, mas com o envoltório etéreo, próprio ao mundo invisível.
>
> Assim será na ressurreição dos mortos. O corpo, como uma semente, está agora na Terra, pleno de corrupção, e ressuscitará incorruptível. Ele é posto na Terra todo disforme, mas ressuscitará glorioso. Ele é posto na Terra privado de movimento, mas ressuscitará pleno de vigor. Ele é posto na Terra como um corpo animal, mas ressuscitará como um corpo espiritual.

Paulo, na 1ª Epístola aos Coríntios, reafirma a respeito da ressurreição dentre os mortos:

> Semeia-se o corpo em corrupção; ressuscitará em incorrupção. Semeia-se em ignomínia, ressuscitará em glória. Semeia-se em fraqueza, ressuscitará com vigor. Semeia-se corpo natural, ressuscitará corpo espiritual. Se há corpo natural, há também corpo espiritual.

A doutrina espírita denomina o corpo espiritual perispírito, a vestimenta da alma após a morte. O ser imortal ressurge ou ressuscita na dimensão dos mortos com o seu corpo espiritual ("ressurreição do espírito").

Destaca o codificador:

> Assim, os mortos não ressuscitarão com sua carne e seu sangue, e não necessitarão reunir seus ossos dispersos, mas terão seu corpo celeste, que não é o corpo animal.
>
> **(*Revista Espírita*, dezembro de 1863.)**

Na mesma obra, citada acima, Kardec diz que o dogma da ressurreição da carne não contou com a Química, ciência que "nos ensina uma coisa positiva. É que o corpo do homem, com todas as substâncias orgânicas animais e vegetais, é composto de elementos diversos, dos quais os principais são: o oxigênio, o hidrogênio, o azoto e o carbono".

Continua o codificador:

> Ela ainda nos ensina – e notai que é um resultado da experiência – que, com a morte, esses elementos se dispersam e entram na composição de outros corpos, de tal forma que, ao cabo de certo tempo, o corpo inteiro é absorvido. É também constatado que o terreno onde abundam as matérias orgânicas em decomposição são os mais férteis, e é à vizinhança dos cemitérios que os maus crentes atribuem a proverbial fecundidade dos jardins dos senhores curas de aldeia.

Continua esclarecendo, com genialidade, o mestre de Lyon:

> Suponhamos, então, senhor cura, que sejam plantadas batatas nas proximidades de um sepulcro. Essas batatas vão alimentar-se dos gases e dos sais provenientes da de-

composição do corpo do morto; essas batatas vão engordar galinhas; vós comereis essas galinhas, as saboreareis, de tal sorte que o vosso próprio corpo será formado de moléculas do corpo do indivíduo morto, e que não deixarão de ser dele, posto tenham passado por intermediários.

Complementa, então, Kardec:

> Então tereis em vós partes que pertenceram a outros. Ora, quando ressuscitardes ambos, no dia de juízo, cada um com seu corpo, como fareis? Guardareis o que tendes do outro ou o outro retomará o que lhe pertence, ou ainda tereis algo da batata e da galinha? É uma pergunta ao menos tão grave quanto a de saber se João Batista ressuscitará com o corpo de João ou com o de Elias. Eu a faço na sua maior simplicidade, mas julgai do embaraço se, como acontece de fato, tendes em vós porções de centenas de indivíduos. Aí está, a bem dizer, a ressurreição da carne. Outra, porém, é a do espírito, que não leva consigo os seus despojos.

Portanto, não existe a ressurreição dos corpos e nem as Escrituras afirmam esse absurdo teológico e científico. Em verdade, segundo Pastorino, a ressurreição é dos mortos, ou seja, *anástasis ek tõn nekrõn*, em grego. O espírito, com seu corpo espiritual "ressurge", "torna a ficar de pé", "regressa", tanto no despertar no Além, após o decesso físico, quanto reencarnando.

Alguns exemplos de ressurgimento do espírito, na dimensão espiritual, após a morte do seu corpo somático, podem ser observados na *Bíblia*:

> E que os mortos hão de ressuscitar também o mostrou Moisés junto da sarça, quando chama ao Senhor Deus de Abraão, e

Deus de Isaac, e Deus de Jacó. Ora, Deus não é Deus de mortos, mas de vivos; porque para Ele vivem todos (Lucas 20:37-38).

E, respondendo, Jesus disse-lhes: Os filhos deste mundo casam-se, e dão-se em casamento; mas os que forem havidos por dignos de alcançar o mundo vindouro, e a ressurreição dentre os mortos, nem hão de casar, nem ser dados em casamento; porque já não podem mais morrer; pois são iguais aos anjos, e são filhos de Deus, sendo filhos da ressurreição (Lucas 20:34-36).

E Jesus, tendo ressuscitado na manhã do primeiro dia da semana, apareceu primeiramente a Maria Madalena, da qual tinha expulsado sete demônios. E, partindo ela, anunciou-o àqueles que tinham estado com ele, os quais estavam tristes e chorando. E, ouvindo eles que vivia, e que tinha sido visto por ela, não o creram. E depois se manifestou de outra forma a dois deles, que iam de caminho para o campo. E, indo, estes o anunciaram aos outros, mas nem ainda estes creram. Finalmente apareceu aos onze, estando eles assentados juntamente, e lançou-lhes em rosto a sua incredulidade e dureza de coração, por não haverem crido nos que o tinham visto já ressuscitado (Marcos 16:9-14).

Madalena e a outra Maria, quando foram ao sepulcro, viram um espírito materializado: "O seu aspecto era como um relâmpago, e a sua veste alva como a neve" (Mateus 28:3).

Comunica-se pessoalmente com o discípulo Tomé, inicialmente incrédulo, negando o retorno do Cristo ao convívio com seus discípulos.

O querido Mestre é o maior exemplo da certeza da vida após a vida. Ele mesmo atestou a imortalidade, revelando a morte da morte, continuando a viver. Jesus atestou o intercâmbio mediúnico, comunicando-se com os seus discípulos, em algumas oportunidades. A materialização do Cristo (mediunidade de efeitos físicos), ressaltando a sobrevivência do ser, constitui-se em pedra basilar do cristianismo.

Muitos exegetas, principalmente espíritas, acreditam e divulgam que a doutrina da reencarnação foi anatematizada pelo Clero, no Concílio de Calcedônia e no V Concílio de Constantinopla. Em verdade, foram apenas rejeitadas as antigas ideias de Orígenes, mantidas por seus seguidores, as quais alimentavam o absurdo pensamento de que a vida física representa sempre uma punição para o ser extrafísico que tenha cometido alguma infração. Além de tudo, relatam que o espírito já é criado puro e, vivenciando o estado angelical, comete um erro.

Portanto, acreditavam em conceitos fantasiosos, ressaltando a retrogradação dos espíritos, totalmente contrário ao que prega a doutrina espírita, enfatizando não haver retrocesso na evolução espiritual.

As criaturas extrafísicas não sofrem decadência, não perdem nada do que já conquistaram e, se vivenciam a bondade, não podem se tornar maus, e, ao mesmo tempo, a doutrina da reencarnação não se caracteriza como castigo divino, é inerente à caminhada evolutiva, obrigatória no sentido do progresso espiritual, como ensinou o mestre Jesus a Nicodemos e a toda a humanidade, dizendo: "Necessário vos é nascer de novo".

De qualquer forma, Orígenes discordava do dogmatismo, divulgando a preexistência do ser, negando a absurda afirmação clerical de que a criação da individualidade é realizada junto com a formação do seu corpo físico.

Se a constituição do espírito fosse contígua à sua organização somática, Paulo nunca teria afirmado, em *Romanos*, 9:13, que Deus teria dito a Rebeca sobre os gêmeos por nascerem: "Amei a Jacó, porém me aborreci de Esaú".

Interessante observar e comprovar na Bíblia (Sabedoria 8:19-20), mais uma vez o saber espírita, com a citação da preexistência do espírito ("Eu era um bom rapaz"), a revelação da reencarnação ("por isso caí em um corpo") e a conquista, na evolução espiritual, de poder renascer em um corpo saudável. Em outras traduções, encontra-se "corpo intacto".

Igualmente, a presença do ser espiritual preexistindo à vestimenta física, em Jeremias 1:5: "Antes que te formasse no corpo da tua mãe, eu já te conhecia". Aqui está claríssima a afirmação de que o espírito preexiste ao corpo de carne. Se Jeremias era citado antes de ser gerado o seu corpo de carne, é perfeitamente justificável que tenha certamente tido uma vivência pretérita. A continuação do texto não nos deixa dúvidas: "Antes que saísses da madre, te consagrei e te constituí profeta às nações". Jeremias já era um ser superior (consagrado), tendo conquistado esse patamar da evolução, em vida passada.

Portanto, o espírito, antes de reencarnar, já era prestigioso, recebendo a missão de ser um profeta às nações. Acreditar que alguém possa ser criado perfeito fere todos os princípios da divindade, pois seria uma injustiça, que, de forma alguma, seria praticada por um ente superior, perfeito.

No *Evangelho de João*, cap. 3: vers. 8, Jesus afirma que "o vento (espírito) sopra (se manifesta) onde quer, e ouves a sua voz, mas não sabes donde vem, nem para onde vai; assim é todo aquele que é nascido do espírito".

O ser não foi formado, no momento da fecundação, já que o versículo relata uma preexistência da qual se desconhece a origem: "Não sabes donde vem, nem para onde vai". Se o indivíduo fosse criado no mesmo instante da formação do corpo físico, saber-se-ia de onde veio, já que em pleno cadinho materno teria origem.

No *Evangelho de João*, há a informação de que o Batista "foi enviado por Deus para servir de testemunho da luz". Se ele foi mandado, é por que já existia antes de nascer, recebendo a excelsa incumbência de reencarnar para preparar o terreno por onde o Mestre passaria, sendo seu fiel precursor.

Concomitantemente, se veio como testemunha, como poderia

revelar alguma coisa, se estava sendo criado junto com seu corpo físico? Em caso de negação da preexistência do espírito, como poderia declarar algo já visto, ouvido ou conhecido previamente?

Urge que o dogmatismo empreenda esforços de retificação de seus obsoletos conceitos, deixando de ser órfão espiritual, acompanhando Jesus, na figura do seu excelso enviado, o consolador prometido, ensinando todas as coisas e lembrando tudo o que o Mestre disse.

Assimilando os princípios fundamentais do espiritismo, como a imortalidade da alma, a mediunidade, a reencarnação e a evolução do espírito imortal, todos contidos na Bíblia, o processo de fenecimento das religiões dogmáticas, principalmente na Europa, será interrompido, desde que a fé será firmemente alicerçada na razão e no discernimento.

Lendo, perscrutando e interpretando os textos bíblicos, à luz do ensinamento espírita, os exegetas das religiões tradicionais atestarão a "verdade que liberta" (João 8:32), não mais subjugados à letra dogmática, mas santificados pelo espírito de um novo testamento que desencarcera.

Certamente, tempo surgirá em que a doutrina espírita iluminará e resgatará todas as pessoas que terão a oportunidade de afinar com seus magnânimos princípios, fortalecendo a fé e solidificando a esperança no coração humano. Com a disseminação dos ensinos espíritas, as crenças dogmáticas irão incorporar esses ensinos, iniciando um processo de renovação, na medida em que o materialismo esvanecerá, por estar alicerçado em hipóteses por demais simplórias, como a criação do mundo e de todos os seres regida pelo acaso, surgindo, espontaneamente, toda a harmonia e ordem do Cosmos, sem a presença de uma causa inteligente.

Da mesma forma, a formação do ser humano, regida em milênios de evolução, é verificada, observando-se que de uma única célula se constituam mais de cem trilhões de outras, criando aparelhos e órgãos, sem a presença de um substrato energético superior, acreditando-se em fatores casuais.

Do encontro do espermatozoide com o óvulo, surge o corpo humano, constituindo o indivíduo, o qual consegue, inclusive, chegar à intimidade dos genes e descobrir tantas coisas, conseguindo descortinar, até mesmo, sua gênese biológica. Um efeito inteligente biológico não pode ser consequência de um fator aleatório que surgiu por acaso, de jeito algum, apenas resultante do trabalho de proteínas específicas.

O homem, observando o Universo, penetra uma dimensão situada muito além da compreensão humana, porquanto as distâncias se revelam incomensuráveis. No Cosmos, há algumas centenas de bilhões de galáxias e cerca de dez bilhões de trilhão de planetas. Uma galáxia é composta de uma centena de bilhão de estrelas. Acredita-se que a Via Láctea tenha uma dimensão de 100.000 anos-luz. O homem, viajando na velocidade da luz (300.000 km/seg.), para cruzar somente sua galáxia, teria que ter uma existência superior a de 100.000 anos.

Somente na vibração espiritual um ser poderia percorrer o Cosmos. Em verdade, o mundo sideral espelha, em sua complexidade, beleza e harmonia, a existência de uma inteligência superior que não pode ser atribuída ao nada, ao acaso, e muito menos a um ser, conforme ensina o dogmatismo, que criou o mundo em apenas seis dias, descansando no sétimo.

Ainda hoje, os admiradores não racionais da Bíblia acreditam que o Universo foi criado há 6 mil anos, discordando inteiramente da ciência. Interpretando contra a verdade a parábola do Gênesis, negam a teoria da evolução e tacham-na de "demoníaca", apesar do grande desenvolvimento cultural e científico de nosso tempo revelar sua existência. E Darwin, injuriado e anatematizado pela Igreja, quando buscava a verdade através da razão! Tudo isso é negado com base na crença absoluta de livros que, embora inspirados, foram manipulados pelos homens nas suas diversas cópias e traduções.

Embora a Astronomia nos revele a grandiosidade do Cosmos, com seu oceano de bilhões de galáxias, continuam os conhecedores profundos de "O Livro dos Livros" a afirmar que a vida só existe na Terra, não entendendo o Cristo quando declarou: "Na casa de meu Pai há muitas moradas..."

Realmente a casa do Pai é o Universo, e a vida não poderia ser criada somente em um minúsculo orbe do insignificante sistema solar, situado na borda exterior da grande Via Láctea e iluminado por uma estrela de quinta grandeza, ofuscada por aproximadamente cem bilhões de outras, somente em nossa galáxia.

O deus em que o dogmatismo acredita, depois de ter formado o homem sobre a terra, se arrependeu do que fez e, igualmente, de haver constituído Saul rei (Gênese 6:6) e (1-Samuel 15:11). Conseguintemente, esse mesmo deus também se apresenta sanguinário, mandando matar sem a menor hesitação até crianças de peito (1- Samuel 15:3).

Para o dogmatismo, a divindade se apresenta antropomórfica, como se ressalta no mais famoso afresco no teto da Capela Sistina, mostrando-a, dando vida a Adão feito à Sua semelhança. Foi pintado por Michelangelo no ano de 1511.

Os espíritas, interessados no estudo bíblico, exercem imparcialidade e honestidade, sem fanatismo e sem escravizarem-se à letra.

Baseados no raciocínio são, na razão, que repudia a fé cega, contrária à ciência e ao progresso, sabem que a Bíblia foi escrita e traduzida por homens; portanto, sujeita a erros e deslizes.

De maneira nenhuma há aceitação do *credo quia absurdum*, fazendo da Bíblia verdadeira idolatria. Como ensinava Allan Kardec, deve-se observar o simbolismo e o espírito de que estão investidas as letras das Escrituras. Já o exegeta ortodoxo assim não procede e cumpre rigorosamente os ensinamentos que emanam dos textos, considerando-os divinos de capa a capa.

Realmente, contra o obscurantismo religioso e científico, o Céu nos brindou, através de Jesus, a doutrina espírita, como o consolador prometido, incumbido de renovar, de purificar, de tornar sã a atmosfera sufocante exteriorizada pelo dogmatismo e pelo materialismo.

No espiritismo, todos os seus princípios são fundamentados na razão, acompanhando o progresso científico. Disse Kardec: "Fé inabalável é somente aquela que pode encarar a razão, face a face, em todas as épocas da humanidade".

Importante o pronunciamento do espírito São Luís, encontrado em *O Livro dos Espíritos*, questão 1010:

> Reconhecer-se-á em breve que o espiritismo ressalta a cada passo do próprio texto das Escrituras Sagradas. Os espíritos, portanto, não vêm subverter a religião, como alguns o pretendem. Vêm, ao contrário, confirmá-la, sancioná-la por provas irrecusáveis.

Realmente, a doutrina espírita surgiu com o escopo de fecundar as religiões, conforme explana:

> Não há nenhum sistema antigo de filosofia, nenhuma tradição, nenhuma religião, que seja desprezível, pois em tudo há germens de grandes verdades que, se bem pareçam

contraditórias entre si, dispersas que se acham em meio de acessórios sem fundamento, facilmente coordenáveis se vos apresentam, graças à explicação que o espiritismo dá [...] (Resposta da questão 628 de *O Livro dos Espíritos*).

O espiritismo faz parte de uma cadeia de ensinamentos espirituais, começando pelas afirmações dos profetas do *Antigo Testamento* (primeira revelação divina à humanidade), seguindo-se a presença marcante de Jesus e de seu redentor evangelho (segunda revelação divina à humanidade) e a apresentação luminosa do consolador (terceira revelação divina à humanidade).

A última expressão divina corresponde a uma síntese das duas anteriores, desde que o espiritismo surgiu em uma época propícia de desenvolvimento intelectual e agraciado com a presença espiritual dos antigos profetas e propagadores das duas primeiras revelações à humanidade, conforme explana o espírito Henri Heine:

Mais de um patriarca, mais de um profeta, mais de um discípulo do Cristo, mais de um propagador da fé cristã se encontram no meio deles (espíritas), porém, mais esclarecidos, mais adiantados, trabalhando, não já na base, e sim na cumeeira do edifício (*O Evangelho segundo o Espiritismo*, capítulo XX-3, Paris, 1863).

Continuando na tarefa de buscar na Bíblia textos que levam à existência da reencarnação e iluminado pela luz da razão e da verdade, é imperiosa a citação de *Hebreus*, capítulo 11, versículos 35 a 38:

As mulheres receberam pela ressurreição os seus mortos; uns foram torturados, não aceitando o seu livramento, para alcançarem uma melhor ressurreição; e outros experimentaram escárnios e açoites, e ainda cadeias e prisões. Foram apedrejados e tentados; foram serrados ao meio; morreram ao fio da espada; andaram vestidos de peles de ovelhas e de cabras, necessitados, aflitos e maltratados.

Realmente, o texto não aborda a ressurreição do corpo, o qual é um dogma fundamental das igrejas tradicionais, sem qualquer fundamento científico e religioso. Com muita clareza, a ressurreição aludida é a do espírito, reencarnando na carne.

Logo, de imediato, a verdade se faz presente, a premente certeza do "nascer de novo", pois a criatura espiritual só pode ressurgir na organização materna, participando primeiramente do processo da fecundação realizado na parte distal da trompa, depois a *nidação* amorosa se verificando no útero. Por esse motivo, com muita propriedade, o autor de *Hebreus* cita somente as mulheres como promotoras da "ressurreição de seus mortos".

A gestação é um período de transformações físicas e emocionais muito importantes para a mulher, constituindo um momento deveras transcendental, porquanto a futura mamãe verifica, no seu cadinho uterino, a materialização na carne de um ser que emerge da vida imortal. Que sublime e grandiosa missão outorgada a um ser por Deus, concedendo a uma pessoa a tarefa de poder igualmente gerar!

O espírito, centelha divina aprimorada e individualizada, necessita da arena física, com sua resistência própria, para despertar e exteriorizar suas potencialidades ("o reino de Deus dentro de si").

A encarnação humana torna-se uma necessidade para a individualidade extrafísica, porquanto "criada simples e ignorante se instrui nas lutas e tribulações da vida corporal, dela sofrendo todas as vicissitudes". O ser espiritual precisa despojar-se de todas as impurezas da matéria e, finalmente, conseguir predomínio sobre ela. A doutrina espírita igualmente ensina que "para ganhar experiência é preciso que o espírito conheça o bem e o mal. Eis por que se une ao corpo".

No casulo uterino, o espírito reencarnante e sua genitora vivenciam juntos, espiritualmente e biologicamente, um momento expressivo e inesquecível, amalgamando suas vibrações espirituais, em completo êxtase. Em verdade, constatam nesse instante um acontecimento divinal: "o milagre do amor".

A reencarnação propicia a reabilitação depois da saída da prisão do espírito infrator da lei divina (Mateus 5:26), porquanto, após o arrependimento, parte para o resgate de seus débitos, através da expiação e da reparação.

Na questão 998 de *O Livro dos Espíritos* está explícito que "a expiação se cumprirá mediante as provas da vida corporal", exatamente o que se verifica nos textos citados acima, em *Hebreus*, descrevendo mais de uma vez a passagem da criatura pelas agruras do sofrimento, visando o seu despertamento, avaliando bem o que causou a outrem, e, deixando de ser algoz, passa para o estado de vítima.

Paulo, consciente da importância desse sofrimento expiatório, assim se expressa: "Tolerais quem vos escraviza, quem vos devore, quem vos detenha, quem se exalta, quem vos esbofeteie no rosto" (2 Coríntios 11:20), consequência de quem não conseguiu "reconciliar-se com o seu adversário enquanto estava a caminho (da vida corporal) com ele". Jesus alerta que a responsabilidade é pessoal: "A cada um segundo as suas obras!" (Mateus 16:27).

Mais uma prova bíblica da reencarnação é revelada, principalmente quando alude à preexistência do espírito, cujo princípio anda de mãos dadas com a doutrina da reencarnação, porquanto o ser que vem à carne já existia anteriormente.

Mais uma vez é citado o desvelado texto do livro de Jeremias: "Antes que saísses da madre, te santifiquei; às nações te dei por profeta". Sem a preexistência do espírito, o texto se torna obscuro, desde que o ser ainda não era nascido, fora santificado e ainda outorgado com uma faculdade missionária. Aceitando-se a criação do espírito junto com a formação do corpo físico, de forma alguma poderia ser a criatura beneficiada com benesses não conquistadas e, portanto, Deus se enquadraria como injusto.

Perscrutando o texto anterior –"Assim veio a mim a palavra do Senhor, dizendo: Antes que te formasse no ventre, te conheci" –, o clarão palingenésico surge irradiante, iluminando pela luz da razão a mente que perquire e está em busca da verdade que liberta, desde que o texto revela a preexistência do ser espiritual.

Outro trecho do *Antigo Testamento*, citado no *Gênesis*, capítulo 25, versículo 22, claramente revela a inimizade dos gêmeos Esaú e Jacó prontamente demonstrada antes do nascimento, dizendo que "os filhos lutavam dentro de Rebeca".

Algumas considerações podem ser feitas, sendo a primeira uma certeza cruel de que, pelo descrédito à reencarnação, a justiça divina fica depreciada; a segunda é a questão crucial da verificação da presença de ódio preexistindo ao berço ou a malfeita criação de espíritos ostentando já animosidade.

Enfim, o texto alude à preexistência dos seres espirituais, vivenciando antipatia e reencarnando juntos, tentando-se a reconciliação enquanto estão a caminho da vida física, renascendo juntos como irmãos gêmeos.

Sem a presença do "nascer de novo", ficaria caracterizada a certeza do prazer com a dor alheia, a perversão do sadismo por parte da divindade descrita no dogmatismo.

Admitir que os espíritos criados dentro do ventre da mulher de Isaac, já eram adversários, é duvidar da perfeição de Deus. É lógico que a inimizade teve sua causa em uma vida pretérita e reencarnaram juntos, visando uma possível reconciliação.

No Salmo 51:5, o rei Davi faz uma declaração absoluta de culpa pessoal, exteriorizando um intenso sofrimento por remorso. Afinal de contas, além de cometer adultério com Bate-Seba (2 *Samuel* 11:3-5), foi responsável pela morte do esposo dela, Urias.

Angustiado, clama a Deus a respeito de seu pecado, de sua transgressão, chegando a ponto de reconhecer que seu estado evolutivo inferior antecedia o nascimento, dizendo que quando foi gerado, no ventre materno, já revelava comprometimento com a lei divina. Mais um versículo revelando a preexistência do espírito: "Eis que em iniquidade fui formado e em pecado me concebeu minha mãe".

Outro texto bíblico, enfatizando a doutrina das vivências sucessivas: "Assim, tudo o que há, já havia existido; o que será já existiu antigamente; Deus pode renovar o que já passou!" (*Eclesiastes* 3:15).

Pela reencarnação, os ciclos se repetem, ligando o passado (vivências pretéritas) com o presente (obras atuais) e o futuro (síntese de todas as boas ações, reparação das más e restauração da consciência. Sem a presença do nascer de novo, o texto se apresenta confuso, sem entendimento.

O profeta Isaías, conhecido como profeta messiânico, reafirma a sua preexistência em espírito: "[...] O Senhor me chamou desde o meu nascimento, desde o ventre de minha mãe fez menção do meu nome" (Isaías 49:1). E igualmente:

> Mas agora diz o Senhor que me formou desde o ventre para ser seu servo, para que torne a trazer Jacó e para reunir Israel a ele, porque eu sou glorificado perante o Senhor, e o meu Deus é a minha força (Isaías 49:5).

Bem marcante a superioridade espiritual de Isaías. Reencarna com missão especial e já sendo proclamado por Deus. De forma alguma esse espírito estava sendo formado já adiantado espiritualmente. Seus méritos foram conquistados diante dos embates evolutivos proporcionados pelos múltiplos renascimentos na carne.

O alvo foi atingido, conforme explana Paulo, na Carta aos Efésios (4:13):

> A meta é que todos juntos nos encontremos unidos na mesma fé e no conhecimento do Filho de Deus, para chegarmos a ser o homem perfeito que, na maturidade do seu desenvolvimento, é a plenitude de Cristo.

No Salmo 71, versículo 20, há o relato da manifestação da crença na palingenesia por parte do rei Davi, dizendo: "[...] me restaurarás ainda a vida e de novo me tirarás dos abismos da terra". Bem clara a continuação da existência espiritual após o decesso físico e a possibilidade de sair da prisão no Além (abismos da terra), novamente, através da reencarnação.

No *Livro de Jó*, capítulo 1, versículo 21, a doutrina do nascer de novo surge cristalina: "Nu, saí do ventre de minha mãe, e, nu, tornarei para lá".

Ainda na mesma obra (capítulo 14, versículos 10 a 14):

> Quando o homem morre, perde toda a sua força, expira. Depois, onde está ele? – Se o homem morre, viverá de novo? Esperarei todos os dias de meu combate, até que venha alguma mutação? (tradução protestante de Osterwald).

Na versão da Igreja Grega:

> Quando o homem está morto, vive sempre; acabando os dias da minha existência terrestre, esperarei, porquanto a ela voltarei de novo.

No livro *A Gênese*, capítulo 11, versículo 46, Allan Kardec alerta:

[...] sem a reencarnação, a missão do Cristo seria um contrassenso, assim como a promessa feita por Deus. Suponhamos, com efeito, que a alma de cada homem seja criada por ocasião do nascimento do corpo e não faça mais do que aparecer e desaparecer da Terra: nenhuma relação haveria entre as que vieram desde Adão até Jesus Cristo, nem entre as que vieram depois; todas são estranhas umas às outras.

Continua o codificador:

A promessa que Deus fez de um salvador não se poderia entender com os descendentes de Adão, uma vez que suas almas ainda não estavam criadas. Para que a missão do Cristo pudesse corresponder às palavras de Deus, necessário é que estas se aplicassem às mesmas almas. Se estas são novas, não podem estar maculadas pela falta do primeiro pai, que é apenas pai carnal e não pai espiritual. Não tivesse sido dessa forma, Deus teria criado almas com a mácula de uma falta que não podia deixar nelas vestígio, pois que elas não existiam. A doutrina vulgar do pecado original implica, conseguintemente, a necessidade de uma relação entre as almas do tempo do Cristo e as do tempo de Adão; implica, portanto, a reencarnação.

Finaliza o insigne Kardec:

Dizei que todas essas almas faziam parte da colônia de espíritos exilados na Terra ao tempo de Adão e que se achavam manchadas dos vícios que lhes acarretaram ser excluídas de um mundo melhor e tereis a única interpretação racional do pecado original, pecado peculiar a cada indivíduo e não resultado da responsabilidade da falta de outrem a quem ele jamais conheceu. Dizei que essas almas ou espíritos renascem diversas vezes na Terra para a vida corpórea, a fim de progredirem, depurando-se; que o Cristo veio esclarecer essas mesmas almas, não só acerca de suas vidas passadas, como também com relação às suas vidas ulteriores e então, mas só então, lhe dareis à missão um sentido real e sério, que a razão pode aceitar.

Portanto, para haver coerência na questão dogmática do chamado pecado original, tem que estar embutida a doutrina da reencarnação, porquanto, segundo o dogmatismo, o "pecado" de Adão ao comer da Árvore do Conhecimento do Bem e do Mal acarretou efeitos nos seus descendentes e a morte de Cristo foi apontada como necessária para salvar a humanidade do que se chamou "pecado de origem", que seria congênito e hereditário.

Essa aberração dogmática foi causa do aparecimento de cismas, um dos principais motivos para as heresias, constituindo suficiente munição para ataque e críticas dos materialistas.

A própria Bíblia, porém, revela desapontamento em relação a essa questão, ensinando que a responsabilidade é pessoal e que os erros dos pais não podem atingir os seus descendentes, conforme explana Jeremias 31:29: "Naqueles dias nunca mais dirão: Os pais comeram uvas verdes, e os dentes dos filhos se embotaram". Nunca pode isso ocorrer, desde que "[...] de todo o homem que comer as uvas verdes os dentes se embotarão" (Jeremias: 31:30), porquanto, "a alma que pecar, essa morrerá; o filho não levará a iniquidade do pai, nem o pai levará a iniquidade do filho. A justiça do justo ficará sobre ele, e a impiedade do ímpio cairá sobre ele" (Ezequiel: 18:20).

O livro *Êxodo*, na seguinte tradução, contraria as revelações dos profetas Jeremias e Ezequiel: "[...] Eu, o Senhor teu Deus, sou Deus zeloso, que visito a iniquidade dos pais nos filhos, até a terceira e quarta geração daqueles que me odeiam". Ou: "Eu, o Senhor teu Deus, sou Deus zeloso, que castigo os filhos pelos pecados de seus pais até a terceira e quarta geração daqueles que me desprezam" (20:5).

Contudo, a *Tradução do novo mundo da Bíblia sagrada* está mais coerente com a verdade que emana dos textos bíblicos: [...] "traz punição pelo erro dos pais sobre os filhos, sobre a terceira geração e sobre a quarta geração daqueles que me odeiam".

Na obra *Analisando as traduções bíblicas*, no capítulo 8, o professor Severino Celestino da Silva relata que, nesse texto de *Êxodo*, houve a troca da preposição *al*, significando "sobre", pela preposição *ad*, significando "até", retirando o sentido reencarnacionista do ensino.

Logo, o real significado da instrução é: "visito a culpa dos pais sobre os filhos, na terceira e quarta geração dos que me odeiam", compatível com a certeza do nascer de novo, desde que o infrator terá a chance da reabilitação, retornando à arena física, na própria descendência corporal, e saldar seus compromissos com a lei divina, dando vida ao neto (terceira geração), a reencarnação do avô, ou bisneto (quarta geração), a reencarnação do bisavô. A lei divina abrange a própria "alma que erra" e não aleatoriamente a outrem.

O texto original com a preposição *al* realmente revela que os hebreus acreditavam na continuidade do nascer de novo na mesma parentela, o que é aproveitado pela espiritualidade superior, dada a afinidade vivenciada entre os espíritos familiares, podendo, por exemplo, um antepassado retornar à vida física no mesmo âmbito doméstico.

Um marcante exemplo dessa possibilidade, servindo até como confirmação, se encontra no *Livro de Isaías* (14:21), onde é aconselhado, infelizmente, o assassinato dos descendentes do rei da Babilônia e seus asseclas, para impedir, segundo eles, que houvesse pessoas capazes de receber reencarnados os espíritos do odiado monarca e seus pares.

O texto, em algumas traduções, vem a seguir: "Preparai a màtança para os seus filhos por causa da maldade de seus pais, para que não se levantem, e nem possuam a terra, e encham a face do mundo de cidades". Ou: "Preparem um local para matar os filhos dele por causa da iniquidade dos seus antepassados; para que eles não se levantem para herdar a terra e cobri-la de cidades". Ou ainda: "Por causa da maldade dos pais, promovei a matança dos filhos; não se tornem eles a levantar para submeterem a terra e encherem de cidades a face da terra".

Efetivamente, assim como os gregos criam que os espíritos, após o falecimento do corpo somático, voltavam à dimensão espiritual e se reuniam em um local chamado *Hades* e, de lá, retornavam ao cenário terreno, os antigos judeus acreditavam que as almas regressavam, após a morte, ao lugar dos mortos, denominado de *Sheol* e, igualmente, volviam à arena física (o que designavam de *anástasis* (do verbo *anístêmi*: tornar a ficar de pé ou regressar), expressão erroneamente entendida por ressurreição.

Pois bem, em Isaías, denominado "o quinto evangelista", há claras referências quanto a haver vida além do túmulo, revelando a presença vivaz e atuante dos indivíduos nos domínios espirituais.

O profeta, por ocasião da entrada no *Sheol* do despótico rei da Babilônia, nos apresenta os mortos (do hebraico *refaim*) conversando, comunicando-se, provando que os seres espirituais têm consciência de suas individualidades e que há vida de relação no Além.

Os versículos são bem claros, muito transparentes, relatando existência *post-mortem*: "Então, também tu (rei da Babilônia) foste abatido como nós, acabaste igual a nós?" (Isaías 14:10). O profeta narra que os interlocutores eram espíritos de potentados da Terra (príncipes e reis), surpresos por ver, na mesma situação, o poderoso monarca de Babilônia, o qual dizia, enquanto encarnado, que "subiria aos céus, exaltando o seu trono acima das estrelas de Deus, como também se assentando acima das mais altas nuvens, sendo semelhante ao Altíssimo" (*Isaías* 14:9 e 14:13-14). A partir daí, sugeriram o extermínio de todos os descendentes do temível soberano, acreditando no retorno do rei, encarnado, no seio desses futuros parentes.

Em 1-Samuel, está escrito: "O Senhor é o que tira a vida e a dá: faz descer ao *Sheol* e faz tornar a subir dele" (2:6). Bem clara a alusão à reencarnação: Tornar a se levantar do *Sheol*: ressurreição dos mortos (*anástasis ek tõn nekrõn*).

Capítulo XIX

CUIDAR DO CORPO E DO ESPÍRITO

É ESSENCIAL PARA O ser encarnado preocupar-se com o seu corpo físico para que possa aproveitar muito bem sua estada na Terra, tendo a chance mais facilitada do aprimoramento espiritual. Vivenciando um estilo de vida desfavorável, devido à má alimentação, diminuindo cada vez mais as horas de sono e sedentário, o indivíduo caminha aceleradamente para o suicídio inconsciente, tornando não produtiva sua atual caminhada terrena.

O ensino espírita é rico em ensinamentos acerca da importância de o ser encarnado tratar bem do seu organismo somático. O corpo físico é o instrumento passivo da alma necessitada de experiências. A exteriorização das faculdades do espírito depende de uma constituição sadia.

Na obra *O Evangelho segundo o Espiritismo*, cap. XVII, item 11, o codificador da doutrina espírita publica a mensagem do espírito protetor Jorge, enfatizando a necessidade de cuidar-se do corpo, que, segundo as alternativas de saúde e enfermidades, influi de maneira muito importante sobre a alma, que cumpre se considere cativa da carne. Fala ainda que para que essa prisioneira viva se expanda, e chegue mesmo a conceber as ilusões da liberdade, tem o corpo de estar são e disposto.

Nas relações entre o corpo e a alma, acrescenta a entidade comunicante, importa cuidar de ambos, por se acharem em dependência mútua. Depois afirma, com muita propriedade: "Amai, pois, a vossa alma, porém, cuidai igualmente do vosso corpo, instrumento daquela. Desatender as necessidades que a própria Natureza indica é desatender a lei de Deus".

O credo espírita é rico em ensinamentos acerca da importância de o ser encarnado tratar bem do seu organismo físico, veículo importante da grande viagem que o espírito realiza interiormente, descobrindo paulatinamente a divindade dentro de si. O organismo físico é o instrumento passivo da alma. A exteriorização das faculdades do espírito depende de um corpo sadio (*Mens sana in corpore sano*).

Em relação aos hábitos saudáveis, deve-se evitar o fumo e as drogas em geral, assim como a má alimentação, onde predominam alimentos ricos em carboidratos, o uso de frituras, o consumo de gorduras prejudiciais, como as saturadas e as *trans*, a ingestão de bebidas alcoólicas, refrigerantes e doces.

É importante reduzir para valer o consumo de açúcares e gorduras, como também praticar exercícios físicos aeróbicos (caminhada, natação, corrida, andar de bicicleta, pelo menos 30 minutos por dia) e anaeróbicos, pelo menos três vezes por semana, através da musculação, a qual, além de modelar o corpo, aumenta a massa muscular, exigindo maior queima espontânea de calorias.

Importante comer, em geral, muitas frutas (baixo teor de carboidratos, alto teor de fibras e pectina, ricas em vitaminas e minerais); legumes crus (idem); grãos e cascas de cereais, ricas em fibras (auxiliam a digestão, contendo muitas vitaminas e minerais). Necessário consumir bastante gérmen de trigo ou farelo de aveia ou linhaça ou amaranto, os quais dificultam a absorção de gorduras e do colesterol ruim (LDL).

Fundamental inserir no cardápio as folhas (grande quantidade de fibras, vitaminas e minerais) e, em relação às proteínas, o melhor é o pescado, de preferência oriundo de águas frias (rico em ômega-3) ou peito de frango sem pele.

Ômega-3 é uma gordura importante que não é produzida naturalmente pelo organismo, sendo assim necessário ser consumida através de uma boa alimentação rica em azeite extra virgem, semente de linhaça, nozes, castanhas, couve, espinafre e peixes, como salmão, atum e bacalhau. Neste caso, é importante que os pescados sejam consumidos cozidos, já que pela fritura o *ômega-3* é destruído.

Os mais conhecidos benefícios do *ômega-3* são a diminuição dos níveis de colesterol ruim (LDL) e de triglicerídeos, como também diminuir a pressão arterial. Ajuda a reduzir o risco de desenvolver doença de Alzheimer, demência, cansaço mental, diabetes, derrame cerebral, asma e até alguns tipos de câncer.

As fibras proporcionam a saciedade (satisfação plena do apetite) e contribuem para o funcionamento intestinal. Por meio da fermentação, pelas bactérias da flora intestinal, são geradas substâncias anti-inflamatórias.

Amaranto é um grão, símbolo da culinária inca, rico de fibras, minerais e proteínas de alto valor biológico, contendo todos os aminoácidos essenciais que o organismo não consegue produzir. Inibe, no fígado, uma enzima, responsável pela síntese do colesterol ruim (HDL). Diferente de outros vegetais, amaranto contém cálcio biodisponível (melhor absorção no organismo).

Muito importante, igualmente, considerar os antioxidantes e os probióticos. Os primeiros eliminam os radicais livres (formados naturalmente no corpo, danificando as células, acelerando o envelhecimento e as doenças cardiovasculares). As principais fontes dos antioxidantes são a jabuticaba, o açaí, a amora, o resveratrol (encontrado na uva) e a acerola.

Os probióticos são bactérias que povoam e aprimoram a flora intestinal, reforçando o sistema imunológico, reduzindo o risco de tumores intestinais, diabetes e obesidade. Fontes: leites fermenta-dos e iogurtes.

Quanto aos doces, deve-se dar preferência para os caseiros, fei-tos com frutas e gelatinas. Nunca os que contêm leite condensado integral, creme de leite e chocolate.

Recomendações importantes, dignas de salientar e enumerar:

1. Sair da mesa logo que estiver satisfeito.
2. Evitar comprar alimentos industrializados (muito sal e gordura).
3. Cuidado com os eventos sociais: consumo de salgadinhos fritos, refri-gerantes, bebidas alcoólicas e doces. Ideal fazer um lanche leve antes de sair de casa para evitar o consumo desses vilões do bem-estar.
4. Não se alimentar com gordura vegetal hidrolisada (*trans*), grande inimiga da saúde, encontrada nos alimentos industrializados (co-mida pronta, sorvetes, pães, batatas fritas, salgadinhos de pacote e fritos, pastéis, bolos, tortas, folhados, biscoitos simples e rechea-dos, bolachas, pipocas de micro-ondas, chocolates, margarinas, co-mida tipo *fast-food* etc. Recomenda-se substituí-la por óleo de coco.

A gordura vegetal hidrolisada, temível inimiga, não é absorvida pelo organismo, depositando-se nos vasos arteriais e acumulando--se no abdômen e vísceras. É um tipo específico de gordura, forma-da por um processo de hidrogenação natural (ocorrido no rúmen de animais) ou industrial (processo de hidrogenação que transfor-ma óleos vegetais líquidos em gordura sólida).

É utilizada para melhorar a consistência dos alimentos e aumen-tar a validade de alguns produtos. A carne e o leite possuem natu-ralmente pequenas quantidades dessas gorduras. Causam elevação do colesterol total, do LDL (*Low Density Lipoproteins*), o "colesterol ruim", e redução dos níveis de "colesterol bom", o HDL (*High Den-sity Lipoproteins*).

É fundamental consumir alimentos que estimulem o aumento

do HDL: frutas ricas em vitamina C (evita a oxidação do colesterol e consequente deposição nas paredes das artérias) e ricas em pectina (fibra solúvel concentrada no bagaço), como maçã, tangerina, laranja, goiaba, reduzindo a absorção de gorduras durante a digestão.

Essencial tomar chá verde, muito rico em polifenóis, responsáveis pelo fortalecimento da parede arterial e pela redução do colesterol, como também utilizar azeite, gordura benéfica com grande concentração de vitamina E, polifenóis e fitoesteroides, que protegem o coração. Não se deve aquecer o azeite, porquanto sofre modificações, transformando-se em gordura ruim.

O alho é importante, pois diminui o colesterol total e o colesterol ruim. O vinho tinto inibe a ação dos radicais livres e melhora a dilatação dos vasos sanguíneos, tomando uma taça por dia. A proteína de soja reduz a taxa de colesterol ruim.

É significante comer oleaginosas (amêndoa, castanha de caju, nozes, castanha do Pará, avelãs), fontes de *ômega-3*, vitamina E (antioxidante, preserva a saúde cardiovascular) e arginina (ótimo vasodilatador, dificultando o acúmulo de colesterol nas artérias, protegendo o coração).

Em medicina conhece-se como síndrome metabólica a associação de hipertensão arterial, barriga avantajada e colesterol alto. A obesidade abdominal tem relação com a resistência à insulina: ação do hormônio não é ideal, não tem sua atividade plena, prejudicando o aproveitamento da glicose pelas células.

A obesidade abdominal está arrolada com o depósito acentuado de triglicérides ou triglicerídeos, gordura com maior fonte de energia. Em excesso, deposita-se nos vasos arteriais (aumento no risco de doenças cardíacas e cerebrovasculares). As triglicérides ou triglicerídeos são resultantes da alimentação (80%) e igualmente produzidos no fígado (20%). Em excesso, são tão perigosos quanto os altos níveis de colesterol. Alimentos doces e farináceos ajudam na sua absorção.

Peça chave na promoção de qualidade de vida, na presente existência física, é ter hábitos alimentares adequados, em conjunto com um estilo de vida saudável, proporcionando ao espírito encarnado uma boa perspectiva de sucesso na sua trajetória evolutiva, evitando a possibilidade de uma desencarnação prematura (suicídio inconsciente), como, igualmente, oferecendo-lhe ajuda considerável diante dos embates da provação e da expiação.

Portanto, o homem tem o dever de velar pela conservação do seu corpo. O apóstolo João, em carta endereçada ao amigo Gaio, disse-lhe: "Amado... Acima de tudo faço votos por tua prosperidade e saúde, assim como é próspera a tua alma".

Paulo, também, enfatizou a importância de o organismo físico ser bem cuidado, revelando que "o corpo é o templo do espírito santo".

Assim sendo, o arcabouço somático deveria receber todos os cuidados necessários de higiene, instrução e saúde para ser produtiva a reencarnação do ser espiritual.

A Medicina enfatiza os cuidados a observar para se ter uma vida saudável, informando o que fazer para proteger o corpo e, principalmente, defendê-lo dos fatores de risco que influenciam o coração e o sistema circulatório, facilitando o aparecimento das doenças cardíacas e dos acidentes vasculocerebrais.

É imprescindível enfatizar que se deve evitar o sedentarismo, o excesso de peso e a ingestão de gorduras perniciosas.

O indivíduo que não se cuida adequadamente, com desfavorável estilo de vida, dominado pelos vícios e excessos de toda ordem, terá o seu corpo somático acometido de intensos desgastes, com comprometimento dos órgãos essenciais, acarretando a falta de retenção do fluido vital (LE – Questões 68 e 70) e, com a morte do corpo, o lento e difícil desprendimento da alma, processo conhecido como suicídio indireto.

Lembro-me de um fato que trago aos leitores deste livro: encontrava-me, na fila de compra do setor de frios de um supermercado, quando a pessoa, na minha frente, acentuadamente obesa, solicita ao atendente que lhe servisse de presunto com capa de gordura. De imediato, meditei na importância das notas e artigos, nas redes sociais e mídia em geral, ressaltando os equívocos alimentares, objetivando a instrução dos indivíduos que ignoram a alimentação saudável e se constituem em candidatos à morte prematura, vivenciando intenso sofrimento além-túmulo.

Importante frisar que é indispensável consulta ao médico, periodicamente, quando será feito o exame físico, sendo aferida a pressão arterial, anotados o peso e a estatura, auscultados coração e pulmões, palpadas as áreas importantes do corpo e solicitados os exames laboratoriais de praxe, incluindo o exame de sangue, especialmente o hemograma, a dosagem da glicose, da ureia, da creatinina e o lipidograma total, quando se constatarão os níveis do colesterol total, do LDL (prejudicial à saúde), do HDL (bom colesterol) e dos triglicérides.

Para comprovação do grau de obesidade do paciente, é realizado um método simples e amplamente difundido de se medir a gordura corporal. É o IMC (Índice de Massa Corporal), que é calculado dividindo-se o peso do indivíduo em quilos pelo quadrado de sua altura em metros. O normal está na faixa entre 18,5 e 24,9. Sobrepeso: 25,0 a 29,9. Obesidade grau I (moderada): 30,0 a 34,9. Obesidade grau II (severa): 35,0 a 39,9. Obesidade grau III (mórbida), igual ou maior que 40,0.

Pode-se também empregar o método da circunferência da cintura (barriga): a gordura depositada na parede abdominal indica acometimento das vísceras, incluindo o fígado. Essa gordura, com facilidade, deposita-se nas artérias. É o principal indicador de obesidade e está mais associado às doenças cardiovasculares, diabetes e hipertensão arterial. A medida normal, na área do umbigo: menor que 94 cm nos homens e menor que 80 cm nas mulheres. A circunferência preocupante está entre 94 e 102 cm, nos homens, e 80 e 88 cm nas mulheres. A circunferência muito preocupante: mais que 102 cm nos homens e 88 cm nas mulheres.

COMO DESFRUTAR BOA SAÚDE?

Muito importante enfatizar, repetindo sempre, que a prática de exercícios físicos, principalmente as caminhadas diárias com a duração mínima de 30 minutos é fundamental, como igualmente a alimentação com frutas, hortaliças, grãos de cereais e azeite de oliva.

Essencial consumir comida com pouco sal (preferência ao marinho) e açúcar; e, com moderação, café e as bebidas alcoólicas. Necessária também é uma boa noite de sono, evitando as bebidas cafeinadas a partir da tarde.

Em relação às proteínas, escolher de preferência peixes (contêm também a benéfica gordura ômega), milho e cereais. Quanto à carne de vaca, preferir o consumo de cortes magros. O excesso de consumo de proteínas não é saudável, já que o excedente será armazenado na forma de gordura.

Quanto aos laticínios, comprar os que contêm baixos teores de gordura ou mesmo completamente desnatados, com adição das vitaminas lipossolúveis A, D, E, K.

A ingestão de gorduras deve ser moderada, dando-se preferência às que têm menor concentração de saturada, encontradas em óleos vegetais (azeite de oliva e óleo de coco), frutos oleaginosos como o abacate, nos peixes gordurosos como arenque, sardinha, atum, cavalinha, salmão, ricos em ácidos graxos ômega-3, importantes na prevenção de acidentes vasculocerebrais, porquanto diminuem a viscosidade sanguínea.

Quanto às gorduras *trans* (hidrogenadas), afastá-las, de imediato, do cardápio. Verificar sempre nos alimentos industrializados a presença da perigosa gordura vegetal hidrogenada, principalmente em biscoitos, massas, bolos, tortas, pães. Não ingerir frituras, porquanto o óleo em ebulição transforma-se em gordura *trans*. Afastar, de imediato, da alimentação as margarinas e os óleos vegetais, não somente porque são hidrogenados, como, igualmente, são instáveis a altas temperaturas.

O ideal, por ser saudável, é o óleo de coco extra virgem, constituindo uma gordura resistente ao calor, não alterando a estrutura química, e indicado para cocção a temperaturas elevadas, por ser assim menos sujeito à oxidação, produzindo menos radicais livres.

O óleo, extraído da polpa do coco, é constituído de gorduras saturadas na forma de triglicerídeos de cadeia ramificada (TCM), os quais são metabolizados rapidamente e não se aglomeram no organismo. Ainda mais: cerca de 50% dos ácidos graxos são constituídos de ácido láurico, o qual, quando digerido, forma a monolaurina, que é dotada de propriedades, marcadamente, antimicrobianas.

O óleo de coco possui ótima ação sobre o maléfico colesterol (LDL), abaixando o seu nível sanguíneo. Em contrapartida, eleva o bom colesterol (HDL) e, também, tem ação anti-inflamatória e antioxidante.

Importante o consumo de açafrão ou cúrcuma, especiaria de cor dourada, dotada igualmente de poder anti-inflamatório, antioxidante e anti-idade. Misturada com outros temperos, é encontrada na culinária asiática e já de agrado mundial, denominada *curry*.

Na Índia, onde o consumo de *curry* (açafrão e pimenta-do-reino) é considerável, a incidência de câncer é muito baixa, considerando-se que possui grande ação preventiva contra os tumores malignos, atuando igualmente na redução da doença de Alzheimer e na doença de Parkinson, exatamente por sua ação antioxidante, impedindo a produção de radicais livres, responsáveis, quando presentes nas vias neuronais no cérebro, pela geração dessas doenças.

A pimenta-do-reino ajuda na atuação benéfica do açafrão, operando sobre a curcumina (pigmento amarelado), importante antioxidante, prevenindo o envelhecimento celular e protegendo o corpo físico, igualmente, das doenças cardiovasculares.

Um capítulo à parte na boa alimentação é se nutrir com os antioxidantes, que ajudam na neutralização dos radicais livres que são perniciosos à saúde, promovendo o entupimento dos vasos arteriais (aterosclerose). Principais fontes são as frutas cítricas, alimentos ricos em vitamina D, betacarotenos, selênio, manganês, zinco, flavonoides etc. Jabuticaba, amora, acerola, açaí e couve, igualmente, são fontes importantes de antioxidantes.

O consumo de fibras solúveis e insolúveis deve ser sempre ressaltado, já que ajuda a reduzir o risco de doença cardíaca, impedindo a absorção de colesterol no intestino. As fibras, também, constituem uma barreira física, retardando a entrada da glicose no sangue. Importante acrescentar, na dieta, os alimentos com fibra, no caso de ingestão concomitante de frutas de índice glicêmico médio a alto, como manga, banana, mamão, caqui, ameixa preta, pêssego, uva, damasco, goiaba, abacaxi, laranja e tangerina. As frutas com mais lenta absorção de glicose são: coco, abacate, maçã, pêra e morango.

A laranja e a tangerina têm índice glicêmico médio, mas devem ser evitadas quando ingeridas na forma de suco, desde que a expressão delas não aproveita as fibras encontradas na polpa branca dessas frutas. As fibras são encontradas nos amiláceos integrais, farelos, leguminosas, aveia, frutos oleaginosos, hortaliças, sementes, etc.

Quanto a água, deve-se beber pelo menos oito copos por dia. O ideal é aumentar a ingestão de líquidos no caso de se alimentar de muitas fibras.

Portanto, o homem tem o dever de alimentar-se bem, velando pela conservação do seu corpo, "templo do espírito santo", conforme dito por Paulo, em *Carta aos Coríntios*.

Assim sendo, é imprescindível para o espírito reencarnante, em sua trajetória evolutiva, cuidar do seu corpo provisório, intentando investir na higiene, instrução e saúde, para ser produtiva a sua reencarnação e não precisar passar pelo sofrimento de uma desencarnação precoce.

A humanidade deve a sua sobrevivência a uma complexa rede de reações fisiológicas, a qual é acionada sempre que o ser está diante de um perigo. Nossos antepassados, vivendo nas cavernas, mediante uma situação de envolvimento com algozes, inclusive diante de animais ferozes, liberavam altas taxas dos hormônios cortisol, adrenalina e noradrenalina, produzindo elevação da pressão arterial, dos batimentos cardíacos e da frequência respiratória.

Essas alterações fisiológicas, positivas e bem-vindas, proporcionando ansiedade e medo, favorecem o combate ou a fuga, porquanto o sangue circula com rapidez, aprimorando a atividade muscular esquelética, assim como a respiração mais rápida leva à captação mais eficiente de oxigênio.

Esse mecanismo, igualmente, era acionado na busca de alimentos pela caça e diante das catástrofes do tempo. Portanto, a capacidade de reagir ansiosamente diante das ameaças acompanha o indivíduo em sua trajetória evolutiva na Terra, desde os primitivos ancestrais com suas moradias nas cavidades subterrâneas, como, hodiernamente, viajando, no espaço sideral, em uma nave espacial ou se preparando para ser submetido à intervenção cirúrgica.

O ataque dos animais e a busca de alimentos pela caça foram substituídos, atualmente, pelas situações emocionais diante da realidade de sua existência, da sua sobrevivência e da família, do temor causado pela insegurança política e econômica e por inúmeros fatores, como o caos no trânsito, na educação, na saúde, na moradia, os quais agem no arcabouço físico, desencadeando as mesmas reações estressantes verificadas diante das feras do passado.

Um estudante, à espera de uma prova na escola ou mesmo diante do momento de prestar um concurso importante, defronta-se com o mesmo quadro de ansiedade que foi vivenciado pelo homem das cavernas. O agravante é que, na atualidade, o estresse surge todo momento, desencadeado principalmente por situações emocionais, apresentando-se assaz indesejável, tendendo à cronicidade e tornando-se prejudicial à saúde.

A falta de gerenciamento do estresse persistente pode desencadear a depressão, desde que há diminuição da liberação de serotonina, um neurotransmissor essencial para a sensação de anseios de prazer e bem-estar.

Além desse grave efeito psicológico, o indivíduo está sujeito a ser portador da hipertensão arterial, apresentar distúrbios de ordem gastrointestinal, maior suscetibilidade a infecções e aos acidentes vasculares, possibilidade de manifestar resistência à insulina que acompanha o diabetes tipo 2 e agravamento do quadro hiperglicêmico já instalado. Igualmente, são encontradas a cefaleia tensional, a enxaqueca, a insônia e dificuldades na prática sexual.

Há muita relação entre estresse e obesidade, quando o indivíduo come em excesso para amenizar suas emoções, favorecendo o agravamento do quadro clínico. Portanto, é essencial uma dieta com base em vegetais, frutas, legumes e cereais integrais. Ao mesmo tempo, deve-se evitar o álcool, o cigarro e o café. Importante o acompanhamento de um profissional da nutrição.

Atualmente, está provado que os exercícios físicos são indispensáveis no combate ao estresse, porquanto o corpo libera beta-endorfina, uma substância que proporciona bem-estar e prazer. Portanto, a prática de dança, ginástica, *Tai Chi Chuan*, esportes ao ar livre, caminhada, natação, *Yoga*, é importante para a saúde e bem-estar de modo geral, principalmente do cérebro.

Podem ser também destacados os benefícios das técnicas de relaxamento, principalmente a meditação, como igualmente as técnicas cognitivas e comportamentais, a rotina frequente de ouvir música clássica ou popular, não esquecer os momentos de lazer junto à família, a leitura edificante e a oportunidade de assistir a peças teatrais ou filmes de comédia.

A doutrina espírita é grande aliada, indicando o caminho para evitar o estresse crônico ao caminhante terreno, em sua atual etapa reencarnatória. De uma maneira geral, o ser, vivendo em uma sociedade capitalista de consumo predominante, está todo momento excessivamente preocupado consigo mesmo, aflito em demasia, engolfado em um egoísmo avassalador.

O espiritismo, ratificando e exemplificando o excelso evangelho de Jesus, exorta o indivíduo a passar a observar o próximo que está ao seu lado e considerá-lo como um irmão, cientificando-se que o Pai o ama incessantemente, assim como a todos os Seus filhos.

Em realidade, quando a pessoa está ajudando o angustiado, esquece-se de suas próprias tribulações. O Cristo exemplificou a caridade e fez do amor ao semelhante um impositivo maior para que a felicidade se estabeleça.

Agostinho, na questão 919a de *O Livro dos Espíritos*, incentiva a criatura terrena à melhoria de si mesma, dizendo:

> Quando vivi na Terra: ao fim do dia, interrogava a minha consciência, passava revista ao que fizera e perguntava a mim mesmo se não faltara a algum dever, se ninguém tivera motivo para de mim se queixar.

Allan Kardec, em *Obras Póstumas*, no item credo espírita, afirma:

> O homem que trabalha seriamente pelo seu próprio aperfeiçoamento assegura a sua felicidade desde esta vida; além da satisfação de sua consciência, este homem isenta-se das misérias, materiais e morais, que são a consequência inevitável de suas imperfeições.

Continua Kardec:

> Terá a calma, porque as vicissitudes não farão senão de leve roçá-lo; terá a saúde, porque não usará o seu corpo para os excessos; será rico, porque se é sempre rico quando se sabe contentar-se com o necessário; terá a paz da alma, porque não terá necessidades fictícias, não será mais atormentado pela sede das honras e do supérfluo, pela febre da ambição, da inveja e do ciúme; indulgente para com as imperfeições de outrem, delas sofrerá menos; excitarão a sua piedade e não a sua cólera; evitando tudo o que pode prejudicar o seu próximo, em palavras e em ações, procurando, ao contrário, tudo o que pode ser útil e agradável aos outros, ninguém sofrerá com o seu contato.

A ciência já vem comprovando que, nos dois sexos, a ocitocina, um hormônio produzido principalmente pelo hipotálamo (uma região do cérebro localizada perto do tronco cerebral, que liga o sistema nervoso ao sistema endócrino através da glândula pituitária), nos momentos de afetividade com envolvimento emocional, é liberada diretamente no sangue, combatendo o estresse, anulando os efeitos do cortisol.

Portanto, todos os atos amorosos, principalmente a prática da caridade, expressando alegria e bom ânimo, podem vencer o estresse, o qual contribui para a morte precoce.

Quem pratica o evangelho de Jesus está imunizado contra as agruras do estresse crônico, e ouvirá, nos refolhos mais íntimos, a voz do Cristo dizendo-lhe:

> Não permitais que o vosso coração se preocupe. Crede em Deus, crede também em mim. Deixo-vos a paz; a minha

paz vos dou. Não vo-la dou como o mundo a dá. No mundo tereis aflições, mas tende bom ânimo, eu venci o mundo.

Outro dado importante para quem se defronta com os embates de uma encarnação é o conhecimento de que doar sangue, além de constituir um ato de amor ao próximo, tem reais benefícios para a saúde, porquanto, quem sai ganhando é o sistema cardiovascular, pela redução do risco de entupimento das artérias do coração e do cérebro.

Com a retirada do sangue, na doação, há necessidade de haver reposição de novas células jovens junto com o ferro, porquanto há diminuição das reservas do mineral. Desde que o ferro acelera a oxidação das gorduras e há favorecimento da eclosão da doença aterosclerótica, com a doação de sangue regular, pelo menos uma vez ao ano, protege-se o organismo de ataques cardíacos em pelo menos 88% dos doadores.

Outra informação preciosa é que pela doação do sangue haja redução do risco de câncer, desde que a retirada do sangue exerce uma baixa dos níveis de radicais livres no organismo.

O sangue doado não é utilizado apenas em emergências, pois os pacientes operados, principalmente em cirurgias cardíacas, transplantes de rins, de fígado e de medula óssea, entre outras, igualmente podem necessitar de sangue disponível. Também pacientes em tratamento quimioterápico podem exigir reposição de sangue para superar a fase de tratamento.

Infelizmente, a ação doadora que deveria ser rotineira passou a ser exceção. Por quê? Como explicar, sob o ponto de vista espiritual, a necessidade da comunicação constante da mídia, convocando a população para se engajar na prática grandiosa da doação? Por que o descaso e a inércia diante do sofrimento alheio?

A doutrina espírita ensina que o homem estagia, em um planeta denominado de provas e expiações, correspondente a uma estância importantíssima, destinada ao seu aprimoramento e aprendizado espiritual. Encontra-se, pois, em uma fase incipiente na evolução do espírito, transitando essencialmente pelas trilhas da ignorância e preso ainda às algemas do desamor. É cativo da insensibilidade e subjugado à tirania do egoísmo avassalador.

Prepotente e orgulhoso, o homem julga-se proprietário contumaz do planeta, parecendo desconhecer que essa morada se apresenta insignificante diante da grandeza do Universo. É importante considerar que a Terra é um ponto minúsculo no bojo de sua galáxia, comparada a um pequeníssimo grão de areia no deserto, cercado de aproximadamente 200 bilhões de estrelas. Ao mesmo tempo, a Via Láctea se revela modesta diante da imensidade cósmica, constituída de 2 trilhões de galáxias.

Como conquistar o Universo? Pelas vias físicas é impossível, desde que se fosse possível viajar de um extremo a outro da Via Láctea, na velocidade da luz, se levaria 100.000 anos.

Jesus disse que o seu reino não é deste mundo (João 18:33). Para compreender e habitar o Universo, necessário se torna galgar os degraus da evolução espiritual, através das inúmeras oportunidades que a reencarnação nos proporciona.

O *Novo Testamento* diz que "Deus é amor". Para se elevar espiritualmente, é preciso praticar sempre o bem, cultivando o amor nas terras áridas do interior de cada um.

Paulo afirmou com muita propriedade:

> Ainda que eu tenha o dom de profetizar e conheça todos os mistérios e toda a ciência, ainda que eu tenha tamanha fé, a ponto de transportar montes, se não tiver caridade (amor em ação) nada serei (Primeira Carta aos Coríntios 13:2).

O Cristo ressaltou que o óbolo da viúva foi ofertado com seu próprio sacrifício, já que sua dádiva foi retirada do seu sustento e ele lhe faria falta (Lucas 21:4).

O Mestre reafirmou que o bem que façamos a outrem deve ser realizado em segredo, isto é, sem ostentação: "Quando derdes esmola, não saiba a vossa mão esquerda o que fez a vossa mão direita" (Mateus 6:4).

Jesus também considerou que, além de amar o Pai, devemos amar o próximo, assim como a cada um. Paulo, em *Efésios* (2:10): "Porque somos feitura sua, criados em Cristo Jesus para as boas obras, as quais Deus preparou para que andássemos nelas".

A doação de sangue está claramente contida nesses sublimes ensinamentos, pois que se oferta o que realmente possui. Vivenciando ignorância, muitas pessoas acreditam que o sangue doado faz falta ao organismo.

Certamente os que têm medo de doar seu sangue despendem intenso sacrifício, e sua dádiva seria análoga à da pobre viúva, citada no evangelho. Ao mesmo tempo, aquele que receberá o sangue (talvez uma forma de salvá-lo dentro de uma emergência médica) não tomará conhecimento de quem foi o "samaritano" que lhe doou o precioso líquido, vital para a sua sobrevivência.

Quem pode afirmar que não será compensado este "samaritano", em seu lar, vivenciando um momento de desânimo? Poderá receber as vibrações de gratidão da vida, mudando todo o seu interior.

Quem sabe se desprendido do corpo físico, durante o repouso noturno, estará o doador presenciando e participando da vitória da caridade sobre o mal, em um leito de dor?

No livro *O Profeta*, de Gibran Khalil Gibran, encontra-se um profundo ensinamento: "Vós pouco dais quando dais de vossas posses. É quando dardes de vós próprios que realmente dais".

E, em seu íntimo, ressoarão as palavras do querido mestre Jesus: "Em verdade vos digo, todas as vezes que isso fez a um destes mais pequeninos dos meus irmãos, foi a mim mesmo que o fizeste" (Mateus 25:40).

É imperioso que, para o espírito ser bem-sucedido, em sua trajetória evolutiva terrena, o organismo físico receba todos os cuidados essenciais de instrução, higiene e saúde.

O zelo com a boca, por exemplo, deve ser enfatizado, desde que muitas doenças podem surgir devido às más condições de seu asseio. Há necessidade da prática de uma correta escovação dos dentes, pelo menos três vezes ao dia, e usar apropriadamente o fio dental.

O creme dental, enriquecido com flúor, remove a chamada placa bacteriana, instalada na superfície dos dentes, causa de cáries e inflamações da gengiva. O fio dental atua entre os dentes retirando a placa bacteriana e age com a mesma propriedade na linha da gengiva. Importantíssima conduta é a consulta periódica ao dentista, que procederá, além do exame geral, a uma oportuna limpeza dos dentes, ação essencial para a profilaxia do tártaro, das cáries e das gengivites.

Muito oportuna é a recomendação de não utilizar chupetas e evitar as balas e doces em geral, no sentido de controlar o aparecimento das cáries. Em verdade, até mesmo antes do nascimento deve-se pensar na saúde bucal do ser em formação e desenvolvimento no cadinho materno.

Um fator pré-natal deletério era a administração de tetraciclina a gestantes (segunda metade da gravidez), já que esse antibiótico é responsável pelo aparecimento de manchas e descoloração dos dentes na criança. Ao mesmo tempo, mulheres que estão amamentando não podiam tomar esse medicamento.

A gestante deve receber medicamentos vitamínicos, enriquecidos com flúor, para que o esmalte dentário seja fortalecido, mesmo antes de aparecer a primeira presa do bebê.

É importante evitar a cárie nos lactentes acima dos 6 meses de idade, limpando os dentes – após a administração das mamadeiras e das amamentações – com um pano umedecido. Não deixar nunca o bebê dormir, após a alimentação, sem o asseio dos dentes. A administração de flúor em gotas ou em aplicação dentária para as crianças também é importante, principalmente se a água oferecida tem pouca quantidade do mineral. Na adolescência, geralmente é necessário o uso de aparelhos de correção nos dentes desalinhados, exigindo por esse motivo uma escovação mais constante.

Consumir na alimentação cada vez menos açúcares e amidos, encontrados nos refrigerantes e doces, contribuindo para a formação da placa bacteriana. Outro fator prejudicial à saúde bucal é o tabagismo, levando à formação de manchas nos dentes e gengivas, como também à produção do mau hálito, não podendo esquecer que o fumo, assim como o álcool, aumenta o risco do aparecimento de gengivites e câncer oral.

Em relação aos tumores malignos da cavidade bucal, é importante frisar que as condições ruins de higiene e as próteses inadequadas, que acarretam traumatismo constante, são fatores predisponentes. O câncer é suspeitado diante de feridas que não cicatrizam e sangram; adenomegalias no pescoço, língua endurecida, sem mobilidade e acometimento da dor que revela lesão já avançada.

A presença de malignidade é mais comum em homens brancos e tabagistas (quase 90%), sendo a língua a mais afetada. A exposição intensa aos raios solares, sem a devida proteção, é fator predisponente do câncer de lábio inferior.

Importante uma boa higienização da boca, desde que nela se encontram numerosos microrganismos patogênicos. Em caso de manipulação da cavidade oral, com sangramentos, podem os germens invadir a circulação sanguínea e atingir o coração já acometido de lesões estruturais, principalmente valvulares, exibindo sopros à ausculta. A doença cardíaca resultante, de origem bucal, é a endocardite bacteriana. Importante comunicar ao profissional, antes dos procedimentos odontológicos, que é portador de afecção cardíaca, porquanto terá que receber a antibioticoterapia profilática.

É necessário chamar a atenção para outro dado respeitável, em relação à higiene bucal. A língua, principalmente a sua parte posterior, deve ser limpa constantemente, porquanto é sede de proliferação de bactérias, causadoras do mau hálito, conhecido na medicina como halitose. Os microrganismos formam compostos sulfurados que causam o mal, cuja incidência na população adulta americana chega a ser de 50%. Na maioria das vezes, uma boa higienização bucal resolve o problema.

Os pacientes diabéticos apresentam com frequência doenças gengivais (gengivite e periodontite). Portanto, devem, além do tratamento clínico, fazer um exame completo (*check-up*) odontológico bianual. A mesma orientação deve ser oferecida aos obesos, que padecem igualmente de doenças periodontais, relacionadas com a resistência insulínica e também com a produção elevada de proteínas inflamatórias.

Algumas pesquisas relacionam a periodontite ao desenvolvimento de doenças cardiovasculares, pois que as proteínas inflamatórias e as bactérias presentes invadem a corrente sanguínea, causando efeitos deletérios, inclusive o espessamento da parede dos vasos, por aderência aos depósitos de gordura, proporcionando a possibilidade da eclosão de AVC (acidente vasculocerebral). O quadro é agravado com a presença do diabetes.

Portadores de gengivite têm muita probabilidade de contrair pneumonia, porquanto os germens que vivem na cavidade oral podem chegar aos pulmões e produzir doenças. As gestantes com gengivite têm maior propensão a partos prematuros e à geração de recém-nascidos de baixo peso. Essencial também a assistência médica pré-natal.

Perda óssea nos maxilares (osteoporose) diminui a densidade do osso, podendo causar dano aos dentes (doença periodontal). Consequentemente, mulheres na menopausa devem visitar o dentista regularmente, como também tratar a doença óssea e, se possível, controlar a síndrome hormonal.

A falta de fluxo salivar, causando secura na boca, é produzida por alguns medicamentos e verificada com muita intensidade nos idosos, os quais têm muita chance de sofrer de retração gengival, com exposição da área do dente não protegida naturalmente pelo esmalte dental. O indivíduo apresenta intensa sensibilidade, principalmente às bebidas quentes e frias. Essencial a consulta ao dentista, já que o problema pode se agravar.

Conforme foi observado, a saúde bucal é parte integrante do bem-estar em geral. Como é fundamental ter uma cavidade oral asseada e bem cuidada, revelando sanidade dental, com hálito agradável, como igualmente um sorriso bonito.

Outro mal que ajuda na desencarnação prematura é a pressão alta, cientificamente denominada hipertensão arterial. É uma doença crônica, causada por elevados níveis de pressão sanguínea nos vasos arteriais. Ao medir a pressão, deve-se fazê-lo depois de um período de repouso de 5 a 10 minutos num ambiente tranquilo, e ainda em momentos diferentes, desde que há possibilidade de um episódio de estresse passageiro ou sobrecarga de sal na alimentação no dia, fatores que pode aumentar os picos tensionais.

O ideal é que esses valores sejam na proporção de 12 por 8 para a população em geral, mas os idosos têm uma referência mais elevada, em torno de 13,5 por 8,5 mmHg. A doença incide em mais de 20% da população brasileira, e 50% das pessoas acima dos 65 anos sofrem do mal. Os fatores de risco para o desenvolvimento da doença são: história familiar, idade, obesidade, diabetes, sedentarismo, tabagismo, etilismo e alimentação muito salgada.

A hipertensão arterial responde por 80% dos derrames cerebrais, 40% dos infartos do miocárdio e de insuficiência cardíaca e 25% dos casos de insuficiência renal terminal, necessitando o paciente de diálise. Daí ser importante o tratamento precoce da doença.

Segundo a sua fisiopatologia, a hipertensão é classificada em dois tipos. O primeiro, a hipertensão arterial primária (essencial ou idiopática), não se identifica a sua causa (cerca de 90% a 95% dos casos). Os restantes 5% a 10% correspondem ao segundo tipo, a hipertensão arterial secundária, que é provocada por outros transtornos que afetam os rins, as artérias, o sistema endócrino ou ainda por consequência de alguma droga.

Segundo a Organização Mundial da Saúde, 9,4 milhões de óbitos são catalogados por ano no mundo, estimando-se que a média de ocorrência da doença anual é de uma para três pessoas com 25 anos de vida ou mais, envolvendo aproximadamente um bilhão de pessoas no mundo. A incidência da hipertensão arterial é muito elevada nos países africanos (46% dos adultos), com prevalência maior nas pessoas de baixa renda em todo o mundo. Estima-se que, no Brasil, existam em torno de 30 milhões de hipertensos.

Trata-se de uma doença muito perigosa, muito traiçoeira, porquanto os sintomas praticamente só se apresentam nas complicações do processo hipertensivo, com lesões afetando o coração, os rins, o cérebro, a retina ou a circulação em geral, com ação perniciosa nas artérias, acarretando, inclusive, a impotência sexual.

A hipertensão arterial é um dos principais fatores de risco para a ocorrência, além do acidente vascular cerebral e do enfarte agudo do miocárdio, do aneurisma arterial (por exemplo, aneurisma da aorta), doença arterial periférica, podendo levar à amputação de membros, além de ser uma das causas de insuficiência renal crônica.

Em relação ao cérebro, a hipertensão pode causar ruptura dos vasos (AVC hemorrágico) ou entupimento dos mesmos, devido à deterioração das artérias terminais, interrompendo o fluxo sanguíneo (AVC isquêmico).

O coração, devido a níveis altos de pressão, sem tratamento, decorrente da grande resistência proporcionada pela circulação periférica, faz um esforço maior para bombear o sangue, tornando-se musculoso, dilatado, não podendo impulsionar o sangue de forma satisfatória (insuficiência cardíaca), chegando até mesmo à falência total. As artérias coronárias que irrigam o órgão se entopem por estarem submetidas ao processo de grande pressão sanguínea e, então, surge o temível enfarto do miocárdio. Em relação aos olhos, há perda progressiva da visão por ruptura paulatina dos vasos finos e delicados da retina.

O paciente tem que mudar o seu estilo de vida radicalmente, fazendo uso de dieta com pouco nível de sódio, sabendo inclusive que muitos alimentos industrializados contêm naturalmente o sal em sua composição. Importante é abandonar o péssimo hábito de salgar a comida à mesa.

Igualmente, deixar de fumar, pois o cigarro por si só já aumenta a pressão arterial e entope os vasos. A associação dessa doença com o cigarro é muito perigosa. Urge combater o sedentarismo, praticando esportes ou fazendo caminhadas diárias. Necessária é boa noite de sono, evitando as bebidas cafeinadas a partir da tarde.

Em caso de sobrepeso e obesidade, indispensável o acompanhamento com especialistas na área da endocrinologia e nutrição, porquanto o excesso de massa corporal predispõe à hipertensão, respondendo com cerca de 20% a 30% dos casos. Sabe-se que a perda de peso acarreta a redução dos níveis de pressão arterial.

Imprescindível também a consulta médica para o tratamento medicamentoso da hipertensão arterial, atualmente com abundância de eficazes substâncias terapêuticas no mercado farmacêutico, embora haja muita falta de adesão ao tratamento devido à ausência ostensiva de sintomas (alguns pacientes se queixam de cefaleia, tonturas e sofrem de epistaxe). O tratamento tem que ser realizado por toda a vida, não podendo ser suspenso de forma alguma.

Deve-se evitar o consumo de bebidas alcoólicas, como igualmente se esquivar o máximo que puder do estresse (há liberação de adrenalina, acarretando a vasoconstrição).

Importante participar, por exemplo, de grupos de oração e meditação, pois momentos de reflexão e de fé, associados ao recolhimento e relaxamento, são medidas eficazes para evitar complicações do processo tensional como o acometimento da doença cardiovascular. Como é importante, então, a frequência ao centro espírita, participando de seus trabalhos doutrinários e comunitários.

A Medicina inclui, nos cuidados à saúde, proteger o corpo e de se proteger contra os fatores de risco que influenciam o coração e o sistema circulatório, facilitando o aparecimento das doenças cardíacas e dos acidentes vásculo-cerebrais. É importante frisar que o aumento da pressão sanguínea arterial, sem o devido tratamento, está associado à redução da vida do seu portador.

O corpo físico é o instrumento passivo da alma. O homem tem o dever de velar pela conservação do seu corpo. A exteriorização das faculdades do espírito depende de um organismo sadio. O indivíduo que não se cuida adequadamente, com desfavorável estilo de vida, dominado pelos vícios e excessos de toda ordem, terá o seu corpo somático acometido de intensos desgastes.

Baruch Spinoza, filósofo holandês (1632-1677), na obra *Deus falando com você*, diz o seguinte:

> Para de louvar-me! Que tipo de Deus ególatra tu acreditas que Eu seja? Tu te sentes grato? Demonstra-o cuidando de ti, da tua saúde, das tuas relações, do mundo.

O comprometimento de órgãos essenciais acarreta a falta de retenção do fluido vital e com a morte antecipada do corpo ocorre o lento e difícil desprendimento da alma, processo conhecido como suicídio indireto ou inconsciente.

Segundo a doutrina espírita, só mediante práticas suicidas (conscientes e inconscientes) é possível partir deste mundo antes do momento certo, já que o gênero e a hora do desenlace fazem parte da programação da reencarnação.

O espiritismo afirma que:

> [...] no que concerne à morte, o homem se acha submetido, em absoluto, à inexorável lei da fatalidade, por isso que não pode escapar à sentença que lhe marca o termo da existência, nem ao gênero de morte que haja de cortar a esta o fio (LE – questão 872). E fatal, no verdadeiro sentido da palavra, só o instante da morte o é. Chegado esse momento, de uma forma ou doutra, a ele não podeis furtar-vos (LE – questão 853). "A fatalidade, verdadeiramente, só existe quanto ao momento em que deveis aparecer e desaparecer deste mundo (LE – questão 859).

Portanto, diante de uma doença tão perigosa e maléfica, que pode levar o indivíduo à desencarnação precoce, é importante que a adesão ao tratamento seja bem considerada e respeitada. Enquanto o paciente fizer uso da medicação específica e seguir as recomendações médicas, a pressão arterial se manterá normal.

Ignorando a prescrição médica ou esquecendo-se de tomar o bendito remédio, como igualmente não adotando um novo estilo de vida, o portador da hipertensão será responsável pelos problemas físicos que surgirem e, após o decesso físico, se defrontará com as agruras de uma desencarnação antecipada, retornando à dimensão extrafísica, no veículo da imortalidade, como um mendigo espiritual, necessitando de muito amparo e proteção.

Como é importante o conhecimento espiritual atuante e verdadeiro dispensado pelo espiritismo, cada vez mais fortalecendo o viajor terrestre diante das provas e expiações necessárias ao seu despertamento diante da Eternidade.

A doença hipertensiva proporciona a oportunidade do crescimento espiritual, através do aprendizado de inúmeras virtudes, em especial a paciência e a resignação, diante da mudança radical do estilo de vida, comprometendo-se a seguir com disciplina as recomendações e prescrições médicas, principalmente na alimentação frugal e com pouco sal, na prática de exercícios, no abandono do tabagismo e do consumo parcimonioso do álcool e do café.

De fato, o consolador prometido já se encontra no seio terreno, sob a égide do excelso e amado Jesus, o qual prometera não deixar órfã a humanidade e legou o sublime ensinamento onde todos seriam contemplados pelo conhecimento da verdade que liberta. Essa profecia já está em plena execução, com o Cristo gerenciando a terceira revelação à humanidade, tendo, como ilustre assistente, uma entidade muito elevada, muito especial, reencarnada, em solo francês, em 1804, sob o nome de Hippolyte Léon Denizard Rivail, o sempre estimado e reconhecido Allan Kardec.

Tratando bem do corpo físico, recebe o espírito reencarnado a oportunidade de abrir vários canais de oportunidade evolutiva, possibilitando a chance do crescimento espiritual, através da prática do amor ao próximo.

Quem cuida bem do corpo perecível está igualmente cuidando do espírito imortal, que necessita da arena física para o seu aprimoramento, debatendo-se com as provas e expiações inerentes ao seu aprendizado.

O indivíduo "que deixa a vida lhe levar", sem maiores compromissos com a saúde, poderá ser acometido de doenças graves e fatais, e desencarnar prematuramente. Em verdade, será recebido, na dimensão extrafísica como um suicida indireto. Não tinha a deliberação consciente de cometer o autoextermínio propriamente dito; contudo, foi responsável, por ignorância, pelo desfecho sombrio.

À medida que a exortação do Espírito da Verdade for vivenciada, ressaltando a máxima "Amai-vos e instruí-vos", o suicídio indireto não será mais observado. Daí a importância de o intelecto estar de mãos dadas com a moral.

Sob o ponto de vista físico, noites maldormidas, por exemplo, em longo prazo, podem comprometer seriamente a saúde. São percebidos de imediato o envelhecimento precoce e o péssimo desempenho físico e mental. Pode o ser também ficar mais propenso a disfunções graves, como infecções, diabetes (inibição da produção de insulina, responsável por retirar o açúcar do sangue, e elevação do cortisol, o hormônio do estresse, o qual eleva a taxa de açúcar no sangue), obesidade, comprometimento do sistema imunológico, depressão e hipertensão arterial (pressão alta), fatores de risco para o surgimento das doenças cardiovasculares e até mesmo do óbito, sendo o espírito recebido, na dimensão extrafísica, como suicida inconsciente ou moral.

Atualmente, preocupa o grande número de jovens que dorme cada vez menos, tornando-se presa fácil de enfermidades que, anteriormente, só eram encontradas nos adultos. As festas, a internet, o videogame e o telefone celular estão invadindo a noite dos adolescentes e jovens, sendo que o repouso noturno cada vez mais é postergado, podendo atingir até mesmo o início da madrugada.

O púbere que dorme mal apresenta dificuldades marcantes no aprendizado escolar, porquanto as funções cerebrais se tornam lentas e, igualmente, sofre prejuízo no processo natural de crescimento corporal, pela secreção deficiente do hormônio do crescimento, abreviadamente GH (do inglês *growth hormone*), também chamado somatotrofina ou somatotropina (ST), produzida e secretada pela glândula hipófise (pituitária) anterior, sendo responsável pelo aumento na síntese proteica celular.

Importante frisar, igualmente, a existência de uma glândula, a pineal, localizada no centro do cérebro, produzindo um hormônio, a melatonina, que regula o ciclo do sono, denominado de circadiano. É importante que o ambiente onde se vá dormir seja escuro, silencioso, facilitando a atuação da melatonina, causando o sono. Com o passar dos anos, a secreção de melatonina decresce, o que explica a presença acentuada de insônia na terceira idade.

Muito importante que à noite, antes de dormir, seja servida uma refeição bem leve, de fácil digestão, evitando tomar bebidas ricas em cafeína, como café, guaraná, chá-preto, chá-mate, chocolate e refrigerante.

Enquanto o veículo somático adulto adormece, normalmente em torno de sete ou oito horas, acontece a suspensão temporária da atividade perceptivo-sensorial e motora voluntária, a volição e a consciência estão em inatividade parcial ou completa. O mesmo não acontece com a alma, completamente emancipada, que não repousa como o corpo.

A doutrina espírita ensina que o espírito jamais está inativo. Durante o sono, afrouxam-se os laços que o prendem ao corpo e, não precisando este então da sua presença, se lança pelo espaço e entra em relação mais direta com os outros espíritos (LE, questão 141).

Perguntou Kardec, na questão 400 de *O Livro dos Espíritos.*

> – O espírito encarnado permanece de bom grado no seu envoltório corporal?
>
> – É como se perguntasses se ao encarcerado agrada o cárcere. O espírito encarnado aspira constantemente à sua libertação e tanto mais deseja ver-se livre do seu invólucro quanto mais grosseiro é este.

Na questão 402, da mesma obra:

> – Como podemos julgar da liberdade do espírito durante o sono?
>
> – Pelos sonhos. Quando o corpo repousa, acredita-o, o espírito tem mais faculdades do que no estado de vigília. Lembra-se do passado e, algumas vezes, prevê o futuro. Adquire maior potencialidade e pode pôr-se em comunicação com os demais espíritos, quer deste mundo, quer do outro.

Dizes frequentemente: Tive um sonho extravagante, um sonho horrível, mas absolutamente inverossímil. Enganas-te. É amiúde uma recordação dos lugares e das coisas que viste ou que verás em outra existência ou em outra ocasião. Estando entorpecido o corpo, o espírito trata de quebrar seus grilhões e de investigar no passado ou no futuro.

Pobres homens, que mal conheceis os mais vulgares fenômenos da vida! Julgais-vos muito sábios e as coisas mais comezinhas vos confundem. Nada sabeis responder a estas perguntas que todas as crianças formulam: Que fazemos quando dormimos? Que são os sonhos?

O sono liberta a alma parcialmente do corpo. Quando dorme, o homem se acha por algum tempo no estado em que fica permanentemente depois que morre. Tiveram sonos inteligentes os espíritos que, desencarnando, logo se desligam da matéria. Esses espíritos, quando dormem, vão para junto dos seres que lhes são superiores. Com estes viajam, conversam e se instruem. Trabalham mesmo em obras que se lhes deparam concluídas, quando volvem, morrendo na Terra, ao mundo espiritual. Ainda esta circunstância é de molde a vos ensinar que não deveis temer a morte, pois que morreis todos os dias, como disse um santo.

Isto, pelo que concerne aos espíritos elevados. Pelo que respeita ao grande número de homens que, morrendo, têm que passar longas horas na perturbação, na incerteza de que tantos já vos falaram, esses vão, enquanto dormem, ou a mundos inferiores à Terra, onde os chamam velhas afeições, ou em busca de gozos quiçá mais baixos do que os em que aqui tanto se deleitam. Vão beber doutrinas ainda mais vis, mais ignóbeis, mais funestas do que as que professam entre vós. E o que gera a simpatia na Terra é o fato de sentir-se o homem, ao despertar, ligado pelo coração àqueles com quem acaba de passar oito ou nove horas de ventura ou de prazer. Também as antipatias invencíveis se explicam pelo fato de sentirmos em nosso íntimo que os entes com quem antipatizamos têm uma consciência diversa da nossa. Conhecemo-los sem nunca os termos visto com os olhos. É ainda o que explica a indiferença de muitos homens. Não cuidam de conquistar novos amigos, por saberem que muitos têm que os amam e lhes querem. Numa palavra: o sono influi mais do que supondes na vossa vida.

Graças ao sono, os espíritos encarnados estão sempre em relação com o mundo dos espíritos. Por isso é que os espíritos superiores assentem, sem grande repugnância, em encarnar entre vós. Quis Deus que, tendo de estar em contato com o vício, pudessem eles ir retemperar-se na fonte do bem, a fim de igualmente não falirem, quando se propõem a instruir os outros. O sono é a porta que Deus lhes abriu, para que possam ir ter com seus amigos do céu; é o recreio depois do trabalho, enquanto esperam a grande libertação, a libertação final, que os restituirá ao meio que lhes é próprio.

O sonho é a lembrança do que o espírito viu durante o sono. Notai, porém, que nem sempre sonhais. Que quer isso dizer? Que nem sempre vos lembrais do que vistes, ou de tudo o que haveis visto, enquanto dormíeis. É que não tendes então a alma no pleno desenvolvimento de suas faculdades. Muitas vezes, apenas vos fica a lembrança da perturbação que o vosso espírito experimenta à sua partida ou no seu regresso, acrescida da que resulta do que fizestes ou do que vos preocupa quando despertos. A não ser assim, como explicaríeis os sonhos absurdos, que tanto os sábios quanto as mais humildes e simples criaturas têm? Acontece também que os maus espíritos se aproveitam dos sonhos para atormentar as almas fracas e pusilânimes.

Em suma, dentro em pouco vereis vulgarizar-se outra espécie de sonhos. Conquanto tão antiga como a de que vimos falando, vós a desconheceis. Refiro-me aos sonhos de Joana, ao de Jacob, aos dos profetas judeus e aos de alguns adivinhos indianos. São recordações guardadas por almas que se desprendem quase inteiramente do corpo, recordações dessa segunda vida a que, ainda há pouco, aludíamos.

Tratai de distinguir essas duas espécies de sonhos nos de que vos lembrais, do contrário cairíeis em contradições e em erros funestos à vossa fé.

Allan Kardec faz o seguinte comentário:

> Os sonhos são efeito da emancipação da alma, que mais independente se torna pela suspensão da vida ativa e de relação. Daí uma espécie de clarividência indefinida que se alonga até os mais afastados lugares e até mesmo a outros mundos. Daí também a lembrança que traz à memória acontecimentos da precedente existência ou das existências anteriores.

O espiritismo traz valiosos subsídios, em relação ao sono e os sonhos. Enquanto o corpo se refaz durante o sono, a alma pode, em liberdade, se encontrar com os parentes e amigos desencarnados. O encarnado, portador de necessidades especiais, durante o período de descanso físico, desdobrado, na dimensão espiritual, recobra sua lucidez e higidez.

Deus, nosso Pai, extremamente amoroso e misericordioso, proporciona a todos os Seus filhos, encarnados e desencarnados, durante o momento do sono, a oportunidade do reencontro, a chance inesquecível de poderem se relacionar, mesmo separados pelo veículo da morte.

É importante, igualmente, o homem, além dos cuidados físicos, preocupar-se com sua higiene espiritual. Não bastam apenas os salutares cuidados com o corpo somático, sem a preocupação do alimento espiritual.

Ensinou o Mestre dos mestres, ratificando o Antigo Testamento, que "nem só de pão vive o homem, mas de toda a palavra que sai da boca de Deus" (*Deuteronômio* 8:3 e Mateus 4:4). Enfatizou o Cristo:

> Não andeis preocupados com o que haveis de comer ou com o que haveis de beber. Basta a cada dia o seu mal. Buscai primeiro o Reino de Deus e a Sua justiça e todas as outras coisas vos serão acrescentadas (Lucas 12:27 a 31).

A doutrina espírita, consonante com o evangelho do Cristo ressalta que "onde estiver o teu tesouro, aí também estará o teu coração" (Mateus 6:20). Portanto, todos sofrem influências, através do pensamento, tanto de encarnados e de desencarnados. O indivíduo, por exemplo, vendo um determinado filme ou programa de tevê, está normalmente sintonizado, na mesma faixa vibratória, sendo importante escolher o que for compatível com a harmonia e a paz.

Em *Obras Póstumas* (1ª Parte, capítulo 8), o insigne Allan Kardec aborda o dinamismo das criações mentais, dizendo:

> Sendo os fluidos o veículo do pensamento, este atua sobre aqueles como o som atua sobre o ar; eles nos trazem o pensamento, como o ar nos traz o som. Pode-se, pois, dizer em verdade, que há ondas nos fluidos e radiações de pensamento, que se cruzam sem se confundirem, como há, no ar, ondas e radiações sonoras.

Diz ainda mais:

> [...] criando imagens fluídicas, o pensamento se reflete no envoltório perispirítico como num espelho, ou então, como es-

sas imagens de objetos terrestres se refletem nos vapores do ar, tomando aí um corpo e, de certo modo, fotografando-se.

Se um homem, por exemplo, tiver a ideia de matar alguém, embora seu corpo material se conserve impassível, seu corpo fluídico é acionado por essa ideia e a reproduz com todos os matizes. Ele executa fluidicamente o gesto, o ato que o indivíduo premeditou. Seu pensamento cria a imagem da vítima e a cena inteira se desenha, como num quadro, tal qual lhe está na mente ("Fotografia e Telegrafia do Pensamento").

O indivíduo, sintonizado com a violência, reflete em sua intimidade espiritual as criações mentais deletérias, em completo desajuste psíquico, distantes da lei de amor, justiça e caridade, tão bem apregoada e exemplificada pelo excelso mestre Jesus.

Em verdade, o homem retrata o atraso moral em que se encontra, habitante de um mundo ainda inferior espiritualmente, denominado de provas e expiações, sofrendo o reflexo do seu primitivismo espiritual, com predomínio do egoísmo, da força e da violência, resquícios do instinto animal que até persistem em suas atitudes hodiernas.

Em *O Evangelho segundo o Espiritismo*, capítulo 11, A lei do amor, ensina-se que:

> [...] no seu ponto de partida, o homem só tem instintos; mais avançado e corrompido, só tem sensações; mais instruído e purificado, tem sentimentos; e o amor é o requinte do sentimento.

O que a doutrina espírita pode fazer para colaborar com a erradicação da violência na Terra? O espiritismo propõe uma educação bem entendida, conforme diz Kardec, para curar as chagas da desordem e da imprevidência.

O codificador não se refere à educação intelectual, mas sim, à educação moral:

> Não nos referimos, porém, à educação moral pelos livros e sim à que consiste na arte de formar os caracteres, à que incute hábitos, porquanto a educação é o conjunto dos hábitos adquiridos.

Continua Kardec:

> Quando essa arte for conhecida, compreendida e praticada, o homem terá no mundo hábitos de ordem e de previdência para consigo mesmo e para com os seus, de respeito a tudo o que é respeitável, hábitos que lhe permitirão atravessar menos penosamente os maus dias inevitáveis (LE – questão 685a).

O mestre de Lyon, como inolvidável educador, faz questão de ressaltar que a solução é somente a educação moral, trabalhando o caráter do educando.

O ideal é que a educação moral do homem comece já no ventre materno, ajudando o indivíduo a combater suas más tendências contraídas em vivências transatas, como ser pré-existente e interexistente, conforme esclarece o espiritismo, discorrendo a respeito da existência do espírito, antes e além das dimensões físicas.

De permeio com vibrações assaz amorosas, a mãe deve conversar com o bebê, ainda no ventre, transmitindo-lhe palavras alicerçadas na paz e na esperança. Pode começar a falar do evangelho de Jesus, iniciando o trabalho majestoso de afloramento das potencialidades divinas, trazendo à luz o que está contido em essência nos refolhos mais íntimos de toda a criatura.

A educação moral visa a consagração do amor acima de tudo, formando homens de bem, conforme ensinou Jesus, trabalhando sempre pela paz e nunca cogitando a violência.

O indivíduo, por exemplo, na fase infantil, é mais suscetível ao aperfeiçoamento espiritual, quando suas tendências anteriores estão muito entorpecidas devido ao processo reencarnatório, conforme ensino ministrado em *O Livro dos Espíritos*, questão 383:

> Qual é, para o espírito, a utilidade de passar pelo estado de infância?
>
> – O espírito se encarnando para aperfeiçoar-se é mais acessível, durante esse período, às impressões que recebe, as quais podem ajudar o seu adiantamento, para o qual devem contribuir aqueles que estão encarregados de sua educação.

É importante a infância para que o ser cresça espiritualmente, desde que suas tendências ruins estão parcialmente adormecidas e assim possa receber a educação moral necessária para seu reerguimento moral e ser vencedor nesse embate, onde o bem preponderará.

A doutrina espírita aparece como aliada forte e essencial dos que lecionam a educação moral, nesse período de vida física, através da evangelização infantil, que é imprescindível para despertar o indivíduo para o conhecimento do caminho da verdade e da vida com o Cristo. Isso erradicará de si seus sentimentos malsãos e o despertará para o amor em ação.

Como ensina a doutrina espírita, é na infância:

> [...] que se lhes pode reformar os caracteres e reprimir os maus pendores. Tal o dever que Deus impôs aos pais, missão sagrada de que terão de dar contas (LE – questão 385),

E também:

> Nenhuma influência exercem os espíritos dos pais sobre o filho depois do nascimento deste?
>
> Ao contrário, bem grande influência exerce. Conforme já dissemos, os espíritos têm que contribuir para o progresso uns dos outros. Pois bem, os espíritos dos pais têm por missão desenvolver os de seus filhos pela educação. Constitui-lhes isso uma tarefa. Tornar-se-ão culpados, se vierem a falir no seu desempenho (LE – Q 208).

O saudoso Pedro de Camargo (Vinicius), nas obras *Nas pegadas do Mestre* e *Na escola do Mestre* definiu muito bem que salvar é educar. Disse que:

> [...] a sociedade contemporânea necessita duma força que a levante da degradação e do caos em que se encontra. Essa força há de atuar de dentro para fora, do interior para o exterior, afinando os sentimentos, despertando a razão e a consciência dos homens. Esta força indubitavelmente é a educação.

Importantíssimo frisar que o ambiente familiar é primordial para o processo de crescimento evolutivo dos seus integrantes. Quando a infância está desamparada, a sociedade está em crise. Daí haver o codificador haver formulado a pergunta (LE – questão 813):

> Há pessoas que, por culpa sua, caem na miséria. Nenhuma responsabilidade caberá disso à sociedade?
>
> – Mas, certamente. Já dissemos que a sociedade é muitas vezes a principal culpada de semelhante coisa. Demais, não tem ela que velar pela educação moral dos seus membros?

Quase sempre é a má educação que lhes falseia o critério ao invés de sufocar-lhes as tendências perniciosas.

Os instrutores do Além fazem referência à educação desprovida da moral, incapacitada de reformar as más tendências imantadas no ser reencarnante e refratária à mudança de caráter e enfatizam:

> [...] Se uma boa educação moral lhes tivesse ensinado a lei de Deus, não teriam caído nos excessos que os levaram à perda. E é disso, sobretudo, que depende o melhoramento do vosso globo (LE – questão 889).

O empecilho maior que dificulta a implantação da educação moral é a enraização do egoísmo das profundezas do homem, que:

> [...] se enfraquecerá na proporção em que a vida moral for predominante sobre a vida material e, sobretudo, com a compreensão, que o espiritismo vos faculta, do vosso estado futuro, real e não desfigurado por ficções alegóricas (LE – questão 917).

Kardec, comentando a explanação dos espíritos superiores, diz que o egoísmo tem que ser:

> [...] atacado em sua raiz, isto é, pela educação, não por essa educação que tende a fazer homens instruídos, mas pela que tende a fazer homens de bem. A educação, convenientemente entendida, constitui a chave do progresso moral. Quando se conhecer a arte de manejar os caracteres, como se conhece a de manejar as inteligências, conseguir-se-á corrigi-los, do mesmo modo que se aprumam plantas novas.

Na sua obra, *Pedagogia espírita*, Herculano Pires afirma que:

> [...] espiritismo é educação. Educação individual e educação em massa. [...] Hoje, o espiritismo se transformou em uma convicção de massas. Cumprindo assim um dos seus objetivos, de acordo com os postulados doutrinários e a previsão de Kardec, Denis, Delanne e seus companheiros, o espiritismo de massas exige educação massiva.

O fim precípuo da doutrina espírita é a instrução moral do homem.

> O bem reinará na Terra quando, entre os espíritos que a vêm habitar, os bons predominarem, porque, então, farão que aí reinem o amor e a justiça, fonte do bem e da felicidade. Por meio do progresso moral e praticando as leis de Deus é que o homem atrairá para a Terra os bons espíritos e dela afastará os maus. Estes, porém, não a deixarão, senão quando estejam banidos daí o orgulho e o egoísmo (LE – questão 1019).

O reino de Deus na Terra terá como seus súditos os homens de bem, vivenciando o amor e a justiça. Para que esse estado de direito surja o mais rápido possível é necessária uma pedagogia integral, como a espírita, proporcionando os subsídios necessários para a suplantação dos flagelos morais que assolam o Planeta.

O caminho a seguir é o evangelho de Jesus, onde o viajor terrestre obterá todos os subsídios para se tornar um vencedor e receber a coroa da vida, desencarnando em paz e alegria.

O Cristo disse: "Trabalhai, não pela comida que perece, mas pela comida que permanece para a vida eterna, a qual o Filho do homem vos dará; porque a este o Pai, Deus, o selou". Perguntaram-lhe, pois: "Que faremos para executarmos as obras de Deus?" Jesus respondeu-lhes, dizendo: "A obra de Deus é esta: Que creiais naquele que Ele enviou". Tornaram então os discípulos: "Que sinal, pois, fazes tu, para que o vejamos, e creiamos em ti? Que operas tu? Nossos pais comeram o maná no deserto, como está escrito: Deu--lhes a comer o pão do céu..."

Continua o Mestre: "Na verdade, na verdade vos digo: Moisés não vos deu o pão do céu; mas meu Pai vos dá o verdadeiro pão do céu. Porque o pão de Deus é aquele que desce do céu e dá vida ao mundo". E os discípulos: "Senhor, dá-nos sempre desse pão". E Jesus, então, lhes revela: *"Eu sou o pão da vida; aquele que vem a mim não terá fome, e quem crê em mim nunca terá sede".* (João 6:27-36). (Grifos do autor.)

Jesus, realmente, é o Mestre por excelência, sendo o caminho, a verdade e a vida. Buscando-lhe a intimidade sublime, a humanidade estará apta a negar a si mesma, isto é, poder fazer autoanálise e iniciar uma guerra contra a sua inferioridade, policiando todos os atos e pensamentos malfazejos e seguir verdadeiramente o Cristo, deixando exteriorizar-se, em toda a plenitude, a centelha divina que lhe dá a vida. "Aquele que diz: Eu o conheço, e não guarda os seus mandamentos, é mentiroso, e nele não está a Verdade" (1 João 2:4).

Jesus, como instrutor dos habitantes terrenos, mostra a trilha bendita a ser seguida, mas de maneira nenhuma carrega a cruz da humanidade, a qual tem que ser levada por ela própria (enfermidades, paralisias, deformações físicas, disfunções sexuais, sofrimentos de todos os matizes etc.).

Diante desses embates, o homem sabe que o Mestre lhe ampara os passos e lhe fortalece o ânimo, ensinando-o como superar o *Getsêmani* dentro de si, engolfado que está diante do medo, da aflição e da dor: [...] *"Negue-se a si mesmo, carregue a sua cruz e siga-me"* (Marcos 8:34).

Exemplificar os ensinamentos do Cristo é a receita para ser vencedor nos embates da evolução espiritual, procurando sempre, em todos os momentos, praticar o bem e se esforçar para expungir todo o mal que ainda persiste em perdurar em si.

Jesus exortou o homem terreno a amar os seus inimigos, fazendo o bem até para os que lhe tivessem ódio, como igualmente a orar pelos que o perseguissem e caluniassem. Disse que o indivíduo que ama apenas os que o amam, nenhuma recompensa terá. "Afinal", rematou o Mestre, "não fazem assim também os publicanos?" Quanto a saudar apenas os irmãos, disse o Cristo: "Não fazem o mesmo os pagãos?" (Mateus, 5:44, 46, 47, 48).

Em verdade, Jesus deixou para a humanidade sublimes exortações, dizendo-lhe que se esforçasse para lograr êxito. Seus ensinamentos não foram em vão, porquanto:

> [...] todos os espíritos foram criados por Deus como seres potencialmente perfeitos, portanto suscetíveis à melhoria espiritual, podendo alcançar a perfeição relativa. Durante a evolução do ser espiritual, há o despertamento de todas as potencialidades divinas adquiridas no momento de sua fecundação cósmica. (LE – questão 776).

Diz Allan Kardec:

> Em que consiste essa perfeição? Jesus o diz: Em amarmos os nossos inimigos, em fazermos o bem aos que nos odeiam, em orarmos pelos que nos perseguem. Mostra ele desse modo que a essência da perfeição é a caridade na sua mais ampla acepção, porque implica a prática de todas as outras virtudes (*O Evangelho segundo o Espiritismo*. Cap. XVII, 1-6).

Sem a doutrina da reencarnação, não teria sentido os ensinamentos do Cristo, exortando a amar os inimigos e ser perfeito como Deus, em uma só vivência encarnatória.

Ensina a doutrina espírita que:

> [...] o homem de bem é bom, humano e benevolente para com todos, sem distinção de raças, nem de crenças, porque em todos os homens vê irmãos seus. Respeita, nos outros, todas as convicções sinceras e não lança anátema aos que não pensam como ele. O homem de bem, em todas as circunstâncias, toma por guia a caridade (*O Evangelho segundo o Espiritismo*. Cap. XVII, item 3).
>
> [...] O espiritismo não institui nenhuma nova moral; apenas facilita aos homens a inteligência e a prática da do Cristo, facultando fé inabalável e esclarecida aos que duvidam ou vacilam. Reconhece-se o verdadeiro espírita pela sua transformação moral e pelos esforços que emprega para domar suas inclinações más (Capítulo XVII, item 4, da obra citada).

Disse Paulo, o Apóstolo dos Gentios (1- Coríntios 13:1-6):

> Ainda que eu falasse as línguas dos homens e dos anjos, e não tivesse amor, seria como o metal que soa ou como o sino que retine. E ainda que tivesse o dom da profecia, e conhecesse todos os mistérios e toda a ciência, e ainda que tivesse toda a fé, de maneira tal que transportasse os montes, e não tivesse amor, nada seria.

Continua Paulo:

> E ainda que distribuísse toda a minha fortuna para sustento dos pobres, e ainda que entregasse o meu corpo para ser queimado, se não tivesse amor, nada disso me aprovei-

taria. O amor é paciente, é benigno; o amor não é invejoso, não trata com leviandade, não se envaidece, não se porta com indecência, não busca os seus interesses, não se irrita, não suspeita mal, não folga com a injustiça, mas folga com a verdade.

[...] Agora, pois, permanecem a fé, a esperança e o amor, estes três; mas o maior destes é o amor (1- Coríntios 13:13).[23]

Portanto, cuidar do espírito é vivenciar o amor em todos os momentos, praticando a caridade, realmente vendo o próximo como a si mesmo.

Compulsando as letras do *Novo Testamento*, há significativas passagens, nas quais Jesus revela o caminho a seguir para todos os que desejam ser vencedores de si mesmos, denominando esse processo regenerativo de "salvação".

No *Evangelho de Mateus* (25:34 a 40), o Mestre refere-se aos eleitos ou salvos como aqueles que o servem na pessoa do próximo, isto é, a todos que exercem a fraternidade legítima, amando intensamente o semelhante e praticando verdadeiramente a caridade.

O texto, grandioso e magnânimo, é o seguinte:

[...] Vinde, benditos de meu Pai! Entrai na posse do reino que vos está preparado desde a fundação do mundo. Porque tive fome e me destes de comer; tive sede e me destes de beber; era forasteiro e me hospedastes; estava nu e me vestistes; enfermo, e me visitastes; preso, e fostes ver-me. Então perguntarão os justos: Senhor, quando foi que te vimos com fome e te demos de comer? Ou com sede e te demos de beber? E quando te vimos forasteiro e te hospedamos? Ou nu e te vestimos? E quando te vimos enfermo ou preso e te

---

23. Em algumas traduções, temos: Agora, pois, permanecem a fé, a esperança e a caridade, estas três: mas a maior destas é a caridade. (Nota do revisor)

fomos visitar? O rei, respondendo, lhes dirá: Em verdade vos afirmo que, sempre que o fizestes a um destes meus pequeninos irmãos, a mim o fizestes.

Em um momento tão solene, quando o Cristo profetiza a respeito da separação entre bons e maus, não há menção de qualquer religião ou plano especial de salvação. Jesus declara salvos aqueles que o seguem, exercitando o amor exemplificado por ele. Acima de qualquer rótulo, está assentado o título de servidor. Na Parábola do Bom Samaritano é outorgada a um homem idólatra essa pomposa designação, desde que exerceu a fraternidade legítima, amparando o homem largado na estrada.

O passaporte que levará o ser humano ao conhecimento pleno de si mesmo é, verdadeiramente, o amor, alavanca a lhe impulsionar degraus acima da escalada evolutiva. Exercitando-se cada vez mais na prática do amor em ação, a humanidade estará capacitada a descortinar a essência divina existente em si.

Capítulo XX

Reencarnação e biologia

Alguns profissionais ligados à Medicina, principalmente obstetras, pediatras e patologistas, constatam nascituros ostentando desarmonias marcantes, alguns com aparência monstruosa. Fruto do acaso?

Tais aberrações são relacionadas a fatores casuais pelos materialistas e espiritualistas menos avisados, o que caracteriza uma hipótese por demais simplória, não merecendo consideração, desde que a própria harmonia e ordem do Universo, como igualmente a grandeza matemática e estrutural das galáxias, apontam para uma causa inteligente.

Segundo o poeta, romancista e crítico de arte francês, Théophile Gautier (1811-1872), "o acaso é, talvez, o pseudônimo que Deus usa quando não quer assinar Suas obras".

Todo efeito é sempre consequência de uma causa. Nunca poderia ser rotulado de acaso uma decorrência inteligente, porquanto, de imediato, teria uma gênese igualmente engenhosa. Portanto, o que vemos aparentemente ser o caos tem uma razão oculta que necessita ser descoberta. A existência da dimensão extrafísica, quando for do conhecimento total da ciência, esta deverá enriquecê-la de conhecimentos e, então, estaremos diante de uma realidade transcendente à matéria física.

Em verdade, a vida é uma só, constituída de dois planos vibratórios distintos, mas interligados. O princípio espiritual necessita da matéria, a qual lhe proporciona desenvolvimento evolutivo. Em verdade, a centelha divina se vale da vibração mais baixa, que é a tela física, para suas aquisições e experiências.

Seguindo a evolução milenar, já bem mais maturado e elaborado, o princípio espiritual dá formação a organismos mais superiores, surgindo o animal e nascendo o instinto.

Em constantes experiências e embates milenares, a centelha divina continua no seu trajeto evolutivo, aprimorando-se e exercitando-se, no avanço da escala zoológica, até chegar à conscientização na fase hominal, surgindo o intelecto.

Atualmente, a não ser a oposição de grupos religiosos ortodoxos, apegados à letra das Escrituras e não ao seu verdadeiro significado, todos aceitam a evolução e não combatem a crença de que o homem tem parentesco com o animal antropoide.

Diz o espírito Emmanuel, na obra *A Caminho da luz* (FEB Editora):

> As entidades espirituais auxiliaram o homem do sílex, imprimindo-lhe novas expressões biológicas. Extraordinárias experiências foram realizadas pelos mensageiros do invisível...
>
> [...] Os séculos correram o seu velário de experiências penosas sobre a fronte dessas criaturas de braços alongados e de pelos densos até que surgiram os primeiros selvagens de compleição melhorada, tendo a elegância dos tempos do porvir.

O mecanismo da evolução orgânica e psíquica é explicado satisfatoriamente, tendo como apoio a doutrina da reencarnação, a qual explica que, nascendo e renascendo, a centelha divina conquista melhoramentos, registrando-os em sua intimidade, possibilitando, em seu ingresso no mundo terreno a criação de formas físicas mais evoluídas.

A inteligência de natureza transcendental pode desenvolver experiências, receber aquisições, haurir progressos, de permeio à resistência natural proporcionada pelo teor vibratório mais denso do mundo físico.

A diversidade da vida não pode ser atribuída apenas às mutações e às recombinações genéticas resultantes do simplório "acaso". O acentuado adiantamento da genética e da biologia molecular está exigindo a incorporação de um novo enfoque causal, de uma explicação global que possibilite a plena compreensão dos processos que regem os fenômenos biológicos atualmente ainda intrincados.

Realmente, nas paragens científicas, o momento chegará quando a Energética Espiritual for apontada e, ao mesmo tempo, a constatação do seu adiantamento evolutivo diante dos embates encarnatórios e a presença inequívoca do laboratório invisível da Natureza.

Então, o fenômeno evolutivo, sob a guarda da Biologia, deixará de ser tão complexo e enigmático, enriquecendo-se com apreciações que estejam mais de acordo com as suas especificidades.

Sem a pluralidade das existências não haveria evolução, nem progresso. Disseram os espíritos a Allan Kardec: "... Tudo se encadeia em a Natureza, desde o átomo primitivo até o arcanjo, que também começou pelo átomo" (LE – questão 540).

Jesus disse: "O Reino de Deus está dentro de vós" (Lc. 17:21). Em milênios e milênios, o ser espiritual viaja à procura da fonte geradora, nascendo e renascendo. Saímos do Absoluto, impregnados d'Ele e para Ele retornaremos, já trazendo exteriorizadas todas as potencialidades divinas. Apenas uma vida física não dá sequer para se iniciar nas primeiras letras do alfabeto cósmico.

A jornada do ser imortal diante da Eternidade foi descrita pelo espírito Adelino de Fontoura Chaves, na obra *Antologia dos imortais*, por meio do abençoado lápis de Francisco Cândido Xavier, no seguinte soneto:

Fui átomo, vibrando entre as forças do Espaço,
Devorando amplidões, em longa e ansiosa espera...
Partícula, pousei. Encarcerado, eu era
Infusório do mar em montões de sargaço.

Por séculos fui planta em movimento escasso,
Sofri no inverno rude e amei na primavera;
Depois, fui animal, e no instinto da fera
Achei a inteligência e avancei passo a passo...

Guardei por muito tempo a expressão dos gorilas,
Pondo mais fé nas mãos e mais luz nas pupilas,
A lutar e chorar para, então, compreendê-las!...

Agora, homem que sou, pelo foro divino,
Vivo de corpo em corpo a forjar o destino
Que me leve a transpor o clarão das estrelas!

O princípio espiritual já individualizado, segundo ensinamento dos espíritos superiores a Allan Kardec, "atinge o grau necessário para ser espírito e entrar no período da humanidade" (LE – questão 611) depois de milênios de conquistas e aprendizados, atravessando eras sem fim, nascendo, morrendo e renascendo; incorporando aquisições e experiências, aprimorando o corpo físico com o desenvolvimento consecutivo da glândula pineal.

A Terra, um pequeno ponto de pedra, ferro e água, situada nos confins da Via Láctea, iluminada por uma estrela de quinta grandeza, serve também de moradia para o espírito viajor no seu caminho em busca da perfeição.

Através de um sem-fim de etapas reencarnatórias, com a liberdade de seguir o caminho das estrelas com os próprios passos, o ser espiritual encontrará sua identidade divina.

Reencarnação significa tornar a nascer, entrar na carne novamente. Outros termos são também usados: palingenesia ou palingênese, de *palin* (novo) e *genesis* (geração), isto é, novo nascimento; metensomatose, passagem da alma por diferentes corpos. Pela doutrina da reencarnação, compreende-se que há uma finalidade, um objetivo, para a existência do homem e do Universo.

A vida em um organismo humano tem início quando duas células, os gametas sexuais, se encontram no corpo feminino. A maior, o óvulo, este é produzido nos ovários, e a outra, o espermatozoide, é formado nos testículos. À fusão dos dois gametas dá-se o nome de fecundação, fertilização ou concepção.

Na questão 344 de *O Livro dos Espíritos*, Kardec indaga: "Em que momento a alma se une ao corpo?" A resposta: "A união começa na concepção, mas não se completa senão no momento do nascimento".

Seguindo o curso evolutivo, no cadinho terrestre, o ser transcendental, sofrendo o rigor de um estado vibratório mais denso, que se lhe afigura como verdadeira prisão celular, este terá a oportunidade de crescer, de poder desenvolver potencialidades e de procurar um possível aperfeiçoamento nas diversas oportunidades que a reencarnação proporciona.

Através da espiritualidade, por diversas fontes mediúnicas, vem o importante ensinamento: A essência energética vital ou espírito age sobre a matéria através de sua vestimenta vaporosa, de natureza fluídica, conhecida como perispírito ou corpo espiritual. Este serve de intermediário entre a matéria e o espírito, atuando como um laço que prende a alma ao corpo. É o veículo de todas as sensações que o ser extrafísico recebe e pelo qual transite sua vontade ao exterior.

Assim como qualquer obra humana exige uma planta de construção, o corpo humano é formado, nas maravilhosas fases da Embriologia, seguindo as determinações do molde espiritual (perispírito ou corpo espiritual) ali presente.

Um corpo se forma no interior de outra organização física, sem que a mãe tenha participação ostensiva nesse processo maravilhoso e importante da construção, pelo espírito imortal, de sua vestimenta física transitória.

O Livro dos Espíritos é rico em ensinamentos a respeito da volta da inteligência extrafísica à vida corporal. Os espíritos superiores ensinam que, no momento de encarnar-se, o ser transcendental sofre perturbação maior e, sobretudo, mais longa do que a que experimenta ao desencarnar.

Respondendo à pergunta 339, dizem os instrutores do Mundo Espiritual: "Pela morte, o espírito sai da escravidão; pelo nascimento, entra para ela".

Allan Kardec afirma: "Para o espírito a reencarnação é uma espécie de morte, ou antes, de exílio, de clausura... À aproximação do momento de reencarnar, sente uma espécie de agonia" (Comentário em LE – questão 340).

O codificador perguntou às Vozes do Invisível: "É solene para o espírito o instante da sua encarnação? Pratica ele esse ato considerando-o grande e importante?" Pronta e objetiva a resposta: "Procede como o viajante que embarca para uma travessia perigosa e que não sabe se encontrará ou não a morte nas ondas que se decide a afrontar" (LE – questão 340).

A respeito do assunto, André Luiz, em *Missionários da luz* (FEB Editora), concede aos seus leitores, pelo lápis de Chico Xavier, interessantes conhecimentos: relata que, em vias de reencarnar-se, antes da fecundação do óvulo, sofre uma atuação magnética, retomando a plasticidade que lhe é própria. Logo após, persistindo a ação magnética dos espíritos construtores, a forma perispiritual torna-se reduzida. Então, o espírito fica inconsciente, num processo de hibernação. Através da irradiação de seus campos vibratórios, energéticos, comanda o processo da própria reencarnação. Quanto menos evoluído for, menor sua participação e intervenção na mecânica do "nascer de novo". André Luiz afirma que os processos de renascimento, como também os da morte física, diferem ao Infinito, não existindo dois absolutamente iguais (*Missionários da luz*).

Importante considerar que a formação do corpo humano é regida por fatores espirituais, não havendo de forma alguma a casualidade, mesmo que o concepto se apresente com alguma distonia.

Na obra *Palingênese, a grande lei* (Editora Caminho da Libertação), o Dr. Jorge Andrea ressalta que o espermatozoide que "penetrou determinado óvulo trouxe consigo o pequeno cromossoma que definirá o sexo não de modo casual e sim obedecendo a uma finalidade que lhe foi imposta".

Com efeito, a entidade reencarnante, antes da fecundação, já se encontrava sintonizada vibratoriamente com sua futura mãe e, consequentemente, com o óvulo que aí tem origem, atraindo, então, o espermatozoide que lhe é afim, com cromossoma X ou Y, de acordo com suas expressões energéticas masculinas ou femininas, refletindo o teor de polarização sexual que carrega, na faixa evolutiva em que se encontra. Portanto, "o próprio espírito, dentro das suas contingências sexuais, define o sexo que será portador" (*Palingênese, a grande lei*).

Se a entidade a reencarnar exercer atração sobre um gameta masculino, contendo o cromossoma X, dará vida a um corpo feminino; se atrair o gameta com cromossoma Y, nascerá homem.

Ao mesmo tempo o ser reencarnante, de acordo com a vibração destoante de seu perispírito, pode atrair um gameta masculino, albergando um gene patogênico ou portador de alterações cromossômicas.

O espírito pode, também, atuar diretamente na oogênese (ou

ovogênese) de sua futura mãe, dando ensejo à formação de um óvulo contendo o gene distônico ou com cromossomas alterados no número ou com erro de posição ou localização na célula reprodutora.

Outra explicação, sob o ponto de vista espiritual, para certas patologias congênitas, consiste na ação da entidade reencarnante sobre o ovo, causando, de acordo com as lesões perispiríticas, uma organogênese imperfeita, com defeitos verificáveis em qualquer etapa da morfogênese, gerando malformações.

Essa ação desarmônica do ser extrafísico, na embriogênese, pode ser causa de grande número de afecções congênitas de causas físicas complexas e obscuras, apresentando-se na maioria das vezes como casos isolados, sem a observância das mesmas nos familiares.

A formação do embrião acontecerá imposta por dois fatores básicos: As informações genéticas do ovo, vindas dos pais pelos gametas, escolhidos pelo espírito, em consonância com sua faixa vibratória, que estão programadas a regular todo o metabolismo celular (nutrição, crescimento, divisão) e a participação moldeadora ou organizadora do corpo espiritual, servindo de molde para as células dos tecidos embrionários desenvolverem-se e formarem o corpo humano.

O corpo espiritual é responsável pelas formas que assume o embrião em seu crescimento e progresso. Na realidade, toda a complexidade orgânica foi edificada a partir de um dinamismo superior extrafísico.

O encontro de duas células germinativas (espermatozoide e óvulo) proporciona a formação de um ser humano, constituído por cem trilhões de células, que funcionam harmonicamente, sendo que diferentes grupos celulares estão especializados no desempenho de diferentes atribuições.

Portanto, trilhões de células, com funções complexas e específicas, responsáveis por fenômenos bioquímicos precisos, formadas a partir da união de apenas duas células, não podem ser fruto do acaso. Certamente, existe um substrato transcendental, agente causal da formação do corpo físico, que preexiste ao mesmo e lhe serve de modelo e orientador.

O dia chegará em que a ciência, saindo da periferia analítica, penetrará a essência das coisas, compreendendo e entendendo a presença de um molde energético, responsável pela formação e funcionamento do corpo somático. Então teremos a explicação racional dos cientistas a respeito das causas das doenças congênitas, entendendo que os defeitos, vincados no modelo perispiritual, reaparecem no corpo de carne, sendo causa das malformações verificadas na tela física.

Na realidade, quando a genética ensina que as doenças hereditárias são causadas por um gene distônico, ou por cromossomas alterados, está se referindo a uma consequência, já que o espírito reencarnante atrai o gameta do pai ou da mãe com disfunção gênica ou anomalia cromossomial, de acordo com suas vibrações energéticas doentias e desarmônicas.

Podendo, também, de acordo com a lesão em seu perispírito, exercer uma ação deletéria na formação dos órgãos embrionários, causando malformações, não explicadas, na sua intimidade pela ciência, qualificando-as como de origem multifatorial, onde se calcula que muitos genes estejam ligados (poligenes).

Num trabalho realizado sobre a origem da deficiência mental na espécie humana, a causa gênica bem estabelecida teve uma percentagem de 1% a 5% (as poligênicas com 15%); a causa cromossômica de 2% a 3% (Síndrome de Down com 10%) e as desconhecidas 43% (*A Genética Humana*, Livraria Francisco Alves Editora).

Os gêmeos monozigóticos ou univitelinos, que resultam da fecundação de um óvulo, têm a mesma herança. São geneticamente idênticos; contudo, pode um deles nascer com doença congênita.

Embora sejam formados a partir de um ovo ou zigoto, na realidade, os gêmeos são espíritos reencarnados. Se um deles estiver com sua vestimenta fluídica desarmonizada, for uma entidade com seu perispírito danificado pelo mau procedimento no passado, certamente ele será responsável pela má formação de seu corpo físico. A ciência, não sabendo explicar devidamente o assunto, diz apenas que houve um defeito no mecanismo da divisão celular de um dos gêmeos.

Novamente vendo um efeito e não sabendo relacionar, o mundo científico ignora a presença de um molde espiritual, elástico, que calca sua forma sobre a matéria, a causa primária do fenômeno. Sendo o corpo espiritual de constituição fluídica, elástica, alterada pelo pensamento e pela vontade, fica mais fácil entender o porquê, a verdadeira causa do nascimento de autênticos monstros.

O espírito que vivencia, na vida além-túmulo, intenso sofrimento – o que o evangelho simbolicamente denomina "inferno eterno", já que tem a aparência de indeterminado, tempo sem fim, de acordo com a gravidade de suas faltas praticadas no pretérito –, vinca o corpo espiritual com os desequilíbrios ou distonias, compatíveis com o grande remorso, remoendo ou consumindo, como labaredas de fogo, todo o seu interior.

Então, ao reencarnar, a vestimenta fluídica danificada plasma um corpo somático deformado. Quando o perispírito está totalmente lesado, pode-se conjecturar que, inteiramente desfigurado, "renasce" no berço físico, através de ato cirúrgico, como um tumor, conhecido pela ciência como Corioma.

A neoplasia é originada do troflobasto, porção do ovo que estabelece intercâmbio com o ambiente. Pode ser benigna (mola hidatiforme) ou maligna (coriocarcinoma). A ciência nada sabe sobre sua causa.

A doutrina codificada por Kardec ensina que espíritos de suicidas ou de criminosos inveterados, trazendo o perispírito totalmente desestruturado, plasmam um corpo físico sem nenhuma orientação, culminando na maior parte das vezes em ovopatias, levando a abortamentos espontâneos.

É importante frisar que não há organização biológica devido ao espírito reencarnante direcionar seu pensamento para o caos, estando sua vestimenta fluídica inteiramente danificada.

A doutrina espírita também diz que, em alguns casos, onde o produto embrionário ou fetal é "uma simples massa de carne" (LE – Questões 136a e 136b), não houve destinação à encarnação de seres extrafísicos (LE – questão 356). Nesses casos, não há a presença de substrato energético, preexistindo ao corpo físico e lhe servindo de campo modelador. O que seria um ser reencarnante vem morto e desfigurado.

O ingresso do espírito na dimensão física faz com que sua deficiência, vincada na sua vestimenta extrafísica, desabrochando no corpo somático, torne-se menos intensa e, com o decorrer das seguintes encarnações, drene todas as suas imperfeições na vestimenta corporal.

Portanto, de imediato, evidencia-se a importância da vida humana para o ser espiritual se desvencilhar dos grilhões que o levaram à chamada "prisão eterna", a qual, na realidade, ensinou Jesus ser mesmo transitória, mas onde se deveria "pagar o último ceitil" (Mt. 5:26), para ser libertado finalmente das grades do sofrimento.

É necessário patentear que o "amor cobre a multidão de erros" (1-Pedro: 4:8); portanto, sair do presídio moral, onde se encontra a consciência do espírito devedor, relaciona-se a entrar em contato na matéria com os adversários de antanho, procurando uma reconciliação final.

Através do amor devotado a outrem, onde a caridade é a tônica das atitudes, vendo-se o próximo como a si mesmo, o espírito tem também a oportunidade de se reconciliar consigo mesmo, harmonizando seu perispírito nas ações boas que pratica.

Neste caso, o sofrimento deixa de ser um acicate à evolução da criatura, já que o amor desinteressado cobre multidão de erros do passado, e a dor deixa de ser compulsória para a libertação espiritual do ser.

Conhecer o evangelho e praticar os ensinamentos do Cristo é a solução, o remédio salutar para as desarmonias vincadas ao corpo espiritual. Então, o sofrimento compulsório será extinto ou atenuado de acordo com a intensidade e sinceridade dos atos de amor para com os semelhantes, como também concordante com o remorso veemente que carrega dentro de si. Assim fazendo, a dor já não será uma condição obrigatória para o desprendimento das imperfeições, gravadas pelo próprio ser espiritual em sua vestimenta fluídica.

Libertar-se das algemas do remorso, através do amor, seria o verdadeiro caminho do resgate; infelizmente, o homem ainda não aprendeu as lições sábias do Cristo e permanece criando o mal, nele se alimentando. E dele terá que se libertar, através da reencarnação, em corpos malformados, "em tribulações compatíveis com os débitos que assumiram" (*Leis de amor*, Editora Lake).

No momento em que o mundo científico, principalmente a Biologia, entender e assimilar a presença de um substrato energético inteligente, gerando a vida física e renascendo na tela somática todas as vezes que se fizerem necessárias, Jesus reinará de verdade nos corações dos homens, já que a ciência e a religião estarão unidas, uma contemplando a outra, revelando-nos que há uma finalidade maior na vida e que a felicidade em potencial dentro de nós será conquistada gradativamente através do amor ou da dor.

A responsabilidade será inerente à criatura, que compreenderá que seu infortúnio atual tem uma causa desarmônica no passado, e que a felicidade futura dependerá da sua conduta atual.

Jesus disse: "Conhecereis a verdade, e ela vos libertará" (João: 8:32).

Capítulo XXI

Reencarnação e sexo

O ENSINO ESPÍRITA ENFATIZA que a encarnação humana é fundamental para a evolução do ser extrafísico, assim como consta em *O Livro dos Espíritos*: "A união do espírito e da matéria é necessária", "Os espíritos têm que sofrer todas as vicissitudes da existência corporal" e "Criados simples e ignorantes se instruem nas lutas e tribulações da vida corporal".

Portanto, o ser espiritual necessita do estágio obrigatório na dimensão física, ficando, então, subordinado à prática sexual, peça chave na procriação dos seres humanos.

Importante destacar que a ciência exaustivamente alerta que o desempenho sexual é diretamente proporcional a um estilo de vida saudável, proporcionando ao encarnado uma boa perspectiva de sucesso na sua trajetória no campo da sexualidade.

Considerável manter a autoestima, fugir do sedentarismo, não se alimentar de comidas hipercalóricas (doces, massas, alimentos com gordura saturada e *trans*), praticar exercícios aeróbicos e anaeróbicos rotineiramente, dormir bem, coibir desde a infância os fatores que desencadeiam a obesidade, o diabetes e a hipertensão.

Essencial não fumar; não ingerir bebidas alcoólicas; esforçar-se para evitar o estresse, sabendo que a ansiedade e a depressão são deveras prejudiciais à vida sexual. Fundamental ir periodicamente ao médico e se submeter aos exames clínicos e laboratoriais.

A atividade física constante estimula a circulação do corpo inteiro, agindo igualmente nos órgãos sexuais, facilitando o afluxo sanguíneo nos corpos cavernosos do pênis (efeito vasodilatador) e a lubrificação vaginal.

O oposto se verifica com o tabagismo e a alimentação rica em gordura *trans* e gorduras saturadas; o primeiro, devido à ação perniciosa da nicotina, contraindo as artérias (efeito vasopressor), enquanto a segunda produz entupimento pela presença nefasta do mau colesterol. O dano circulatório, provocando disfunção erétil, é encontrado igualmente no diabetes.

O homem tem o dever de velar pela conservação do seu corpo. O arcabouço somático deve receber todos os cuidados necessários de higiene e saúde, não só para ser produtiva a reencarnação do ser espiritual, como também para que a função sexual seja a contento.

A autoestima melhora, diminui o estresse pela liberação de neurotransmissores, há analgesia e relaxamento pela presença da endorfina. Um indivíduo, que se cuida bem, pratica o sexo com melhor desempenho e por mais tempo, deixando o corpo mais saudável.

Importante é que a sexualidade seja vivenciada com discernimento, responsabilidade e respeito. Exercida de forma desarmônica, é responsável por grandes quedas, atuando como artífice maior dos desajustes espirituais, ensejando resgates dolorosos nas futuras encarnações que estende a todos a oportunidade da redenção espiritual.

O sublime fato encontrado no evangelho envolvendo Jesus, a mulher adúltera e seus acusadores, nos proporciona a oportunidade de intensa reflexão, visto que o Cristo, diante da mulher em desregramento sexual, não a recrimina ("nem eu também te condeno"), muito pelo contrário, encoraja-a a trilhar novos e luminosos caminhos ("vai-te, e não peques mais").

"Aquele que estiver sem pecado que atire a primeira pedra". Essa exortação do Mestre nos serve como paradigma quando estivermos diante de alguém em desvirtuamento na área da sexualidade, porquanto todos os espíritos ligados à vibração terrena não estão refratários a eventuais deslizes, nesta ou em próximas encarnações.

A energia sexual é uma força incomensurável que não pode ser liberada sem controle ou disciplina. Um deslize nesse setor facultará a oportunidade de regeneração no processo irreversível de reeducação da alma, principalmente nos casos em que o sexo envolve afetividade e se assume compromisso de muita responsabilidade com o semelhante. Desarmonias e desequilíbrios nesse campo energético trazem consequências danosas ao ser.

As deficiências advêm de cada criatura. E nunca é obra do acaso e muito menos predeterminadas por uma divindade vingativa. O indivíduo é hoje o que construiu ontem: "A cada um segundo as suas obras". Muito importante é o amplo conhecimento da reencarnação e da lei de causa e efeito: "A semeadura é livre, a colheita é obrigatória".

O homem, instruído nas leis divinas, envolver-se-á em ligação sexual alicerçada no amor, respeitando a outrem e sabendo que, além da reprodução das formas físicas, o relacionamento sexual tem a finalidade de unir energeticamente dois seres em uma atividade intensamente salutar ao organismo e que traz grandes benefícios ao casal.

O sexo, no passado, era encarado como sujo e imoral. Hodiernamente se apresenta de maneira vulgar, incrementado pela mídia, a qual se aproveita da forma banal com que é exibido para atrair maior audiência e acentuado rendimento financeiro.

Em uma época de tantas transformações em todos os setores do conhecimento humano, chega-se ao culto do prazer. Nunca se falou de sexualidade com tanta intensidade e o assunto nunca esteve tão em alta. Desde o aparecimento do primeiro anovulatório, conhecido popularmente por pílula, o hedonismo voltou a mostrar a sua face.

Felizmente, em concomitância, foi iniciado um processo de superação dos flagelos das proibições, os quais foram responsáveis por um quadro de culpabilidade imensa, imposta por uma sociedade ignorante e violenta, vivenciando a sexofobia, o medo do sexo, erroneamente associado ao pecado e à obrigatoriedade da prática sexual para fins reprodutivos.

Como controle de uma moléstia alarmante como a aids surgiram os coquetéis, em seu bojo os inibidores de proteases, impedindo a replicação do HIV no corpo. Com o descobrimento das pílulas pró-ereção que chegaram ao mercado, em 1998, a atividade sexual se expandiu, atingindo igualmente as pessoas de maior idade, com aumento da incidência de aids e de outras doenças sexualmente transmissíveis.

O prolongamento da vida sexual de pessoas mais maduras, não habituadas ao uso de preservativos e com novos relacionamentos não seguros, está acarretando o recrudescimento de doenças como a sífilis e a gonorreia.

Diante de momento tão trágico, é importante que o sexo promíscuo seja evitado. Considerável também um relacionamento único, alicerçado na fidelidade e na afetividade, garantindo uma longa e salutar vida sexual, evitando que o homem sofra tão intensamente na dimensão física quanto na espiritual.

Seria muito importante que todos os estudiosos da área sexual tivessem conhecimento da reencarnação. Na verdade, cada indivíduo é um universo, apresentando inumeráveis vivências, boas ou ruins, nos caminhos da evolução, através de muitas vivências no plano físico.

O ser espiritual, sendo criado simples e ignorante, conforme ensinamento contido em *O Livro dos Espíritos*, questão 115, abriga em potencial a perfeição dentro de si. Disse Jesus (Lucas, 17:21): "O reino de Deus não está li, nem acolá. O reino de Deus está em vós".

Necessário é que a individualidade espiritual plasme um corpo físico, já que, num ambiente de grande resistência, proporcionado pela vida em um planeta inferior, todas as potencialidades imanentes podem se desabrochar, exteriorizar-se, vir à tona.

Criado simples e ignorante, o espírito foi outorgado com o princípio do bem, em potencial, devendo ser exteriorizado, paulatinamente, em incomensuráveis etapas reencarnatórias, paradas obrigatórias e indispensáveis, no transcurso de uma viagem sideral, nascendo em corpos perecíveis e renascendo em corpos imortais, tudo isso mediante a graça e a misericórdia do Criador.

A doutrina espírita é rica de ensinamentos a respeito da evolução do ser espiritual, que, necessitando ganhar experiência, precisa conhecer o bem e o mal, o qual só é possível através da união do ser extrafísico com a matéria (LE – questão 634).

Por conseguinte, a esfera humana revela-se à criatura imortal como estância pedagógica, na qual o espírito dá ainda os primeiros passos rumo à perfeição, latente em potencial dentro de si, sendo aluno de importantes cursos de aprendizagem e aperfeiçoamento, tendo a magnânima oportunidade de ser testado, revelando as aptidões conquistadas, sob as bênçãos do Criador que o ama incondicionalmente.

De início, como herdeiro do Cosmos, suas primeiras moradas inevitáveis consistem em planetas, os quais, comparados com os demais do Universo, apresentam-se como primitivos, compatíveis com a frequência vibratória ainda densa que emite, dispensando-lhe a grandiosa oportunidade de crescimento evolutivo espiritual e físico.

Dotado do livre-arbítrio, o ser espiritual tem consciência do excelso despertamento que acontece em sua intimidade, podendo transitar por qualquer caminho, até mesmo por veredas sombrias, já tendo, nas primeiras encarnações, emoções no campo do oposto do bem, o mal.

Por tudo isso é que se encontram, na Terra, dicotomias como alegria e tristeza, bondade e maldade, quente e frio, luz e trevas, positivo e negativo, masculino e feminino, entre outras. Na sua origem, o espírito é virgem em experiências essencialmente masculinas e femininas. Pode, portanto, encarnar em um corpo de qualquer polaridade sexual. O mesmo acontecerá durante todo o seu trajeto evolutivo, situando-se nas duas polarizações, podendo abrigar uma vestimenta física masculina ou feminina.

No decorrer das reencarnações, incorporando várias personalidades, pode trazer estampada, durante algum tempo, maior característica sexual, com a predominância de um dos sexos em seu psiquismo.

Durante o trajeto pelo Cosmos, o ser extrafísico, reencarnando e desencarnando, defronta-se com muitas experimentações, nutrindo, principalmente, derrotas, erros e quedas, os quais, também, são aproveitados como aprendizagem.

O indivíduo, por exemplo, engolfado em desvio da sexualidade, está participando de uma experiência, embora transitória, muito importante, diante da evolução, na qual viaja para dentro de si mesmo, conhecendo-se como essência divina individualizada.

Quem se encontra no desregramento sexual pode, até mesmo, ter já desenvolvidas muitas potencialidades; entretanto, nos ensaios envolvendo a sexualidade, se apresenta ainda em pleno embate. Para a grande maioria de irmãos em caminhada terrena, as práticas sexuais em desalinho iniciaram-se muito longe, em existências pretéritas. No momento estão sendo recapituladas e digeridas, até a completa e inevitável eliminação, no decorrer das necessárias e imprescindíveis reencarnações.

Na dimensão espiritual, retornando com tristes e dolorosas experiências no campo da sexualidade, os seres espirituais recebem assistência moral superior em sanatórios especializados, havendo até atividades múltiplas de aprendizagem sexual, em recintos universitários organizados, como o Instituto Almas Irmãs, conforme informação do espírito André Luiz, na obra *Sexo e destino*, capítulo 9.

É gratificante o conhecimento da existência de educandários extrafísicos, verdadeiros hospitais-escola, onde os seres envolvidos no desregramento sexual são esclarecidos, recebendo o auxílio necessário ao reequilíbrio na área da sexualidade e se aprontando para o retorno à esfera física, quando se defrontarão com as recapitulações das experiências e comprovarão o aproveitamento ou não dos conhecimentos adquiridos, em edificações e provas redentoras.

A criatura espiritual é artífice do seu destino, conquistando a felicidade ou caminhando no desalinho. Segundo o filósofo e escritor suíço de língua francesa, Jean-Jacques Rousseau (1712-1778), o homem é essencialmente bom. O espiritismo nos ensina que ninguém é predestinado ao mal.

Quanto à entrada do ser espiritual, na arena física, a codificação kardequiana é riquíssima em ensinamentos. As questões 200, 201 e 202 de *O Livro dos Espíritos* trazem valiosos subsídios. Allan Kardec, na questão 200, pergunta aos instrutores do invisível: "Têm sexo os espíritos?" A resposta surge pronta e esclarecedora: "Não como o entendeis, pois que os sexos dependem da organização. Há entre eles amor e simpatia, mas, baseados na concordância dos sentimentos."

Em outras traduções, está igualmente bem claro que essa "organização" corresponde ao organismo físico, à constituição orgânica, biológica, exclusivamente carnal.

Na questão 201, o codificador faz a seguinte indagação: "Em nova existência, pode o espírito que animou um corpo de um homem animar o de uma mulher e vice-versa?" A explicação desponta de forma cristalina e expressiva: "Decerto; são os mesmos os espíritos que animam os homens e as mulheres".

O insigne Kardec, com seus comentários sempre inspirados, afirma com muita propriedade:

> Os espíritos encarnam como homens ou como mulheres, porque não têm sexo. Visto que lhes cumpre progredir em tudo; cada sexo, cada posição social lhes proporciona provações e deveres especiais e, com isso, ensejo de ganharem experiência. Aquele que só como homem encarnasse só saberia o que sabem os homens.

A seguir, perquire o codificador, na questão 202: "Quando errante, que prefere o espírito: encarnar no corpo de um homem, ou no de uma mulher?" Os espíritos superiores asseveram: "Isso pouco lhe importa. O que o guia na escolha são as provas por que haja de passar".

Para entender-se bem esse capítulo, algumas considerações são dignas de destaque:

1. Os espíritos não geram, isto é, não são dotados de faculdade procriativa; a reprodução é, exclusivamente, de âmbito físico.
2. Eles podem reencarnar, tanto na polaridade masculina quanto na feminina.
3. Os seres espirituais, ainda presos às injunções carnais, embora detenham em potencial as duas polaridades, certamente experimentam uma delas com maior intensidade, de acordo com inúmeras experiências reencarnatórias vivenciadas.
4. Os espíritos puros, em pleno gozo da perfeição relativa, como o Cristo, já não mais jungidos às paixões e desejos terrenos, imbuíram em completo as duas polaridades dentro de si, em perfeita harmonia interior.

5. Na obra *O Céu e o Inferno*, o espírito Sanson, antigo membro da Sociedade Espírita de Paris, desencarnado em 21 de abril de 1862, incorporado mediunicamente em um dos membros da Sociedade, em 25 de abril de 1862, responde à seguinte pergunta de Allan Kardec:

> Os espíritos não têm sexo; entretanto, como há poucos dias ainda éreis homem, no vosso novo estado tendes mais da natureza masculina que da feminina? Acontece o mesmo com um espírito que tenha deixado seu corpo há muito tempo?

A resposta dos benfeitores espirituais:

> Nós não temos que ser da natureza masculina ou feminina: os espíritos não se reproduzem. Deus os criou segundo Sua vontade e se, por Seus desígnios maravilhosos, Ele quis que os espíritos reencarnassem na Terra, ele teve que acrescentar a reprodução das espécies pelo macho e a fêmea. Mas, vós o sentis, sem que seja necessária nenhuma explicação, os espíritos não podem ter sexo.

A essa afirmativa, Kardec faz o seguinte comentário:

> Sempre foi dito que os espíritos não têm sexo; os sexos são necessários apenas para a reprodução dos corpos; visto que os espíritos não se reproduzem, os sexos seriam inúteis para eles. Nossa pergunta não tinha por objetivo constatar o fato, porém, por causa da morte recente do Sr. Sanson, queríamos saber se ainda conservava alguma impressão do seu estado terrestre.

Continua o codificador, com a vivacidade habitual:

> Os espíritos depurados compreendem, perfeitamente, a sua natureza, mas entre os espíritos inferiores, apegados à matéria, existem muitos que acreditam que ainda estão na Terra e conservam as mesmas paixões e os mesmos desejos; eles creem que ainda são homens ou mulheres, eis por que existem os que dizem que os espíritos têm sexo. É assim que certas contradições são provenientes do estado mais ou menos adiantado dos espíritos que se comunicam; o erro não é dos espíritos, mas daqueles que os interrogam e não se dão ao trabalho de aprofundar as questões (*O Céu e o Inferno*, tradução Celd Editora).

6. A ciência, através da embriologia, afirma que, até a oitava semana de vida intrauterina, a genitália do embrião corresponde a ambos os sexos, sendo denominada de gônada indiferenciada ou primordial. Portanto, a polaridade sexual do bebê em desenvolvimento, no cadinho materno, somente pode ser identificada pelo exame ultrassonográfico gestacional, a partir desse momento em diante.

Diante das seis considerações expostas, pode-se refletir, primeiramente, que o espírito possui uma bissexualidade latente ou bipolaridade, desde que porta órgãos genitais dos dois sexos em potencial. Tudo isso lhe possibilita a reencarnação, em um corpo de qualquer sexo, o que se verifica, durante todo seu aprendizado evolutivo, até chegar à angelitude, condição inerente aos seres já purificados.

Examinando, externamente, a genitália embrionária, até aproximadamente o terceiro mês de gestação, observa-se indeterminação do sexo, sendo impossível afirmar qual a polaridade sexual do ser em via de formação no claustro uterino.

Na observação dos órgãos genitais internos do embrião, nota-se que existem componentes dos dois sexos, correspondendo a um organismo bissexual, com estruturas primordiais gonadais e genitais idênticas nos dois sexos. No início do terceiro mês de gestação, inicia-se a formação do órgão sexual e começa a diferenciação do sexo.

O grande personagem dessa "organização", responsável pela perpetuação da espécie, indutor potente da diferenciação orgânica, é o cromossoma Y. Quando ele está presente, agindo fundamentalmente através do gene SRY, localizado em seu braço curto, e de outros genes, atuando em cascata, a gônada indiferenciada se transforma em gônada masculina. Na sua ausência, as cristas gonadais não se diferenciam em testículos, acarretando uma gônada feminina.

Os testículos, liberando testosterona, são responsáveis pela elaboração do fenótipo masculino do feto. A simples ausência dos testículos faz com que a feminização seja processada, tudo isso dando formação aos órgãos sexuais masculinos e femininos responsáveis pela reprodução.

Pelo estudo da embriologia, sabe-se que a formação inicial do aparelho genital obedece, em ambos os sexos, a uma linha idêntica. Tal período é conhecido como estado de indiferença, que termina quando o sexo se fixa definitivamente, isto é, quando a gônada já é decididamente de um sexo, mantendo as vias correspondentes, enquanto as do sexo oposto se degeneram.

Uma ação hormonal intempestiva, agindo sobre o organismo em formação, impede a ação regressiva dos componentes do sexo não cromossômico. Daí a ocorrência dos casos de intersexualismo (indivíduos com o sexo não definido).

Aristófanes, em *O banquete*, de Platão, revela o mito dos andróginos, os quais foram descritos como seres bissexuados, dotados de muita força, chamando a atenção do deus Zeus, o rei do Olimpo, considerado o dominador do Universo, o qual resolveu dividi-los ao meio, transformando-os, então, em masculino e feminino.

Da mais alta Antiguidade vem, igualmente, o mito do hermafrodita, resultante de Hermafrodito, filho de **Hermes e Afrodite**, abrangendo em si as duas polaridades. Os gregos antigos contavam que Hermafrodito era belo como a mãe, porém desprovido de desejo amoroso. Certa feita, banhando-se em um lago, Hermafrodito foi espionado por uma ninfa aquática, chamada Sálmacis, que, se apaixonando pelo jovem sem ser correspondida, pediu aos deuses a chance de uma união duradoura. O pedido foi concedido e Hermafrodito fundiu-se com Sálmacis, constituindo um corpo de dupla natureza, provido de dois sexos.

No livro *Gênesis*, Deus criou Eva, à custa de uma costela de Adão. Contudo, a palavra hebraica, traduzida como "costela", em verdade, também é "lado". Assim sendo, o primeiro homem poderia ser enigmaticamente um hermafrodita, e a mulher, resultante de sua metade.

A bissexualidade, marcante em todas as criaturas, foi percebida pelo afamado psicanalista Jung, denominando *animus* a imagem masculina, e *anima*, a feminina. Desse modo, o homem alberga dentro de si as duas faces da polarização sexual que, na filosofia chinesa, são conhecidas como *Yang* e *Yin*.

O insigne Allan Kardec afirma, na *Revista Espírita*, janeiro de 1866:

> [...] Pode ocorrer que o espírito percorra uma sequência de existências no mesmo sexo, isto faz com que durante muito tempo ele possa conservar, no estado de espírito, o caráter de homem ou de mulher, cuja índole nele ficou impressa.

Alguns setores científicos enfatizam, estatisticamente, as diferenças encontradas entre os dois sexos, chegando até mesmo a dizer ser o cérebro responsável pelo processo, o que certamente comprova a presença do espírito, irradiando a polaridade sexual mais marcante.

Segundo algumas teorias psicológicas, o cérebro masculino está mais ligado ao mundo abstrato, atraído com grande facilidade por sistemas como equações matemáticas, música, computadores, carros etc. O feminino achegado mais para o mundo social, ligado aos sentimentos e às emoções, em que as mulheres têm maior facilidade de identificação e de relacionamento, inclusive melhor memória autobiográfica, recordando com detalhes episódios envolvendo emoções.

Utilizando imagens de ressonância magnética foi observado o porquê da estupenda memória feminina, já que se notou maior atividade do lado esquerdo, da região cerebral denominada de amígdala, enquanto nos homens, com menor recordação, houve participação da face direita.

Quanto à linguagem, os pesquisadores, envolvidos, igualmente, na obtenção de imagens cerebrais, concluíram que as mulheres processam informações nos dois lados do cérebro, em geral com predominância do esquerdo. Contudo, os homens tendem a utilizar apenas o hemisfério esquerdo. Daí advém o predomínio do sexo feminino, com melhor desempenho na linguagem verbal.

Quanto à orientação espacial, os homens saíram à frente, desde que usam os dois lados de uma região cerebral denominada hipocampo, a par das mulheres que marcam apenas uma face, a da direita, e complementam utilizando a parte mais exterior do cérebro, o córtex pré-frontal direito, mais ligado à memória. O sexo masculino baseia-se em dados geométricos; já as mulheres se ligam mais aos pontos de referência.

A maioria das pessoas, segundo as pesquisas, tem um cérebro misto, bem harmonizado, refletindo empatia, e é bom em sistemas, caracterizando uma adaptação, consequente à inevitável evolução espiritual e física do ser.

Apesar de todas as pesquisas recentes, a mulher, infelizmente, ainda é considerada como inferior ao homem, principalmente nos países árabes. Os gregos antigos chegaram a enquadrá-la como um tipo de categoria animal distinta. Até a Revolução Francesa, em 1789, a ideia dominante era de que só existia apenas um sexo, acreditando que os ovários seriam apenas os testículos internalizados.

No primeiro livro da Bíblia, *Gênesis* (3:16), já se encontrava estampada, enfaticamente, a discriminação para com a mulher, através da sentença implacável de parir com dor, cabendo o desejo sexual apenas ao homem. O Apóstolo dos Gentios, Paulo, na Primeira Epístola aos Coríntios (14:34), chegou a ponto de ordenar submissão das mulheres aos homens, como também a ordenar expressamente que se mantivessem caladas, nas igrejas, não lhes sendo permitido o uso da fala.

Na obra *No mundo maior*, capítulo 11, do espírito André Luiz, um instrutor ressalta que:

> [...] na esfera da crosta, distinguem-se homens e mulheres segundo sinais orgânicos, específicos. Entre nós, prepondera ainda o jogo das recordações da existência terrena, em trânsito, como nos achamos, para as regiões mais altas.

No capítulo 15 do livro *Ação e reação*, o mentor Silas, abnegado servidor de uma instituição de amparo aos sofredores, na dimensão extrafísica, respondendo a uma pergunta proferida pelo visitante Hilário, acompanhado de André Luiz, prontamente respondeu:

> Considerando-se que o sexo, na essência, é a soma das qualidades passivas ou positivas do campo mental do ser, é natural que o espírito acentuadamente feminino se demore séculos e séculos nas linhas evolutivas da mulher e que o espírito marcadamente masculino se detenha por longo tempo nas experiências do homem.

Na obra *Nosso Lar* muitas referências são dadas a respeito do predomínio de uma polaridade sexual, como: "almas femininas", "departamento feminino" e "entidades de natureza masculina". No livro *Os mensageiros*, capítulo 30, o espírito André Luiz presencia, estupefato, na dimensão espiritual, uma festividade de natureza matrimonial.

Quanto aos seres espirituais, acentuadamente, imperfeitos e, intensamente, subjugados à matéria, sabemos que não são capazes de usufruir a sexualidade sustentada pelos pilares do amor e vivenciada em vibração energética superior.

Então, presos ainda às sensações mais rudes, intentam praticar sexo de modo idêntico aos encarnados e não conseguem êxito, devido à inércia do sexo de periferia, como igualmente da necessidade do contato grosseiro com a matéria física, levando-os, pelo menos, os mais atrasados, a compartilhar com os encarnados, com os quais se afinizam, na prática do sexo promíscuo, exercendo ação vampiresca.

A ciência, através do estudo do embrião humano, relatando a gônada indiferenciada ou primordial, contendo, em potencial, ambos os sexos, atesta e comprova a realidade do espírito que, em verdade, não tem sexo e, ao reencarnar, vivencia indivíduos do sexo masculino ou feminino. Mais uma vez o caráter científico da doutrina espírita é comprovado, permitindo-nos louvar a figura majestosa e importante do codificador, Allan Kardec.

À luz da reencarnação, pode-se entender que o ser espiritual passa por muitas fieiras de renascimento e pode encarnar vivificando um corpo masculino ou feminino. Quando participa do processo do "nascer de novo", exterioriza vibrações energéticas compatíveis com o padrão do sexo masculino ou feminino, preponderante dentro de si.

Embora se saiba que, na sua essência, a individualidade espiritual tenha os dois sexos em potencial, um deles se torna mais marcante no decorrer das inúmeras existências terrenas. Estando o espírito já presente, jungido à sua futura mãe, na matriz genital, este, com suas irradiações, passa a influenciar e selecionar o espermatozoide que lhe é afim, vibratoriamente. Como artífice da sua própria vestimenta física, atrai o gameta com o seu devido e necessário cromossoma sexual (X ou Y).

O ser espiritual, dentro das suas contingências sexuais, na faixa evolutiva em que se encontra, define o sexo de que será portador. Se o espírito tem uma tonalidade sexual mais destacada para o sexo masculino, suas expressões vibratórias energéticas de teor essencialmente masculino exercem atração sobre um espermatozoide com carga genética Y, dando vida a um homem. Com efeito, a individualidade espiritual, com experiências na carne marcadamente do sexo feminino, atrai um gameta contendo um cromossoma X e vivificará um corpo do sexo feminino.

A propósito das polaridades sexuais, macho e fêmea, há um ensinamento primoroso do espírito André Luiz, em *Evolução em dois mundos*, capítulo 18, relatando: "A sede real do sexo não se acha [...] no veículo físico, mas sim na entidade espiritual, em sua estrutura complexa". Continua o querido mentor, explicando que "o sexo é, portanto, mental em seus impulsos e manifestações, transcendendo quaisquer impositivos da forma em que se exprime [...]".

Ainda nessa primorosa obra, o estimado arauto espiritual reafirma:

> O sexo reside na mente, a expressar-se no corpo espiritual, e, consequentemente, no corpo físico [...]. Assim, a conjugação ou fecundação, a partir desse conceito, deixa de ter uma conotação casual, passando a ser dirigida por uma força energética determinante. Todo ser, de acordo com as suas experiências e aquisições evolutivas, possui dentro de si os dois sexos, embora um deles ainda possa ser predominante, exatamente por ter sido mais vivenciado, em suas múltiplas existências.

Portanto, a individualidade na posição acentuadamente masculina, ao reencarnar em um corpo feminino, demonstrará como espírito, e às vezes, até mesmo no próprio corpo, traços de masculinidade. Assim ocorrerá, também, ao ser espiritual, com predomínio de experiências no campo da feminilidade, dando vida a um corpo masculino.

Um exemplo bem marcante dessas experiências sexuais, dentro das existências terrenas, é o do casal George Sand e Chopin. A primeira era mulher com componentes psíquicos marcadamente do sexo masculino, enquanto o segundo, célebre compositor clássico, era homem, com características femininas bem acentuadas. Apesar de tudo, formaram um casal em completa harmonia conjugal.

Certamente, que essas passagens reencarnatórias de uma faixa sexual preponderante, em várias existências físicas, para a outra polaridade, durante o processo da fecundação ou conjugação dos gametas sexuais, são planejadas antecipadamente e regidas por espíritos abalizados, chamados construtores, conforme informação do instrutor espiritual André Luiz.

Tais vivências são desenvolvidas na chamada transição reencarnatória, de forma natural, sem impositivos de ordem expiatória, por provação ou missão.

Essas experiências são bem construtivas nos seres dotados de equilíbrio, que geralmente se ocupam de nobres missões e funções importantes no campo artístico, educacional e religioso. No movimento espírita, dentro do trabalho gigantesco que desempenham na seara do Cristo, temos vários exemplos. São pessoas bem harmonizadas e tão compromissadas em suas especiais tarefas que canalizam suas emoções sexuais para o bem da coletividade, convivendo a castidade construtiva.

O mestre Jesus fez alusão a esses queridos irmãos, considerando-os como aqueles que se "fizeram eunucos por causa do reino dos céus [...]" (Mateus, 19:12).

A sexualidade de profundidade, em plena sublimação, se expressa de uma forma tão intensa, sendo o fator causal das grandes obras literárias, musicais, da pintura, da oratória, da benevolência, deixando o sexo de periferia parcialmente apagado. Contudo, aqueles que escolheram a castidade por fanatismo, por obrigações religiosas, fruto da imposição humana, caminham para desarmonias do campo íntimo do sexo de profundidade que, sem escoamento, aparecerão, sobremaneira, nas próximas existências, com desajustes de ordem cármica, necessitando reparação. Consequências expiatórias causadas pela chamada castidade destrutiva, gerando desarmonias e desequilíbrios das forças sexuais da alma.

A castidade forçada é prejudicial. Paulo disse que é melhor se casar do que se abrasar. Francisco de Assis dispensou um dos seus seguidores porque não suportava a abstinência sexual. E retirou-se do convívio dos franciscanos para poder contrair matrimônio.

Lamentável é que até hoje a Igreja Católica se veja às voltas com o problema de impor, a seus sacerdotes, a castidade. Interessante é que essa religião diga ter sido o apóstolo Pedro o primeiro papa. Logo Pedro que, segundo relato dos evangelistas, teve sogra e, tendo sogra, era casado e, portanto, não casto.

Pode também o transexualismo (psiquismo diferente do sexo de que é portador) encontrar-se numa posição expiatória por excelência. Como resultante de experiências errôneas, graves, dentro da área sexual, em vidas anteriores, o ser espiritual apresenta desequilíbrios marcantes na sua vestimenta espiritual. As lesões perispiríticas desarmônicas expressam-se em um campo vibratório distônico, atraindo, durante o processo do renascimento somático, um espermatozoide portador de um cromossoma sexual não compatível com o sexo preponderante em seu psiquismo.

Assim, homens devassos, libertinos, que utilizam o sexo de periferia de forma ultrajante, lesam seus corpos perispirituais de forma marcante, exteriorizando vibrações doentias. Durante o processo da fecundação, embora estejam situados em uma faixa sexual preponderantemente masculina, exercem atração sobre um gameta com carga genética feminina, já que seus pensamentos dementados estão direcionados patologicamente para o sexo oposto.

Em seus refolhos mais íntimos vibram pelo sexo feminino de forma tão dissoluta e impudica que, no momento da concepção de seus corpos físicos, fazem com que o óvulo seja penetrado pelo gameta com cromossoma X, o que acarretará a formação de corpos femininos.

Já, durante a infância, notarão ser possuidores de um problema de ordem expiatória ou cármica: vivenciarão um corpo dotado de um sexo totalmente contrário ao sexo de profundidade preponderante. Pensarão e poderão agir de forma diferente do sexo de que são portadores. Corpos femininos albergando psiquismo essencialmente masculino.

O mesmo processo, de forma inversa, acontece com os chamados transexuais masculinos. Em vida pretérita, foram mulheres, envolvidas em paixões aviltantes, produzindo sofrimentos e tragédia. Aprisionadas nas teias do sexo destoante, acarretam males significativos na vestimenta perispirítica, dando causa a vibrações de ordem sexual, inteiramente desarmônicas, completamente diferentes do campo sexual mais marcante no psiquismo de profundidade.

Ao reencarnar, vibrando intensamente de forma desarmônica para o sexo masculino, fazem a penetração no óvulo de um espermatozoide contendo cromossoma masculino Y. Embora possuam psiquismo preponderante feminino, nascerão em corpos masculinos.

Em março de 2016, por meio da Associação Americana de Pediatria, a ciência, de mãos dadas com o Espiritualismo, vem proclamar que "a ideologia de gênero é nociva às crianças" e que "todos nascemos com um sexo biológico".

Diz a nota que:

> [...] a Associação Americana de Pediatria urge educadores e legisladores a rejeitarem todas as políticas que condicionem as crianças a aceitarem como normal uma vida de personificação química e cirúrgica do sexo oposto. Fatos, não ideologia, determinam a realidade.

Diz que:

> [...] a sexualidade humana é um traço biológico binário objetivo: XY e XX são marcadores genéticos de saúde, não de um distúrbio. A norma para o *design* humano é ser concebido como macho ou como fêmea. A sexualidade humana é binária por *design*, com o óbvio propósito da reprodução e florescimento de nossa espécie. Esse princípio é autoevidente. Os transtornos extremamente raros de diferenciação sexual (DDSs) – inclusive, mas não apenas, a feminização testicular e hiperplasia adrenal congênita – são todos desvios medicamente identificáveis da norma binária sexual, e são justamente reconhecidos como distúrbios do *design* humano. Indivíduos com DDSs não constituem um terceiro sexo.

Afirma, ainda, que:

> [...] ninguém nasce com um gênero. Todos nascem com um sexo biológico. Gênero (uma consciência e percepção de si mesmo como homem ou mulher) é um conceito sociológico e psicológico, não um conceito biológico objetivo. Ninguém nasce com uma consciência de si mesmo como masculino ou feminino; essa consciência se desenvolve ao longo do tempo e, como todos os processos de desenvolvimento, pode ser descarrilada por percepções subjetivas, relacionamentos e experiências adversas da criança, desde a infância.

Pessoas que se identificam como "sentindo-se do sexo oposto" ou "em algum lugar entre os dois sexos" não constituem um terceiro sexo. Elas permanecem homens biológicos ou mulheres biológicas.

Esclarecem os médicos americanos que:

> [...] a puberdade não é uma doença – e os hormônios que bloqueiam a puberdade podem ser perigosos. Reversíveis ou não, os hormônios que bloqueiam a puberdade induzem a um estado doentio – a ausência de puberdade – e inibem o crescimento e a fertilidade em uma criança até então biologicamente saudável.

Argumentam que "98% dos meninos e 88% das meninas confusos com o próprio gênero acabam aceitando o seu sexo biológico depois de passarem naturalmente pela puberdade", segundo o DSM-V.
Alertam que:

> [...] crianças que usam bloqueadores da puberdade para personificar o sexo oposto vão requerer hormônios do outro sexo no fim da adolescência. Esses hormônios (testosterona e estrogênio) estão associados a riscos para a saúde, o que inclui, entre outros, o aumento da pressão arterial, a formação de coágulos sanguíneos, o acidente vascular cerebral e o câncer.

Chamam a atenção que:

> [...] o índice de suicídio é 20 vezes maior entre adultos que usam hormônios do sexo oposto e se submetem a cirurgias de mudança de sexo – inclusive nos países mais afirmativos

em relação aos chamados LGBTQ, como a Suécia. Que pessoa compassiva e razoável seria capaz de condenar crianças e jovens a esse destino, sabendo que, após a puberdade, 88% das meninas e 98% dos meninos vão acabar aceitando a realidade com boa saúde física e mental?

Finalizam a nota, dizendo que:

> [...] é abuso infantil condicionar crianças a acreditarem que uma vida inteira de personificação química e cirúrgica do sexo oposto seja normal e saudável. Endossar a discordância de gênero como normal através da rede pública de educação e de políticas legais servirá para confundir as crianças e os pais, levando mais crianças a serem apresentadas às "clínicas de gênero" e aos medicamentos bloqueadores da puberdade. Isto, por sua vez, praticamente garante que essas crianças e adolescentes vão "escolher" uma vida inteira de hormônios cancerígenos e tóxicos do sexo oposto, além de pensarem na possibilidade da mutilação cirúrgica desnecessária de partes saudáveis do seu corpo quando forem jovens adultos.

O comunicado foi assinado por Michelle A. Cretella, M.D. Presidente da Associação Americana de Pediatras, Quentin Van Meter, M.D. Vice-Presidente da Associação Americana de Pediatras, Endocrinologista Pediátrico, e Paul McHugh, M.D. Professor Universitário de Psiquiatria da Universidade Johns Hopkins Medical School, detentor de medalha de distinguidos serviços prestados e ex-psiquiatra-chefe do Johns Hopkins Hospital.

Deus não castiga ninguém. A justiça funciona através de si mesma. Há a oportunidade da concessão dos impedimentos físicos para dificultar a queda em novas culpas e ao mesmo tempo fazer meditar na importância do uso harmonioso das funções sexuais.

Sexo é discernimento, responsabilidade, e deve ser sempre praticado sob a égide do amor, sem nenhum interesse egoísta ou narcisista, respeitando a liberdade alheia e sabendo que, além da reprodução, o sexo tem a finalidade de unir duas criaturas, proporcionando a permuta de vibrações.

Durante o ato sexual, há um acasalamento de vibrações espirituais, como se o perispírito aderisse ao outro perispírito. Desarmonias e desequilíbrios nesse campo energético trazem consequências danosas ao corpo espiritual.

Em *Vida e sexo* (Capítulo V), o espírito Emmanuel, por meio de Chico Xavier, ensina:

> Em nenhum caso, ser-nos-á lícito subestimar a importância da energia sexual que, na essência, verte da criação divina para a constituição e sustentação de todas as criaturas. Com ela e por ela é que todas as civilizações da Terra se levantaram, legando ao homem preciosa herança na viagem para a sublimação definitiva, entendendo-se, porém, que criatura alguma, no plano da razão, se utilizará dela, nas relações com outra criatura, sem consequências felizes ou infelizes, construtivas ou destrutivas, conforme a orientação que se lhe dê.

Para a mesma entidade espiritual, na obra *Leis de amor*, foi perguntado: "Que providências retificadoras pedem para si próprios aqueles que abraçaram graves compromissos do sexo"? A resposta obtida, pela abençoada psicografia de Chico Xavier, foi a seguinte:

> Criaturas dotadas de harmonia orgânica, que arremessamos os valores do sexo ao terreno das paixões aviltantes, enlouquecendo corações e fomentando tragédias, suplica-

mos as doenças e as inibições genésicas que, em nos humilhando, servem por válvulas de contenção de nossos impulsos inferiores.

O orador e médium Divaldo P. Franco, abordado a respeito do assunto, no livro, assim se expressou:

> Todas as nossas forças, principalmente as genésicas, estão na aparelhagem orgânica com a alta finalidade da evolução. Naturalmente, sendo o sexo uma das expressões que proporciona o prazer imediato, objetivo, propiciando também o prazer da beleza, além da nobre faculdade procriativa, configura-se uma força criativa que ainda o homem não tem sabido utilizar com a necessária sabedoria. Não são poucos os que, inconscientemente, degradam esta bela e sagrada faculdade, mergulhando nas sensações mais grosseiras de forma a perverter sua finalidade [...].
>
> Há, ainda, a considerar, de acordo com o que asseveram os espíritos benfeitores, que o problema do sexo está muito vinculado ao pretérito do indivíduo. Dentro da lei de causa e efeito, todos os que malbaratam suas faculdades genésicas com excessos, aberrações, desvios, obsessões etc., em tempo oportuno terão de resgatar os débitos contraídos, alguns renascendo em corpos do sexo oposto, a fim de expiar os abusos com que dele se serviram, outros portando atrofias congênitas etc. (*Vida e obra de Divaldo Pereira Franco*).

Aqueles que se encontram, por exemplo, bem entrosados na polaridade masculina, na presente existência, devem meditar a respeito de, na próxima encarnação, darem vida a corpos femininos. As pedras arremessadas aos homossexuais, hoje, poderão transformar-se em uma muralha, na qual se defrontarão, na existência seguinte, com o psiquismo marcadamente masculino, destoando da polaridade sexual feminina que carregam, envolvendo-se em intensos conflitos e amarguras, podendo mesmo ser tomados pelas teias da homossexualidade.

Segundo definição do magnânimo espírito Emmanuel, encontrada na obra *Vida e sexo*, capítulo 21, "A homossexualidade [...] trata-se de tendência da criatura para a comunhão afetiva com outra criatura do mesmo sexo".

Realmente, de extrema felicidade a definição do estimado mentor, desde que a opção não se constitui, somente, em relacionamento sexual com indivíduo do mesmo sexo. Trata-se, igualmente, de vínculo emocional, afetivo, com pessoas da mesma polaridade sexual.

Em verdade, é importante o conhecimento espírita, diante dos embates da atividade sexual não heterossexual, esclarecendo e consolando. O desconhecimento do assunto faz com que a discriminação e o preconceito surjam, de súbito, prejudicando, sobremaneira, o raciocínio, levando o indivíduo a elaborar pensamentos malsãos e a cometer atos antifraternos contra os homossexuais.

É inconcebível, por exemplo, que um profitente verdadeiramente espírita, consciente da presença excelsa do Cristo, gerenciando, amorosamente, a terceira revelação divina à humanidade, aja agressivamente contra aqueles que apresentam afinidade, atração e comportamento sexual diferentes.

Todos os que lançam pedra sobre os homossexuais, até perseguindo e odiando, poderão, em próxima encarnação, em respeito à lei de causa e efeito, passar por essas mesmas experiências sexuais como aprendizado, aprendendo, então, a respeitar os semelhantes e entendê-los.

Aqueles que estão se sentindo seguros e firmes, em determinada polaridade sexual, não podem fazer ideia de como se comportarão, na seguinte encarnação, vivendo as experiências comuns da outra faixa sexual. Poderão ser arrolados como transexuais, desde que o sexo psíquico seja diferente do sexo de periferia e, de acordo com o desenvolver das experiências reencarnatórias, podem chegar até a desaguar na homossexualidade.

Sabemos que, diante do Infinito, os irmãos que canalizam suas emoções no campo da homossexualidade estão passando por uma fase assaz transitória e, no decorrer da evolução espiritual, encontrarão, sob as luzes da misericórdia divina, o caminho da harmonia, porquanto a reencarnação corresponde, sem dúvidas, a um divino instituto pedagógico.

Ainda, na obra *Vida e sexo*, capítulo 21, o estimado instrutor Emmanuel diz que a homossexualidade "não encontra explicação fundamental nos estudos psicológicos que tratam do assunto em bases materialistas, mas é perfeitamente compreensível à luz da reencarnação". O valoroso instrutor praticamente sela o assunto, expondo, com precisão, o verdadeiro conceito dessa problemática sexual, à luz da razão espírita.

O tema, realmente, é complexo, porquanto todos os espíritos têm que passar, durante o seu trajeto evolutivo, por inúmeras etapas reencarnatórias, trabalhando personagens submetidas a diferentes costumes e subordinadas a épocas históricas distintas. Pois bem! Pode, em determinada encarnação, a mentalidade social predominante favorecer e estimular a prática homossexual.

Em verdade, a pessoa traz realmente, do pretérito, a tendência de se vincular emocional, física e amorosamente com parceiros do mesmo sexo, eclodindo, de forma involuntária, já na fase infantil.

O indivíduo é levado pela correnteza da homossexualidade, de súbito, tudo isso, sendo observado em todos os povos da Terra, até mesmo entre os indígenas.

Algumas sociedades do passado incitavam a prática gay e, com certeza, possibilitaram vincar, avidamente, os seres espirituais ainda presos às injunções e vibrações da matéria, deixando marcas profundas nos porões do inconsciente, desaguando-as oportunamente nas encarnações seguintes.

Daí a dificuldade do mundo científico, até o momento, para relacionar uma causa provável à predisposição da atração sexual para alguém do mesmo sexo, seja orgânica ou psicológica, desconhecendo que o espírito reencarnante é o grande artífice do processo e que as causas psicológicas, apontadas por alguns setores científicos com exuberância, estão relacionadas com os indivíduos, denominados fronteiriços, que já trazem a propensão da problemática de vivências passadas, nascendo em meio familiar favorável ao seu desabrochamento.

Exemplos de sociedades afins com o comportamento homossexual, a sociedade grega e a sociedade romana, antigas, viam com naturalidade a atração entre seres do mesmo sexo. Para os gregos, a homossexualidade era aceita de forma natural, representando a entrada dos homens na vida social, existindo como um contexto iniciático, abarcando um rapaz jovem e um adulto.

Muitas pessoas, igualmente, foram levadas à homossexualidade, no pretérito, devido a austeras obrigações religiosas, vivendo enclausuradas em mosteiros e conventos, subordinadas a votos de celibato eclesiástico. Outros seres envolveram-se em prisões, quartéis, navios e internatos; porém, quando voltam para as atividades normais, abandonam a conduta sexual com o mesmo sexo (homossexualidade acidental). Muito citado, igualmente, na literatura em geral, a existência de haréns, onde por falta de parceiros sexuais, a homoafetividade era ostensivamente observada entre as mulheres.

A Bíblia relata o intercâmbio homossexual masculino nas cidades de Sodoma e Gomorra. Na Ilha de Lesbos, na Grécia, acontecia o inverso, por meio da poetisa Safo. Daí ter sido originada a palavra lesbianismo para a homossexualidade feminina.

Na sociedade brasileira, os homossexuais, infelizmente, ainda sofrem um exuberante preconceito, fazendo com que grande número de gays mantenha sua identidade sexual em segredo (enrustidos conscientes), utilizando o fingimento como escudo do ataque dos preconceituosos, dos quais muitos são enrustidos inconscientes, exteriorizando, dessa forma, a violência espontânea contra os gays.

Alguns autores ligados à parte científica, na vasta seara doutrinária espírita, relatam que, na homossexualidade, haveria troca de energias iguais, acarretando desequilíbrio energético, desestruturando os campos vitais, produzindo distúrbios de ordem psíquica.

Acontece que a teoria na prática é outra coisa, existindo casais homossexuais, tanto masculinos como femininos, que são fiéis na relação e, perfeitamente, ajustados à realidade, sem apresentarem quaisquer distúrbios de ordem psíquica.

São indivíduos bem integrados à sociedade, executando suas tarefas com honestidade e bom desempenho. Revelam-se como pessoas normais, tranquilas e equilibradas, embora a conduta sexual seja diferente e marcante.

Em verdade, o que leva ao equilíbrio e estabilidade energética dos parceiros envolvidos na prática sexual (homo ou heterossexual) é a afinidade recíproca, a atração magnética regida pelo verdadeiro amor entre as criaturas, divino em sua essência. Muitas pessoas que agridem os homossexuais com palavras ásperas e antifraternas podem até estar praticando uma relação heterossexual, sem fidelidade e não alicerçada em sentimentos mais profundos.

Nas ligações homossexuais, firmadas no amor e respeito recíprocos, mesmo existindo polaridades energéticas semelhantes, a paz exteriorizada pelo casal reflete harmonização e, consequentemente, equilíbrio de energias. Portanto, dois espíritos que se amam, mesmo encarnados em polaridades iguais, podem se completar sob o ponto de vista energético e emocional. Embora pareça estranha e duvidosa a afirmativa acima, é o que se verifica na prática, observando-se que a satisfação essencial das necessidades bioenergéticas é diretamente proporcional à afetividade do casal.

A homossexualidade e a heterossexualidade, limitadas apenas à função orgânica, restritas à satisfação fisiológica, sem a presença do amor, que une verdadeiramente as pessoas, levam ao desequilíbrio energético e psíquico. Por conseguinte, como existem casais homossexuais bem afinados e estruturados, apesar da polarização energética igual, o que faz a diferença é a presença do verdadeiro amor, unindo dois espíritos imortais, duas almas ligadas profundamente, embora vibrando através de polaridades energéticas semelhantes.

É preciso levar em consideração, dentro do conhecimento doutrinário, que o indivíduo não é homossexual, ele está homossexual. Certamente, diante do Infinito, no decorrer das inúmeras encarnações, o ser espiritual, na faixa da homossexualidade, reencontrar-se--á consigo mesmo, porquanto não existe em a Natureza o terceiro sexo, sendo comum e original a presença distinta de seres sexuados: o masculino e o feminino.

Afinal, homem e mulher são seres complementares destinados à evolução, anímica e espiritual, sendo os grandes artífices da sua realização, responsáveis pela perpetuação da espécie. Se o homossexualismo fosse dominante em nossa espécie, não haveria mais vida humana na Terra e os ensinamentos do nosso querido Mestre são bem claros: "Aquele que criou o homem desde o início, os fez macho e fêmea" (Mateus, 19:4).

Indispensável para o crescimento evolutivo da criatura espiritual que sejam despertadas as potencialidades que o Criador lhe concedeu, no momento de sua criação. Nesse intento, o ser se defronta com várias experimentações, estando subordinados às dicotomias, às necessárias polaridades existentes num mundo de provas e expiações como a Terra: positivo e negativo, amor e ódio, luz e trevas, feio e bonito, gelado e quente, paz e guerra, liberdade e prisão, e, dentre muitas outras: sexo masculino e sexo feminino.

Assim sendo, é imperioso reafirmar que ninguém nasce com um gênero. Todos nascem com um sexo biológico. Pensar e agir em discordância do sexo que é portador não altera o sexo biológico.

A predisposição revelada pelo homossexual, muitas vezes já na infância, é entendida, através do estudo da reencarnação, porquanto, se a sede real do sexo não estivesse na mente, não haveria explicação espiritual para a ocorrência da homossexualidade.

Quem vibra para a opção homossexual é a individualidade espiritual, estando ou não encarnada em polaridade oposta. Em verdade, o indivíduo está sendo submetido à vontade do seu livre-arbítrio; contudo, ansiava antes da reencarnação ser vitorioso no combate contra difíceis provas ou expiações, com o propósito do melhoramento espiritual, lutando por superar adversidades, ao receber outra oportunidade de crescimento evolutivo.

Infelizmente, o indivíduo pode repetir ou ver atenuada sua disposição para a homossexualidade que carreia de existência pretérita.

O querido Emmanuel, na obra *Encontro marcado*, no capítulo "Sexo transviado", diz:

> Aplica a bondade e a compreensão, toda vez que alguém se levante contra alguém, porque, em matéria de sexo, com raras exceções, nós todos trazemos heranças passadas, dívidas a resgatar e problemas a resolver.

Continuando o belo ensino, o estimado mentor nos afirma:

> Muitos daqueles que apontam, desdenhosamente, os irmãos caídos em desequilíbrio emotivo, imaginando-se hoje anichados na virtude, são apenas devedores em moratória, que enfrentarão, amanhã, aflitivas tentações, [...] quando soar o momento de reencontrarem os seus credores de outras eras.

A seguir, Emmanuel, bem enfático, como todo aquele que cumpre o ensinamento seguinte de Jesus –"Seja o vosso falar sim, sim, não, não" – nos elucida:

> Não condenarás. Enunciando tais conceitos, não aceitamos os desvarios afetivos, como sendo ocorrências naturais. Propomo-nos defini-los por doenças da alma, junto das quais a piedade é trazida, para silenciar apreciações rigoristas.

Aliás, enquanto os gays sofrem, ainda, intensa repressão, a heterossexualidade promíscua costuma ser exaltada pela sociedade machista. É comum, em um grupo de pessoas, alguém se manifestar, dizendo-se estar feliz, constatando que o filho está se tornando um garanhão, saindo, ou, na gíria, "ficando", com várias garotas ao mesmo tempo. Pode-se enquadrar esse procedimento como anormal, desde o momento que se sabe da responsabilidade e do discernimento que devem nortear a prática sexual.

O indivíduo mergulhado nas sensações falsas do sexo desenfreado, no campo das aventuras menos dignas da heterossexualidade, certamente está semeando ventos e colherá tempestades nas próximas encarnações, porquanto, no mundo afetivo, respeitando-se a lei divina de causa e efeito, o que se concede a outrem, recebe-se o retorno, partilhando das consequências desencadeadas por si próprio.

Enquanto o heterossexual anormal é exaltado, o indivíduo homossexual é perseguido e injuriado. Tudo isso faz parte de uma sociedade completamente afastada dos preceitos cristãos. Em verdade, a gênese dos distúrbios sexuais futuros, a espocarem nas futuras encarnações, encontra-se exatamente na função heterossexual libertina, na prática do sexo devasso.

O homossexual, na atual existência, em grande número, foi pessoa que, no pretérito, utilizou suas faculdades genésicas para malbaratar a construção do seu mundo moral, através do exercício sexual heterossexual em desalinho, contraindo débitos irrefletidos, exigindo as reparações devidas.

Pode a homossexualidade estar em conformidade com a lei da causalidade e efeito. Sob o ponto de vista espiritual, quando se atira pedras em outrem, em verdade os agredidos são os algozes, vivenciando, a partir daí, sofrimento compatível com a intensidade da agressão, necessitando atenção e reparação.

No campo das religiões, que se intitulam cristãs, o caminho percorrido pelos homossexuais tornou-se marcado por intenso calvário. Na Idade Média, eles foram levados às prisões, às fogueiras, e submetidos às intensas torturas praticadas pela trevosa Inquisição. Posteriormente, no período da Reforma, no século XVI, alguns países de crença protestante os castigaram com rigor, desde o açoitamento em público até a morte na fogueira ou por afogamento.

Em nosso país, os temíveis inquisidores também deixaram suas marcas repulsivas na pele dos homossexuais. Enfim, os religiosos dogmáticos obedeciam com zelo à lei do *Antigo Testamento*, encontrada no livro *Levítico* (18:22; 20:13): "Com um homem não te deitarás, como se deita com uma mulher. É uma abominação", e "Se também um homem se deitar com outro homem, como se fosse mulher, ambos praticaram coisa abominável; serão mortos; o seu sangue cairá sobre eles".

Igualmente, no *Novo Testamento*, estão inseridas mais rejeições à homossexualidade, na Primeira Epístola aos Coríntios (6:9): "Então não sabeis que os injustos não herdarão o Reino de Deus? Não vos enganeis! Nem os impudicos, nem os idólatras, nem os adúlteros, [...] nem os efeminados, nem os sodomitas [...]", como igualmente na Epístola aos Romanos (1:27): "Semelhantemente os homens, deixando o contato natural com a mulher, se inflamaram mutuamente em sua sensualidade, cometendo torpeza, homens com homens, recebendo em si mesmos, a merecida punição do seu erro".

Realmente, as religiões apegadas ao literalismo bíblico (a letra que mata), afastadas inteiramente da imagem meiga e amorosa do excelso Jesus, muito pouco podem fazer em benefício dos homossexuais, mergulhadas que estão na correnteza da perseguição e do ódio bíblicos.

Pelos estudos da doutrina, sabemos que os seres espirituais estão evoluindo e muitos estacionam, por muito tempo, nos diversos degraus da sexualidade desenfreada, confirmando o pesquisador Kinsey, quando relata que não há classificação sexual estática.

Pode o indivíduo transitar pela heterossexualidade, sem ou com traços homossexuais acidentais, caminhar pela homossexualidade com traços de heterossexualidade acidentais e pela homossexualidade exclusiva.

Todos aqueles que se encontram atormentados e desorientados nas ondas inquietantes do sexo desarmônico, procurando agarrar-se em frágeis boias, receberão a bendita oportunidade de apreender o conhecimento de que Deus zela por todas as Suas criaturas. E, como nenhuma ovelha se perderá, segundo o Cristo, haverá sempre a oportunidade da reparação a ser concedida na atual ou nas seguintes encarnações.

No decorrer do exercício da evolução, os espíritos já estarão amadurecidos nas duas polaridades, não mais se envolvendo em conflitos na área da sexualidade, e, chegando ao estado de pureza, terão pleno domínio sobre si, vivenciando a unissexualidade plena.

Sobre o autor

O ESCRITOR, ORADOR E pesquisador espírita, o médico Américo Domingos Nunes Filho é radicado na cidade do Rio de Janeiro, onde frequentou a Escola de Medicina e Cirurgia (Uni-Rio), especializando na área da Pediatria. É fundador e presidente da Associação Médico-Espírita do Rio de Janeiro (AME-Rio), sócio honorário da Associação Médico-Espírita da Área Metropolitana do Porto (AME-Porto) e membro-fundador da AME-Brasil.

Foi, durante alguns anos, vice-presidente e professor do Instituto de Cultura Espírita do Brasil (Iceb). Durante muitos anos, pela Instituição Espírita Cooperadores do Bem Amélie Boudet, prestou assistência religiosa aos reeducandos penais do Presídio Ponto Zero, em Benfica, Rio de Janeiro.

Integra equipe de palestrantes do programa espírita "Falando de espiritismo" da *Rádio Rio de Janeiro*, 1400 kHz, AM. Produtor de cinema e vídeo espíritas, através do Centro Audiovisual Espírita (Cave). Articulista de numerosos periódicos espíritas, como *Correio Espírita* (RJ), revista eletrônica *O consolador* (PR) e dos jornais *O Imortal* (PR) e *Aurora* (RJ).

Como orador, participou de vários seminários e congressos em diversos estados do País. Articulista, com centenas de matérias publicadas em revistas e jornais, inclusive do exterior. Uma delas, "A ciência descobrindo o espírito", no jornal *Azohckuú Becthnk*, da Rússia, em julho de 1991, e a outra, "Acárdicos – Fetos sem espírito", publicada na *Revue Spirit* (nº 36, 3º trimestre de 1998), criada por Allan Kardec e relançada pelo Conselho Espírita Internacional (CEI).

Américo Nunes Filho já publicou nove livros: *Cartas a um sacerdote*, em parceria com Luiz Antônio Millecco, pela Editora EME, de Capivari, SP (esgotado); *O consolador entre nós*, pela Editora O Clarim, de Matão, SP; *Sexualidade e espiritismo*, pela Editora CELD, RJ (esgotado); *Por que sou espírita*, pela Editora EME; *Razão e dogma*, pela Editora O Clarim; *A queda dos véus*, pela Editora CELD, RJ (esgotado); *A verdade mais além*, pela EME; *Atualidade espírita*, em parceria com Aureliano Alves Neto e Celso Martins, pela Editora O Clarim; *Sexualidade à luz da doutrina espírita*, pela Editora CELD (esgotado).

POSFÁCIO

COM IMENSO PRAZER, HOMENAGEIO o querido e saudoso confrade, colega, amigo e mestre, doutor Jorge Andréa dos Santos.

Tive a oportunidade de desfrutar de sua presença por muitos anos, trabalhando juntos, em dobradinha, no ICEB (Instituto de Cultura Espírita do Brasil), por muitos anos, sendo responsáveis pela cadeira de ciência espírita. Na AME-RIO (Associação Médico-Espírita do Estado do Rio de Janeiro), sua presença era constante, desde sua fundação em primeiro de outubro de 1995. Sempre se apresentava nas palestras de cunho científico-doutrinário, não só como magistral orador, mas também como participante, deixando sempre, no final dos eventos, seu comentário bem abalizado.

Viajando juntos por diversos Estados do País, participando de vários eventos das Associações Médico-Espíritas, inclusive da AME-Brasil, dividindo, muitas vezes, o apartamento, pude conhecer mais dessa figura extremamente agradável, portadora de uma simplicidade própria dos sábios, além de muito alegre, sorridente e afável. Nos momentos inesquecíveis de bate-papo, revelava-se portador de assaz erudição. Falávamos muito por telefone e sempre lhe chamei carinhosamente e reconhecido de "garoto", pela jovialidade continuamente demonstrada e de estar sempre de bem com a vida.

Lembro-me de que fomos convidados para um dos encontros científico-doutrinários, exatamente na Cidade de São Paulo, e nos colocaram hospedados em um hotel da Rua Augusta, no mesmo quarto. Pois bem, fomos acordados em plena madrugada por berros e risadas, os quais pareciam ressoar dentro do nosso cômodo. Então, constatamos que éramos vizinhos de um inferninho e foi muito difícil, inicialmente, conciliarmos de novo o sono.

Aproveitei o ensejo, sabendo do bom humor inerente ao Andréa, para gracejar um pouco, inclusive com o sentido de desanuviar o mal-estar e sair dessa situação constrangedora. Galhofando, convidei-o para irmos participar da farra ao lado. Sua resposta foi uma intensa gargalhada, tão especial que me fez também sofrer um ataque de riso que parecia não mais ter fim. A presença dele realmente se revelava especial e com sua reação tão humorada, nossos ouvidos se fizeram moucos ao barulho e pudemos dormir em paz.

Sempre juntos nas viagens, conversávamos muito e gostava de ouvir seus interessantes causos. Certa feita, contou-me que, servindo à Aeronáutica, teve o ensejo de conhecer quase todo o Brasil e, em uma oportunidade, foi-lhe solicitada intervenção médica em uma tribo indigenista, assolada por um surto gripal, com muitos silvícolas gravemente adoentados.

Doutor Andréa foi recepcionado pelos índios como "pajé branco" e, prontamente, atendeu e medicou a todos com muita disposição e carinho, o que é inerente a um médico que professa a excelsa doutrina dos espíritos, revivendo em tempos hodiernos a mensagem do Mestre de todos nós, o amado Jesus. Pois bem! Foi recompensado com numerosos presentes pelos indígenas, reconhecidos e satisfeitos com o acolhimento médico recebido.

Em se sentindo à vontade, foi fazer um passeio de reconhecimento no interior das tabas e, quando fazia menção de entrar em uma das ocas, deparou com vários guerreiros, preparando-se para abatê-lo, como fazem diante de uma caça, apontando arcos e flechas em sua direção. Foi salvo pelo guia da Fundação Nacional do Índio (Funai), apavorado, que relatou ao atemorizado Andréa que ninguém podia penetrar naquele local, exceto o pajé, porquanto é o santuário sagrado da tribo. Depois de tanto ajudar os indígenas, o meu estimado amigo passou por um momento assaz trágico. Contou-me tudo isso, sorrindo muito, tendo eu a chance de igualmente me divertir. Afinal, ele sobreviveu...

Contou-me, a seguir, que, ao participar de uma reunião com sensitivo versado em desdobramento perispirítico consciente, desejando comprovação do fenômeno, solicitou ao projetor que fosse a sua residência e descrevesse com detalhes todo o local. Assim fez com sucesso, exceto a descrição do quarto do casal, porquanto foi impedido por uma entidade, apresentando-se como um índio, o qual lhe relatou estar ali protegendo Andréa e, ao mesmo tempo, lhe disse ser aquele dormitório um ambiente sagrado. Interessante que o sensitivo descreveu com detalhes todos os presentes indígenas afixados na parede da sala: cocares, arco, flecha etc.

Em outra oportunidade, discorreu a respeito de um caso memorável, do qual eu já conhecia na leitura de um dos seus livros (*Pelos insondáveis caminhos da vida*). Contou-me que se encontrava, em pleno trabalho mediúnico, doutrinando uma rude entidade que lhe relatou ter sido um general nazista, o qual se mantinha refratário às suas carinhosas e oportunas palavras de soerguimento espiritual.

Contudo, após exaustivas tentativas por parte do bondoso seareiro, o espírito mostrou-se mais tolerante e receptivo. Agradecido, despede-se, revelando que iria reencarnar como seu filho, o que parecia ser inteiramente impossível pelo fato de sua esposa Gildinha, já com oito gravidezes, ter sido submetida à esterilização voluntária definitiva com suas trompas cortadas e suas extremidades amarradas.

Andréa não fazia ideia do que estava para acontecer, porquanto, após algum tempo decorrido da despedida do irmão, a companheira comunica que poderia estar ocorrendo uma nova e estranha gestação. Isso mesmo! O antigo general alemão realmente reencarnou em seu lar, assim como tinha afirmado, apesar da impossibilidade biológica.

Digno de registro, inclusive pela faceta humorística, o fato de o menino caçula já praticar, ainda aprendendo a andar, atos malcriados e rebeldia. Então, insatisfeito, Andréa deu-lhe a seguinte reprimenda: – "Você foi general em vivência passada; agora, aqui em casa, quem manda é eu. Tudo bem?"

Realmente, ter sido amigo de Andréa, foi para mim muito gratificante. Certamente, nossa amizade tem origem no passado distante, mantém-se firme e perdurará para sempre. Chegar aos 100 anos não é para qualquer um, principalmente esbanjando jovialidade, alegria e saúde. É sem dúvida, um feito, uma missão para poucos.

Obrigado, Andréa, por tudo que me ensinaste e, principalmente, agradeço a Deus pela maravilhosa bênção a mim concedida de conhecer e ser amigo de uma pessoa tão excepcional. Espero retribuir tais benesses, servindo igualmente de estímulo e referência aos jovens que estão adentrando o campo científico da excelsa doutrina dos espíritos.

A espiritualidade recebe de braços abertos um ser muito especial, que, certamente, continuará desempenhando um trabalho gigantesco na seara de Jesus.

BIBLIOGRAFIA

ANDRADE, Hernani G. *Reencarnação no Brasil*. Editora O Clarim.

BANERJEE, N. H. *Vida pretérita e futura*. Editora Nórdica.

BÍBLIA Sagrada.

CAMARGO, Pedro. *Na escola do Mestre*. FEESP.

_____. *Nas pegadas do Mestre*. FEB.

CARVALHO, Vianna (espírito). *Atualidade do pensamento espírita*. Psicografia de Divaldo Pereira Franco. Editora Leal.

CHAVES, Adelino F. (espírito). *Antologia dos imortais*. Psicografia de Francisco Cândido Xavier e Waldo Vieira. FEB.

CRETELLA, Michelle A. e outros. *Nota da Associação Americana de Pediatria*, março de 2016.

DENIS, Léon. *Cristianismo e espiritismo*. FEB.

_____. *Synthèse doctrinale et pratique du spiritualisme sous forme de questionnaire*. 1920.

EMMANUEL (espírito). *A caminho da luz*. Psicografia de Chico Xavier. FEB.

_____. *Encontro marcado*. Psicografia de Chico Xavier. FEB.

_____. *Leis de amor*. Psicografia de Chico Xavier e Waldo Vieira. LAKE.

_____. *O consolador*. Psicografia de Chico Xavier. FEB.

_____. *Religião dos espíritos*. Psicografia de Chico Xavier. FEB.

_____. *Vida e sexo*. Psicografia de Chico Xavier. FEB.

_____; coautor: Gentile, Salvador. *A terra e o semeador*. Psicografia de Chico Xavier. IDE (Instituto de Difusão Espírita), Araras-SP.

FARIAS, Fátima. Entrevista com o pastor Neemias Marien na *Tribuna Espírita*.

FERREIRA, Inácio. *Psiquiatria em face da reencarnação*. FEESP.

FIORE, Edith. *Possessão espiritual*. Editora Pensamento.

FROTA-PESSOA, Oswaldo; OTTO, Priscila G.; OTTO, Paulo A. *Genética humana*. Livraria Francisco Alves Editora.

IRMÃO X (espírito). *Cartas e crônicas*. Psicografia de Chico Xavier. FEB.

JOSEFO, Flávio. *História dos hebreus*. Editora CPAD.

KARDEC, Allan. *A Gênese*. FEB.

_____. *O Céu e o Inferno*. FEB.

_____. *O Evangelho segundo o Espiritismo*. FEB.

_____. *O Livro dos Espíritos*. FEB.

_____. *Obras Póstumas*. FEB.

KARDEC, Allan e autores diversos. *Revista Espírita*.

KÜBLER-ROSS, Elisabeth. Revista espanhola *Muy Especial*.

LUCCA, Elaine G. de & POSSATO, Alexandre. *As faces do invisível*. Harbra.

LUIZ, André (espírito). *Ação e reação*. Psicografia de Chico Xavier. FEB.

_____. *Evolução em dois mundos*. Psicografia de Chico Xavier e Waldo Vieira. FEB.

_____. *Missionários da luz*. Psicografia de Chico Xavier. FEB.

_____. *No mundo maior*. Psicografia de Chico Xavier. FEB.

_____. *Nosso Lar*. Psicografia de Chico Xavier. FEB.

_____. *Os mensageiros*. Psicografia de Chico Xavier. FEB.

MACLAINE, Shirley. *O caminho*. Editora Sextante.

_____. *Minhas vidas*. Editora Record.

MOODY, Raymond Jr. *Investigando vidas passadas*. Editora Cultrix, 1990.

_____. *Vida após a vida*. Editora Nórdica.

NAPOLITANI, F. D. & SCHREIBER, I. *The acardiac monster*. Am. J. Obstet. Gynecol. 80, 582, 1960.

NETHERTON, Morris. *Vida passada – uma abordagem psicoterápica.* Editora Summus.

NUNES, Américo D. *Revista Internacional de Espiritismo*, n° 9, outubro, 1997.

_____. Américo D. *Revue Spirit*, n° 36, 3° trimestre de 1998, criada por Allan Kardec e relançada pelo Conselho Espírita Internacional (CEI).

NUNES, Américo D. & MILLECCO, Luiz A. *Cartas a um sacerdote.* Editora EME, Capivari-SP.

PIRES, Herculano. *Pedagogia espírita.* Edicel.

_____. *Visão espírita da Bíblia.* Edições Correio Fraterno.

POTTER, E. L. & CRAIG, J. M. *Pathology of the fetus and the infant.* Year Book Medical Publisher: 219, 1975.

RHINE, Joseph B. *Fronteira científica da mente.* Editora Hemus.

_____. *O alcance do espírito.* Editora Bestseller.

RHINE, Louisa E. *Canais ocultos do espírito.* Editora Bestseller.

ROCHAS, Albert de. *As vidas sucessivas.* Lachâtre.

RODRIGUES, Wallace L. V. *Katie King.* Editora O Clarim, Matão-SP.

SANTOS, Jorge A. *Palingênese, a grande lei.* Editora Caminho da Libertação.

SILVA, Severino C. *Analisando as traduções bíblicas.* Editora Ideia.

STEVENSON, Ian. *Vinte casos sugestivos de reencarnação.* Editora Difusora Cultural.

WAMBACH, Helen. *Recordando vidas passadas.* Editora Pensamento.

WORM, Fernando. *Moldando o terceiro milênio. Vida e obra de Divaldo Pereira Franco.* Editora Caminho da Redenção.